teoria LITerária 2

BAKHTIN E O CRONOTOPO

REFLEXÕES, APLICAÇÕES, PERSPECTIVAS

Nele Bemong, Pieter Borghart,
Michel de Dobbeleer, Kristoffel Demoen,
Koen de Temmerman, Bart Keunen
organizadores

Tradução: Ozíris Borges Filho *et alii*
Revisão técnica e prefácio: Ozíris Borges Filho

parábola

Título original: *Bakhtin's Theory of the Literary Chronotope: Reflections, Applications, Perspectives*

Eekhout 2, 9000 Gent
ISBN: 978-90-382-1563-1

Direção: Andréia Custódio
Diagramação e capa: Telma Custódio
Revisão: Karina Mota

CIP-BRASIL. CATALOGAÇÃO NA FONTE
SINDICATO NACIONAL DOS EDITORES DE LIVROS, RJ

B392B

Bemong, Nele
Bakhtin e o cronotopo : reflexões, aplicações, perspectivas / Nele Bemong, et al. ; tradução Ozíris Borges Filho, et al. — 1. ed. — São Paulo : Parábola Editorial, 2015.
248 p. ; 23 cm. (Teoria Literária ; 2)

Tradução de: Bakhtin's Theory of the Literary Chronotope
Inclui bibliografia e índice
ISBN 978-85-7934-089-5

1. Bakhtin, M. M. (Mikhail Mikhailovitch), 1895-1975. 2. Análise do discurso. 3. Linguística. I. VV.AA. II. Título. III. Série.

14-13566 CDD: 401.41
CDU: 81'42

PARÁBOLA EDITORIAL
Rua Dr. Mário Vicente, 394 - Ipiranga
04270-000 São Paulo, SP
pabx: [11] 5061-9262 | 5061-8075 | fax: [11] 2589-9263
home page: www.parabolaeditorial.com.br
e-mail: parabola@parabolaeditorial.com.br

ISBN: 978-85-7934-089-5

SUMÁRIO

QUARTA PARTE – LEITURAS CRONOTÓPICAS

QUINTA PARTE – PERSPECTIVAS PARA A TEORIA LITERÁRIA

PREFÁCIO À EDIÇÃO BRASILEIRA

NO PRINCÍPIO ERA O TEMPO

O século XX fez uma opção teórica e filosófica pelo tempo. É muito comum encontrarmos inúmeros livros que tematizam o tempo, que refletem sobre ele como a principal categoria da existência humana. Desde o fim do século XIX, pesquisadores vêm refletindo sobre a categoria "tempo" em seus múltiplos aspectos, não apenas na ciência, mas também nas artes e na religião. Basta lembrar *Duração e simultaneidade,* de Henri Bergson, publicado em 1922; a obra capital de Martin Heidegger, *O ser e o tempo*, publicada em 1927, e ainda Georges Poulet e o famoso livro *Études sur le temps humain,* de 1949, além de todo o movimento existencialista, cujo pilar é também o tempo. No campo dos estudos literários, essa realidade não foi diferente. Se analisarmos as publicações na área de teoria literária a partir de sua preocupação com a categoria do tempo, veremos que ela é abundante e bastante rica, sobretudo a partir da segunda metade do século XX. Diversos autores produziram livros a respeito dessa categoria. Nesse aspecto, são significativos os trabalhos de Meyerhoff, Mendilow, Pouillon, Ricœur e Genette, para citar os mais conhecidos no Brasil. No entanto, a partir da segunda metade do século XX, o protagonismo do tempo veio sendo questionado. Será que o tempo é o grande ator que assombra a vida humana? Será que é o tempo que nos envelhece e, portanto, nos traz nossa finitude, ou será que envelhecemos por uma qualidade intrínseca à nossa própria matéria, isto é, nosso corpo, portanto, nosso espaço? Muitos pensadores concluíram que envelhecemos e morremos não pelo tempo, mas apesar do tempo. Esse questionamento do protagonismo do tempo na vida humana trouxe, naturalmente, com a categoria do espaço, uma renovada atenção.

E O TEMPO SE FEZ ESPAÇO

No auge do movimento estruturalista, a categoria do espaço passou quase despercebida. Poucos foram os textos que se preocuparam com essa categoria.

Para Fredric Jameson, em seu livro *Pós-modernismo — a lógica cultural do capitalismo tardio* (2002), o ressurgimento do interesse pelo espaço deve-se a Henri Lefèbvre com seu livro *La production de l'espace*, de 1974. Acrescentaríamos a importante obra de George Matoré, *L'espace humain*, publicada em 1962. Independentemente de determinarmos exatamente obras ou autores responsáveis pela renovação do interesse pelo espaço, parece-nos verdade que a preocupação com essa categoria veio aumentando vertiginosamente até o ponto de, hoje em dia, a teorização sobre o tempo na literatura estar relegada a um segundo plano. Especificamente no Brasil, estudos mais sistemáticos sobre a categoria do espaço surgem no final dos anos 1990. A partir daí, dissertações e teses começam a ser defendidas e, na era digital, muitas delas se encontram disponíveis para o grande público. Os grandes congressos da área da literatura também sentiram o influxo dessa preferência pelo espaço em relação ao tempo. O maior deles, organizado pela ABRALIC (Associação Brasileira de Literatura Comparada), há vários anos recebe propostas de grupos de trabalho cujo tema principal ou secundário é a categoria do espaço. Se, nos congressos bienais da ABRALIC, o espaço era abordado em alguns GTs, a partir do século XXI, surgiram congressos, seminários ou simpósios na área das Letras que tiveram como tema principal a categoria do espaço[1]. Além dos congressos, diversos livros sobre o espaço literário foram publicados e muitas revistas também lançaram dossiês a respeito do espaço na literatura. Hoje podemos afirmar que no Brasil existe um material teórico abundante a respeito dessa categoria narrativa.

E AGORA, JOSÉ?

A balança deixou de pender de um lado e passou para o outro. Com essa mudança, indo do tempo para o espaço, não podemos esquecer a instigante ideia bakhtiniana do cronotopo nem o fato de que a balança permanece desequilibrada. Os textos de Bakhtin sobre o cronotopo só foram publicados em 1975, em russo. No Brasil, surgem a partir de 1988. Entre 1937 e 1938,

[1] Salvo engano, em âmbito nacional, o primeiro grande congresso a tematizar o espaço foi o III Colóquio Internacional do Centro Ítalo-Luso-Brasileiro de Estudos Linguísticos e Culturais, "Interminati spazi e sovrumani silenzi: as representações do espaço nas visões artísticas". Esse colóquio ocorreu na UNESP de Assis em 2007. O segundo foi o I CENA — Colóquio de Estudos em Narrativa: O Espaço, ocorrido na Universidade Federal de Uberlândia em 2008 e coordenado por Marisa Martins Gama-Khalil, pesquisadora que se destaca nos estudos sobre o espaço na literatura. Finalmente, em 2013, aconteceu o I JOEEL — Jornada de Estudos sobre o Espaço Literário na UFTM — Universidade Federal do Triângulo Mineiro.

Bakhtin escreveu o texto *Formas de tempo e de cronotopo no romance — ensaios de poética histórica* (FTCR). Em 1973, acrescentou um texto ao final daquele primeiro a que chamou de "Observações finais". Esse ensaio aparece no livro *Questões de literatura e estética* publicado no Brasil, pela primeira vez, pela editora da UNESP em 1988. Além do texto FTCR, acima mencionado, o estudioso russo disserta sobre o cronotopo no texto "O romance de educação na história do realismo" (REHR), que se encontra no livro *Estética da criação verbal*. Esse texto foi escrito entre 1936 e 1938. Portanto, é provável que ele tenha sido escrito na sequência do primeiro que mencionamos, formando um todo. Esses são os dois únicos textos em que Bakhtin trabalha explicitamente com a noção de cronotopo, mas não são os únicos, como este livro de origem belga demonstra, em que a tematização do espaço e tempo se encontram. Apesar da origem antiga dos textos (anos 1930) e da publicação relativamente recente (anos 1970), a teoria do cronotopo teve pouca repercussão nos países europeus de modo geral e, em específico, no Brasil. Em nosso país, a teoria do cronotopo permanece secundária nos estudos literários. Ao que tudo indica, o presente trabalho é o primeiro livro cujo tema principal é a teoria de Bakhtin sobre o cronotopo, e o aborda de maneira bastante abrangente. Esperamos que este seja o primeiro de muitos que virão, pois o cronotopo parece ser um caminho natural para o desequilíbrio da balança teórico-filosófica no campo da teoria literária. Temos a convicção de que a ideia do cronotopo é extremamente fértil no campo dos estudos literários e que os pesquisadores têm pela frente um campo quase virgem para descobrir novas ideias e perspectivas.

Já passamos o tempo do tempo! Já passamos o tempo do espaço! Estamos no tempo do cronotopo!

OZÍRIS BORGES FILHO

PREFÁCIO

Parece apropriado começar este livro com uma citação do próprio Mikhail Bakhtin, retirada de seu brilhante ensaio *Formas de tempo e de cronotopo no romance. Ensaios de poética histórica (FTCR)* — um texto que serve como quadro de referência para este livro: "Não buscamos a completude ou a precisão em nossas formulações e definições teóricas. Aqui e no exterior, trabalhos sérios no estudo do espaço e do tempo na arte e na literatura apenas começaram" (1990d: 85). Só um historiador da disciplina ou um orador numa conferência sobre Bakhtin ousariam repetir esta segunda sentença, hoje em dia, totalmente ultrapassada. Esse fato é compreensível. Como sabemos, o ensaio foi originalmente escrito nos anos 1930, mas publicado somente em 1975, ano da morte de Bakhtin, e só foi traduzido para o inglês em 1981 [e para o português em 1988]. Dado esse lapso de tempo, é surpreendente que um ensaio que explicitamente admite sua falta de precisão nas formulações e definições teóricas ainda continue, depois de mais de oitenta anos, a atrair o interesse e a inspirar estudiosos de diversas disciplinas.

A confissão bakhtiniana não é falsa modéstia. A vagueza e a abertura características de seu trabalho filosófico e teórico, especialmente a respeito do conceito de cronotopo literário, provocou — e continua a provocar — tanto imitação entusiástica quanto críticas céticas. No entanto, mesmo aqueles que pertencem ao campo do "cronotopoceticismo" reconheceram, reconhecem e reconhecerão os magistrais *insights* e intuições expressos na obra de Bakhtin, bem como o inegável valor de recentes estudos inspirados no conceito de tempo-espaço, tanto no campo dos estudos bakhtinianos quanto fora dele.

Por duas razões as pesquisas sobre o conceito de cronotopo têm sido, e ainda são, um bem-vindo acréscimo aos estudos bakhtinianos. Primeiramente, o campo dos problemas relacionados aos cronotopos transcende as abordagens acadêmicas dos estudos culturais dos anos 1980 e 1990. A discussão acadêmica do conceito de "carnavalização", como uma subcorrente subversiva da modernidade "descoberta" por Bakhtin na literatura de Rabelais a Dostoiévski, negligenciaram as particularidades da imaginação literária assim como as mais destacadas funções epistemológicas das obras literárias. Bakhtin demonstrou como a literatura pode nos ajudar a reconhecer o fato de que, no curso da história cultural, transformações no conceito de tempo e nas representações espaciais refletem mudanças radicais nas atitudes culturais e na experiência vivida. A segunda razão é que o conceito de cronotopo nos ajudou a entender mais profunda e completamente os conceitos de "dialogismo" e de "heteroglossia" ao conectar a comunicação literária com unidades imaginativas concretas e padrões de gênero. A literatura, portanto, não é simplesmente um fenômeno ideacional, mas deve ser considerada como um instrumento epistemológico singular, ligado a atitudes intelectuais, imaginativas e emocionais.

Além disso, o valor do conceito de cronotopo também é relevante para além da crítica bakhtiniana, porque pode ser facilmente vinculado a questões que desempenham um papel inovador na crítica literária. Primeiramente, ele pode ser adotado na estrutura da narratologia pós-clássica (como recentemente mostrado, por exemplo, na *Routledge Encyclopedia of Narrative Theory*, 2007). Mesmo que o conceito em si tenha uma má reputação justificada — e mesmo que ele tenha sido frequentemente mal utilizado para disfarçar pesquisas temáticas ultrapassadas, as intuições bakhtinianas básicas se encaixam nas reflexões sobre as construções do mundo ficcional, centrais nas recentes pesquisas narratológicas. Em segundo lugar, o conceito de Bakhtin antecipa a virada ética nos estudos literários. Apontando para a qualidade imaginativa das representações literárias, o estudo dos cronotopos nos ajuda a entender que a mimese literária se fundamenta em um mundo ficcional valorado e emocionalmente vivenciado. Embora a teoria bakhtiniana do cronotopo seja frequentemente mal interpretada como uma ferramenta pseudoformalista, ela não está ligada apenas ao aspecto referencial da literatura. Ela não se dirige somente à percepção do mundo ficcional, mas também aponta para o encaixamento espacial e temporal da ação humana, oferecendo uma melhor compreensão de como a humanidade atua em seus biotopos e semiosferas. Embora a teoria bakhtiniana se encontre, neste ponto, bastante subdesenvolvida e até prematura, há impulsos suficientes em seus escritos para nos permitir dizer que ela serve como uma ferramenta analítica que visa entender como a literatura pensa a ação humana de maneira profundamente ética. Realmente, investigações sobre a conexão entre os cronotopos e a ação são, provavelmente, uma das mais promissoras linhas da pesquisa futura. Em combinação com o trabalho de Thomas Pavel (cf. *La pensée du roman*, 2003) e os últimos trabalhos de Michael Holquist e Gary Saul Morson, a ideia do cronotopo tem o potencial de se tornar um conceito chave na virada ética dos estudos literários.

Na melhor tradição cronotópica, as primeiras origens deste livro remontam a um momento particular e a um espaço específico do passado. Em setembro de 2007, em uma manhã ensolarada de sexta-feira, num parque de Clermont-Ferrand, França, quatro participantes belgas de uma conferência internacional sobre literatura comparada, todos os quais, coincidentemente, estavam apresentando comunicações relacionadas, de um modo ou de outro, a Bakhtin, decidiram organizar uma mesa-redonda sobre o conceito de cronotopo literário. De volta à Bélgica, dois outros colegas se juntaram a nós no comitê organizador. Convites foram enviados a grandes especialistas mundiais em Bakhtin, e, para nosso prazer e gratidão, muitos deles aceitaram. Como resultado, tivemos uma conferência de dois dias em Bruxelas, em junho de 2008, e foi uma agradável e estimulante reunião com muitos debates críticos, construtivos e profícuos. Os primeiros esboços da maioria das contribuições a este volume foram apresentados naquela oportunidade. (Alguns estudiosos que não puderam comparecer a Bruxelas, mas que expressaram interesse em participar do projeto, escreveram contribuições posteriormente adicionadas.) As palavras "primeiros esboços" merecem uma ênfase especial. Antes da conferência, esboços dos capítulos circularam entre todos os participantes. Consequentemente, as sessões, concebidas para oferecerem plena e ampla discussão entre os pares acadêmicos, funcionou como um comitê editorial para este volume.

Os esforços intelectuais colaborativos daqueles dois dias em Bruxelas resultaram neste livro. Nele se encontra uma variedade de abordagens teóricas e análises textuais concretas, todas centradas no conceito de cronotopo tal como proposto inicialmente por Bakhtin. Depois de uma extensa introdução que se propõe como "estado da arte", o livro se divide em quatro partes principais: "Reflexões filosóficas", "Relevância do cronotopo para a história literária", "Leituras cronotópicas" e "Algumas perspectivas para a teoria literária". Essas categorias temáticas contêm contribuições de, entre outros, especialistas bakhtinianos bem conhecidos, tais como Gary Saul Morson, Michael Holquist, Tara Collington, Joy Ladin, Bart Keunen, Roderick Beaton e Rachel Falconer. Em conjunto, os capítulos exploram as implicações do conceito bakhtiniano do cronotopo em uma variedade de tópicos teóricos tais como a imaginação literária, a teoria do polissistema e adaptação literária; em visões contemporâneas da história literária, variando desde o romance helênico até o realismo do século XIX; e também em análises de romancistas e poetas bem conhecidos, tão diversos quanto Milton, Fielding, Dickinson, Dostoiévski, Papadiamantis e DeLillo.

Ambos, a conferência e este livro, só foram possíveis devido ao apoio financeiro e logístico de muitas instituições: a Research Foundation — Flandres, a Faculdade de Artes da Universidade Católica de Leuven, a Universidade de Ghent e a Royal Flemish Academy for Sciences and the Arts, a qual também nos facultou a utilização do seu magnífico prédio como fórum da conferência. Finalmente, agradecemos a nossa editora, a Academia Press, por sua fé no valor duradouro de publicações rigorosamente avaliadas.

GHENT E LEUVEN, ABRIL, 2010.

PRIMEIRA PARTE

ESTADO DA ARTE

CAPÍTULO 1

A TEORIA BAKHTINIANA DO CRONOTOPO LITERÁRIO:

REFLEXÕES, APLICAÇÕES, PERSPECTIVAS

NELE BEMONG E PIETER BORGHART

TRADUÇÃO: OZÍRIS BORGES FILHO

O teórico russo, Mikhail Bakhtin, se tornou uma figura indispensável na teoria literária e em várias disciplinas correlatas nas ciências humanas desde que os estudiosos no ocidente se familiarizaram com seus escritos nos anos 1970 e 1980. No entanto, não faz mais de uma década que o conceito de cronotopo literário, uma das noções chave para entender o pensamento bakhtiniano sobre a forma narrativa e sua evolução, começou a receber atenção sistemática dos pesquisadores. Tal atenção era certamente adequada, dado que a inovação conceitual introduzida por Bakhtin com sua visão idiossincrática das relações espaciais e temporais na narrativa quase poderia ser considerada como um novo paradigma, embora menor, visto que seu potencial explanatório ainda não se esgotou totalmente. Inicialmente, visto como um instrumento analítico para estabelecer divisões de gênero na história do romance ocidental, a análise cronotópica foi recentemente proposta como ferramenta conceitual para enriquecer diversos campos, como a narratologia (Scholz, 2003: 160-165), a teoria da recepção (Collington, 2006: 91-98), as abordagens cognitivas da literatura (Keunen, 2000a) e até estudos dos gêneros (Pearce, 1994: 173-195)[1].

---

[1] Ao mesmo tempo, é também verdade que, por falta de explicitação e de clareza conceitual nos próprios escritos de Bakhtin e também pelo limitado número de estudos a respeito do cronotopo literário — em oposição aos bem conhecidos conceitos bakhtinianos mais elaborados e aplicados tais como "dialogismo", "heteroglossia" e "carnavalização" — ainda existem alguns "problemas com os cronotopos" (Ladin, 1999: 213-215; cf. também Scholz, 2003: 145-148).

O objetivo deste capítulo introdutório, primeiramente, é recapitular os princípios básicos da teoria inicial de Bakhtin tal como formulada em "Formas de tempo e de cronotopo no romance: ensaios de poética histórica" (doravante FTC) e "O romance de formação e seu significado na história do realismo (rumo a uma tipologia histórica do romance)" (doravante RFHR). Em seguida, apresentamos relevantes elaborações do conceito inicial de Bakhtin e várias aplicações da análise cronotópica, fechando nosso *estado da arte* com o esboço de duas perspectivas para futuras pesquisas. Algumas das questões apontadas recebem um tratamento mais detalhado nos outros capítulos deste volume. Outros apresentarão perspectivas para futuros pesquisadores em Bakhtin.

I. A TEORIA BAKHTINIANA DO CRONOTOPO LITERÁRIO

Mas em que exatamente repousa o avanço conceitual oferecido pelo conceito de cronotopos literários? Ao contrário da pura abordagem formalista ou da abordagem estruturalista do tempo e do espaço narrativos, segundo Bakhtin, essas duas categorias constituem uma unidade fundamental, exatamente como na percepção humana da realidade cotidiana. Essa "conexão intrínseca das relações temporais e espaciais" conhecida pelo termo "cronotopo" (FTC, 84) equivale à construção de mundo que está na base de todo texto narrativo, compreendendo uma combinação coerente de indicadores espaciais e temporais. A famosa passagem em FTC na qual Bakhtin chega o mais próximo de algum tipo de definição é a seguinte:

> No cronotopo artístico-literário, indicadores espaciais e temporais se fundem num todo concreto cuidadosamente pensado. O tempo como tal se concretiza, se encarna, se torna artisticamente visível; da mesma maneira, o espaço se torna carregado e responsivo aos movimentos do tempo, enredo e história. A intersecção de eixos e a fusão de indicadores caracterizam o cronotopo artístico (*ibid.*)[2].

Enquanto uma vertente de pesquisadores bakhtinianos reconhece o avanço conceitual dessa teoria e, por vontade própria, se engaja na elaboração de seu esboço inicial, outros argumentam que o pesquisador russo não foi, de modo algum, um pensador sistemático, assumindo que a novidade do pensamento de Bakhtin reside justamente em sua natureza contraditória (Wall, 2002).

[2] Em seu estudo sobre Bakhtin e gênero, Renfrew ressalta o aspecto da encarnação e da corporeidade na definição bakhtiniana do cronotopo. FTC, Renfrew afirma, "surge, assim, como uma tentativa mais extensa, em razão do material literário existente, de classificar os meios de finalização da imagem externa do sujeito humano, inseparável, mas irredutível ao corpo

Em suma, o pressuposto básico de Bakhtin é a ideia de que os textos narrativos não são apenas compostos de uma sequência de eventos diegéticos e de atos de fala, mas também — e talvez, sobretudo — da construção de um mundo ficcional particular, ou cronotopo.

Como o próprio Bakhtin aponta, as origens epistemológicas de tal concepção de tempo e espaço narrativos podem remontar tanto à filosofia de Immanuel Kant quanto à teoria da relatividade de Albert Einstein[3]. De Kant, Bakhtin tomou emprestada a ideia de que tempo e espaço são, essencialmente, categorias através das quais os seres humanos percebem e estruturam o mundo circundante, sendo, portanto, "formas imprescindíveis de cognição" (Morson e Emerson, 1990: 367). Como essas categorias, na perspectiva de Bakhtin, não constituem abstrações "transcendentais", mas "formas da realidade mais imediata" (FTC, 85), comentários iniciais muitas vezes identificavam o componente filosófico de sua teoria com uma *visão neokantiana*. Bernhard Scholz, no entanto, argumentou convincentemente que Kant e Bakhtin não diferem em suas concepções de tempo e espaço, mas sim no que diz respeito aos seus focos de interesse. Enquanto Kant empreendeu uma tentativa cientificamente embasada de desenvolver uma *compreensão do sistema universal* da percepção humana através do tempo e do espaço, Bakhtin buscava *evidências históricas* de tal atividade perceptual tal como manifestada em textos literários:

> A ciência natural, se é que posso estender a imagem kantiana, é o ato de desenhar e controlar a natureza; a literatura, como um *corpus* de textos, apresenta versões da natureza desenhadas e controladas segundo certos princípios. A literatura, como um fenômeno histórico, é — como estágios anteriores da ciência — o repositório de projetos sedimentados, de respostas dadas a perguntas coercitivas da razão (Scholz, 2003: 155)[4].

---

que ocupa espaço e se move no tempo. O princípio dessa classificação será a capacidade de os valores temporais e espaciais de qualquer ambiente fictício facilitarem a "posse" do evento de ser, permitirem a representação de uma imagem viva, em oposição àquela que pode ser descrita como "abstrata", "fixa", ou "monológica" (2006: 119).

[3] FTC, 84-85. A discussão a seguir é baseada em Holquist (2002: 115-116), Mitterand (1990:181--189), Morson e Emerson (1990: 366-369), Neff (2003), Scholz (2003: 149-156) e Collington (2006: 25-37). Para uma discussão sobre a influência das teorias de Einstein sobre o pensamento bakhtiniano em geral, cf. Stone (2008).

[4] Outras pesquisas ligam as ideias de Bakhtin sobre o nexo temporal e espacial às noções do filósofo alemão neokantiano Ernst Cassirer, que, em sua *A filosofia das formas simbólicas*, distingue entre as estratégias artísticas, mitológicas e científicas de conhecimento (cf. Brandist, 1997 e 2002; Poole, 1998; Tihanov, 2000a). Em FTC (251), Bakhtin admite ter sido influenciado pelas ideias de Cassirer sobre a natureza cronotópica da linguagem (cf. o primeiro volume de *A filosofia das formas simbólicas*), mas, provavelmente, ele também se inspirou no tratamento mitológico do tempo e do espaço analisado no segundo volume da *magnum opus* de Cassirer.

Avanços de sua época em matemática e física, por sua vez, deram a Bakhtin uma forte convicção de que a natureza das configurações espaçotemporais nos mundos narrativos, embora não totalmente idêntica ao tempo-espaço einsteiniano (o tempo como a quarta dimensão do espaço), compartilha um terreno comum com os princípios da teoria da relatividade. Em primeiro lugar, como já foi observado, tanto no mundo físico quanto no ficcional, pode-se observar uma conexão intrínseca entre tempo e espaço, porque, em ambos os domínios, a cronologia não pode ser separada dos acontecimentos e vice-versa: "Um acontecimento", escreve Michael Holquist, "é sempre uma unidade dialógica, tanto quanto uma correlação: algo só acontece quando outra coisa com a qual ele pode ser comparado revela uma mudança no tempo e no espaço [...]" (2002: 116). A segunda semelhança pode ser encontrada na proposição de que existe uma variedade de sentidos de tempo e espaço. Em matemática, por exemplo, o suposto sistema *universal* da geometria euclidiana, de repente, perdeu seu monopólio quando Lobachevsky desenvolveu sua geometria multidimensional: "Para Bakhtin, o que é verdadeiro das geometrias do espaço também é verdadeiro dos cronotopos" (Morson e Emerson, 1990: 368). Como Morson e Emerson observaram, segue-se, então, que "diferentes aspectos ou sequências do universo não podem supostamente operar com o mesmo cronotopo" (*ibid.*). Um exemplo representativo das ciências exatas pode ser encontrado nos diferentes ritmos segundo os quais os organismos biológicos e os corpos celestes evoluem. Na história literária, temos o exemplo dos cronotopos pelos quais diferentes aspectos da experiência humana, tais como a eterna alternância das estações (ciclicidade), em oposição à descrição de verdadeiros eventos históricos (historicidade), assumem forma narrativa. Em suma, "[...] a relação do 'cronotopo' com o 'espaço-tempo' einsteiniano é algo menos que identidade, mas mais forte do que mera metáfora ou analogia" (*ibid.*: 367)[5].

[5] O próprio Bakhtin legitima a introdução desse neologismo nos estudos literários da seguinte maneira: "O significado especial que ele tem na teoria da relatividade não é importante para os nossos propósitos; transferimos o conceito para a crítica literária quase como uma metáfora (quase, mas não totalmente). O que nos importa é o fato de que ele expressa a inseparabilidade do espaço e do tempo (o tempo como a quarta dimensão de espaço)" (FTC, 84). De fato, o uso bakhtiniano do termo *cronotopo* pode ser caracterizado como quase-metafórico na medida em que ele faz uso de uma metáfora já existente (que por sua vez estabelece linguisticamente a fórmula matemática abstrata $E = MC^2$) (Collington, 2006: 25-31) como um órganon cognitivo para melhor compreensão dos dados a partir de um campo qualitativamente diferente: para a transição do tempo-espaço da física para a narrativa é, obviamente, necessário levar em consideração outros fatores determinantes, como a trama e os personagens.

II. REFLEXÕES

O uso anterior da frase "a famosa passagem [...] em que Bakhtin mais se aproxima de uma espécie de definição [...]" sugere uma das mais fundamentais críticas aos ensaios sobre o cronotopo: uma definição *definitiva* do conceito nunca é oferecida. Em vez disso, Bakhtin inicia a formulação de algumas observações prévias e alterna entre exemplos concretos e mais generalizações, resultando em que o conceito parece adquirir sempre novos significados (cf. Morson e Emerson, 1990: 366-367) Consequentemente, enquanto a maioria dos itens no glossário de *A imaginação dialógica* (a coleção de quatro ensaios de Bakhtin que inclui FTC) possui uma referência nas páginas dos ensaios nos quais "exemplificações úteis ou discussões do conceito [particular] ocorrem" (Bakhtin, 1990b: 423), nenhuma referência de página é dada ao conceito de cronotopo. Ladin formula o problema como segue: "[Bakhtin] não fornece uma definição sistemática [...], nem apresenta um protocolo claramente articulado para identificar e analisar cronotopos e as relações entre eles" (1999: 213). Scholz observa corretamente que "[os] significados se revelam gradualmente à medida que o argumento progride e os exemplos se acumulam. Termos bakhtinianos, em outras palavras, são frequentemente encontrados 'em uso', sem declaração explícita das regras que regem tal uso" (2003: 146). Portanto, não é de surpreender que estudiosos da obra de Bakhtin, como Stuart Allan, Tara Collington e Eduard Vlasov ofereçam respostas diferentes à pergunta sobre quantos cronotopos são discutidos em FTC[6,7].

Essa falta de precisão analítica nos ensaios de Bakhtin levou a uma proliferação de abordagens heterogêneas do cronotopo na literatura e, mais amplamente, na cultura. Essa proliferação já está presente no próprio FTC. No item "Observações finais", que Bakhtin adicionou em 1973 como um décimo capítulo, ele situa "o significado de todos esses cronotopos" em pelo menos quatro níveis diferentes:

(1) eles têm significado na geração da narrativa do enredo; da trama;
(2) têm significado representacional;

---

6 O mesmo acontece com os estudiosos brasileiros. Para mais informações, ver "Bakhtin e o cronotopo: uma análise crítica". *InterteXto*, vol. 4, nº 2, 2011, p. 50-67. Disponível em: http://www.uftm.edu.br/revistaeletronica/index.php/intertexto/index, acesso: 4 de maio de 2015.

7 Allan distingue "mais de uma dúzia de diferentes [*sic*] tipos de cronotopo" (2003: 128), Collington (2006) distingue sete cronotopos no próprio ensaio e mais três nas "Observações finais", e Vlasov confiantemente afirma que em FTC "Bakhtin apresenta seu sistema catalogado [*sic*] de vários cronotopos na história do romance. Segundo ele, há oito cronotopos básicos do romance" (1995: 42).

(3) "fornecem a base para distinguir tipos de gêneros"[8];
(4) têm significado semântico (FTC, 250-251).

Nas "Observações finais", a tipologia ainda relativamente estável do próprio ensaio explode em um verdadeiro caleidoscópio, em que até mesmo a forma interna de uma palavra é considerada cronotópica (cf. Ladin 1999: 213). Consequentemente, o *modus operandi* de Bakhtin levou os estudiosos a usarem uma pletora de termos diferentes para classificar como cronotopos fenômenos literários em diferentes níveis de abstração. Eles falam de cronotopos "menores" e "maiores", de "motivos cronotópicos" e de "cronotopos de todos os gêneros" (Morson e Emerson, 1990: 374), de cronotopos "motívicos" e "genéricos" (Keunen, 2000a), "básicos" e "adjacentes" (Vlasov, 1995: 44-45), "micro", "incidentais", "locais" e "grandes" (Ladin, 1999), e assim por diante. Quando observamos mais de perto essas diferentes aplicações críticas, parece possível distinguir cinco níveis significativos de abstração.

(1) No primeiro nível, situamos o que Ladin chamou de "microcronotopos" (1999: 215), argumentando que a linguagem é "carregada de energia cronotópica" e que a vitalidade da linguagem "cresce, em parte, na tensão entre as implicações cronotópicas 'centrífugas' de palavras e frases individuais e as forças 'centrípetas' [como a sintaxe], que subordinam essas energias centrífugas aos significados coerentes e abrangentes" (*ibid.*: 216). Microcronotopos são gerados de unidades de linguagem menores que a sentença, pelo aproveitamento dessas energias em textos literários. Eles e seu papel na poesia lírica são discutidos na contribuição de Ladin a este volume.

(2) Os chamados cronotopos menores, que devem ser distinguidos em um segundo nível, se referem ao que Ladin chama de cronotopos "locais" (1999: 216). Bakhtin afirma nas "Considerações finais" a FTC:

> Falamos até agora só dos cronotopos maiores, aqueles que são mais fundamentais e abrangentes. Mas cada um desses cronotopos pode incluir no seu interior um número ilimitado de cronotopos menores, na verdade [...] qualquer motivo pode ter um cronotopo específico próprio. Dentro dos limites de um trabalho único e dentro da produção literária total de um único autor podemos notar um número de diferentes cronotopos e interações complexas entre eles, específicos de determinado trabalho ou autor; além disso, é comum um desses cronotopos

[8] Interessante a esse respeito é a interpretação que Tihanov faz do FTC como uma participação indireta de Bakhtin na discussão de Lukács sobre o gênero do romance em *The Historical Novel* (Tihanov, 2000b: 59-61).

envolver ou dominar os outros (principalmente, por exemplo, aqueles que tenho analisado neste ensaio) [...] (FTC, 252; grifos nossos).

Em FTC, Bakhtin ocasionalmente usa os termos *cronotopo* e *motivo* como sinônimos, por exemplo, quando ele usa a expressão "cronotopo do encontro" como equivalente a "motivo do encontro" (FTC, 97). Por essa razão, Morson e Emerson chamaram esses cronotopos menores de "motivos cronotópicos", enquanto outros estudiosos preferem o termo "cronotopos motívicos". Outros cronotopos motívicos que Bakhtin menciona, além do encontro, são o cronotopo da estrada, do castelo, do salão, da cidadezinha, do limiar e da praça pública. Esses "blocos de construção" de textos narrativos são definidos por Keunen como "imagem(ns) mental(is) quadridimensional(is), combinando as três dimensões espaciais com a estrutura de tempo da ação temporal" (2001: 421). Morson e Emerson os caracterizam como "evento(s) congelado(s)", "lembrete(s) condensado(s) do tipo de tempo e de espaço que normalmente funciona ali" (1990: 374)[9].

(3) Ao final, a interação entre as unidades cronotópicas concretas de uma narrativa deixa o leitor com uma impressão global, a que chamamos de *cronotopo maior* ou *dominante*. Esse cronotopo central, "transubjetivo" (Ladin, 1999: 215), serve como campo unificador dos cronotopos locais, competindo em uma mesma narrativa. Muitos estudiosos de Bakhtin não postulam um nível intermediário entre o cronotopo menor (motívico) e o genérico (veja abaixo), e simplesmente equiparam o nível do cronotopo dominante com esses últimos. No entanto, nem todo cronotopo dominante gerará um gênero literário particular; há cronotopos dominantes que ainda não se tornaram genéricos.

(4) Por outro lado, pode-se afirmar que narrativas que, no decurso do processo de leitura, produzem uma impressão semelhante em relação a seu mundo ficcional, partilham um cronotopo maior semelhante; cronotopos maiores podem assim ser divididos em classes ainda mais abstratas de *cronotopos genéricos*. Esses cronotopos são aqueles a que Ladin se refere como "cronotopos que [...] podem ser abstraídos a partir de trabalhos individuais nos quais aparecem e servem de base para a categorização e comparação para aqueles trabalhos" (1999: 232). Nesse nível particular, o conceito deve ser entendido como aquilo que Bakhtin chama de "categoria literária formalmente constitutiva" (FTC, 84).

---

[9] Bom exemplo de análise hermenêutica dos cronotopos motívicos pode ser encontrado em Deltcheva e Vlasov (1997). Uma utilização criativa do cronotopo motívico no contexto da arquitetura da paisagem é oferecido por Potteiger e Purinton (1998).

(5) Por último, Keunen (2011) propôs recentemente um quadro sistemático que permite dividir cronotopos genéricos em classes ainda mais abstratas. Central em seu quadro é a divisão em dois tipos diferentes de "cronotopos de enredo-espaço" que ilustram dois tipos diferentes de desenvolvimento temporal na totalidade abstrata do mundo ficcional. *Cronotopos teleológicos* — ou *monológicos* — caracterizam narrativas tradicionais, nas quais toda a trama se move em direção ao momento final (o "*éschaton*"[10]). Aqui, a curva do suspense é construída como uma alternância entre cronotopos de equilíbrio e conflito. Conflitos, nessas narrativas, são simplesmente obstáculos externos durante a jornada do herói rumo a um estado de equilíbrio. Baseado na posição do conflito dentro da narrativa, Keunen distingue três subtipos: o *cronotopo da missão* (onde o conflito se põe entre dois estados de equilíbrio; por exemplo: o romance de aventura, o conto de fadas, histórias de fantasia), o *cronotopo da regeneração* (em que uma série de conflitos é superada num equilíbrio final; por exemplo: o romance picaresco, o romance gótico, o romance popular) e o *cronotopo da degradação* (onde o equilíbrio inicial se perde em um conflito não resolvido; por exemplo: as tragédias de Sófocles ou de Shakespeare)[11]. Em cronotopos dialógicos, por outro lado, a narrativa não se direciona para um momento final, para um "telos", mas se constitui em uma rede de situações conflitantes e entrecruzadas que se comunicam umas com as outras — daí o termo "dialógicos". Aqui, os cronotopos em conflito são predominantemente de natureza psicológica, e o que importa não é o *telos* para o qual as narrativas mais tradicionais estão dirigidas, mas o "*kairós*": os críticos e decisivos momentos característicos do romance moderno desde o século XIX. Novamente, Keunen distingue três subtipos de cronotopos dialógicos, a saber: o *cronotopo trágico* (onde personagens conflitivos predominam), o *cronotopo cômico* (onde personagens equilibrados predominam) e o *cronotopo tragicômico* (sem personagens dominantes).

[10] A palavra se originou do grego *eskhatos*, que significa último. É também um ramo da teologia que se refere ao fim do mundo ou da humanidade. (N. do T.)

[11] A partir da noção de "composição do enredo", que, desde a influente obra *Meta-história*, de Hayden White (1973 [ed. br.: 2008]), tem sido considerada uma característica da historiografia geral, De Dobbeleer mostrou recentemente como a classificação de Keunen de cronotopos teleológicos pode ser útil na determinação de uma "visão de mundo ideologizada" particular subjacente a textos historiográficos pré-modernos (e a textos épicos). Assim, comparando a estrutura da trama de três diferentes "testemunhos" da Queda de Constantinopla (1453), ele observa que diferentes "visões" ideológicas (por exemplo, vencedores *vs.* perdedores) possibilitou diferentes "cronotopos de enredo-espaço" (e seus respectivos tipos de herói) para representar o mesmo acontecimento histórico (2008a). Em outra ocasião, De Dobbeleer analisa a estrutura narrativa do cronotopo da missão em um relato épico e historiográfico da tomada de Kazan (1552), em termos das respectivas ideologias expansionistas que eles deveriam representar (2008b).

III. APLICAÇÕES

Mesmo que Bakhtin amplie significativamente sua perspectiva nas "Observações finais" a FTC, o conceito de cronotopo foi inicialmente desenhado como uma contribuição à teoria de gênero[12]. Isso se manifesta não só na grande ênfase durante todo o ensaio sobre os cronotopos maiores que compõem a história do romance ocidental — como o romance de aventura e provação, o romance de aventura na vida cotidiana, o romance de cavalaria, o idílio e afins, mas também resulta do explícito e repetido reconhecimento dado ao significado genérico do conceito: por exemplo, "[os] cronotopos que discutimos fornecem a base para distinguir tipos genéricos; eles estão no cerne de variedades específicas do gênero romance, formado e desenvolvido ao longo de muitos séculos" (FTC, 250-251).

A afirmativa bakhtiniana sobre os gêneros narrativos, além disso, contribui para a tradição teórica que ressalta a funcionalidade cognitiva dos gêneros literários, a crença de que as estruturas poéticas e as narrativas devem ser entendidas como meios de armazenar e transmitir formas de experiência e conhecimento humanos. Como estruturas narrativas abrangentes que "[...] determinam de forma significativa a imagem do homem na literatura" (FTC, 85), cronotopos genéricos são, em estudos recentes sobre Bakhtin, equiparados à *visão de mundo* de um texto. No "Glossário de termos chave" para *The Bakhtin Reader*, por exemplo, afirma-se: "Cronotopos específicos correspondem a determinados gêneros e representam visões particulares do mundo. Nessa medida, o cronotopo é um conceito tanto cognitivo quanto um recurso narrativo dos textos" (Morris, 1994: 246)[13]. Morson e Emerson, por sua vez, compreendem cronotopos genéricos como "modo integral de experiência e compreensão e um campo para a visualização e representação da vida humana" (1990: 375)[14].

---

12 Renfrew (2006, 118-130) apresenta uma discussão muito interessante sobre a complexa relação e a continuidade entre o trabalho de Medvedev sobre gênero e a teoria de Bakhtin nos ensaios sobre o cronotopo FTC e RFHR.

13 Outros estudiosos de Bakhtin que definem o cronotopo dessa forma são: Roderick Beaton, cuja caracterização do cronotopo como "a configuração distintiva de tempo e espaço que define a 'realidade' no mundo de um texto, como *conceitualizado nesse próprio mundo*" (2000: 181; grifo no original) é muito esclarecedor a esse respeito; Tzvetan Todorov, que o caracteriza como "a representação do mundo" (1981: 140) e Bart Keunen, que usa o equivalente holandês de visão de mundo ("*wereldbeeld*") nos títulos de dois de seus livros (2000b, 2005).

14 Segundo Tihanov, a diferença mais substancial entre Lukács e Bakhtin reside na natureza ativa atribuída por Bakhtin aos gêneros literários (e, portanto, ao cronotopo). Para Lukács, "gêneros literários são entidades que refletem o mundo, cada um deles a partir de um ponto de vista único, em uma forma não mediada". Para Bakhtin, por outro lado, "gêneros não refletem mais o mundo, em vez disso, eles o representam e o modelam" (Tihanov, 2000b: 59, grifo no original).

Considerações críticas a respeito do significado exato da expressão *visão de mundo* variam do mais abstrato ao concreto. Estudos exemplificando as críticas mais abstratas tendem a considerar a história da prosa de ficção como um laboratório onde a humanidade tem realizado uma série de experimentos com combinações de tempo e espaço, a fim de adequar-se ao modelo exterior de realidade[15], ou ainda como evidência narrativa da existência de padrões cognitivos supostamente universais baseados na alternância entre regularidade e contingência (Keunen, 2005, 2011). Por outro lado, Borghart e De Temmerman (2010) mostraram como três manifestações diacrônicas do mesmo gênero — a saber, o antigo, o bizantino e o moderno romance grego de aventura e provação — podem ser plausivelmente ligadas a tentativas contemporâneas de estabelecer uma identidade *helênica* comum.

Um terceiro aspecto importante da teoria de gênero bakhtiniana se manifesta em sua concepção da evolução do gênero, em que o processo de *sedimentação*[16] desempenha um papel primordial:

> [Algumas] formas genéricas, num primeiro momento produtivas, foram reforçadas pela tradição; no seu desenvolvimento posterior, elas continuaram teimosamente a existir até e para além do ponto em que tinham perdido qualquer significado produtivo na atualidade ou adequado a situações históricas posteriores. Isso explica a existência simultânea na literatura de fenômenos extraídos de períodos de tempo bastante distintos, o que complica muito o processo histórico-literário (FTC, 85).

Ao longo das duas últimas décadas, o processo pelo qual os cronotopos, no decorrer da história, tornam-se semanticamente improdutivos ou até mesmo inadequados e, posteriormente, adentram o domínio da cultura popular, tem recebido alguma atenção crítica. A reciclagem criativa, por exemplo, de importantes características do chamado *cronotopo de aventura* em muitos filmes hollywoodianos é um exemplo (Morson e Emerson, 1990: 371-372). Mais recentemente, a possibilidade de um verdadeiro renascimento de cronotopos passados dentro da própria literatura também tem sido levantada[17].

---

15 Cf., por exemplo, Clark e Holquist (1984: 278), Morson e Emerson (1990: 366), Danow (1991: 46-47), Holquist (2002: 116) e Scholz (2003: 152-156). Na breve seção teórica ao início de FTC, Bakhtin toca ligeiramente nessa concepção do valor cognitivo dos gêneros narrativos: "Aspectos isolados de tempo e espaço, no entanto — aqueles disponíveis em dada etapa histórica do desenvolvimento humano — foram assimilados e técnicas de gêneros correspondentes foram concebidas para refletir e processar artisticamente tais aspectos da realidade" (FTC, 84).

16 Cf. também Tihanov (2000b: 160).

17 Essa possibilidade foi apenas aparentemente deixada aberta por Bakhtin: "Fenômenos semânticos podem existir em forma oculta, *potencialmente*, e ser revelados somente em contextos

A relativa falta de atenção crítica ao genuíno ressurgimento dos cronotopos é, provavelmente, mais do que o resultado da visão teleológica de Bakhtin sobre a história da narrativa literária. O romance ocidental, ele argumenta, evoluiu de um estado inicial caracterizado por uma total ausência de tempo histórico (por exemplo, o romance grego), através de uma série de etapas posteriores que, constantemente, exibiram um sentido pleno de tempo (por exemplo, o tempo com significado *biográfico* embrionário no romance de aventura romano da vida cotidiana e na biografia antiga), para, finalmente, chegar ao ideal do realismo do século XIX e à concepção de *tempo histórico real,* internalizada pelo seu respectivo cronotopo: "Tais são os cronotopos específicos [...] que servem para a assimilação da realidade atual (inclusive historicamente), que permitem que aspectos essenciais dessa realidade se reflitam e sejam incorporados no espaço artístico do romance" (FTC, 251-252)[18]. Não obstante a filosofia geral de Bakhtin sobre a criatividade e a abertura humanas, sua visão teleológica da evolução literária parece equivalente à ideia de *esgotamento genérico.* Tal consideração, moldada ou não pela ideologia stalinista do materialismo histórico (Mitterand, 1990: 83), é, naturalmente, insustentável. Posteriormente, alguns estudiosos levantaram a hipótese de que algumas configurações cronotópicas subjazem a todo tipo de narrativa, ainda que mínima, incluindo piadas, tirinhas, contos de fadas, histórias de animais, poesia narrativa e similares (cf. abaixo). Portanto, em vez de aderir a um sistema de gênero fechado e virtualmente normativo, seria melhor assumir um *sistema aberto de inúmeros cronotopos genéricos*, cuja natureza e história precisa ainda têm de ser determinadas[19]. Reconhecidamente, entre eles, várias e complexas construções de mundo — que, em certa medida, coincidem com a tipologia estabelecida por Bakhtin — parecem ser tão produtivas que não só se criam verdadeiros tipos de narrativa literária, mas também, em última análise, frequentemente enriquecem o campo da cultura popular.

---

semântico-culturais de épocas subsequentes favoráveis a tal divulgação" (Bakhtin, 2002b: 5; grifo no original). Cf. as análises de Borghart e De Temmerman sobre o reaparecimento do romance grego antigo de aventura nos tempos bizantino e moderno (2010).

18 Ver também FTC (84, 85) e RFHR (19, 21, 43). Para uma discussão mais detalhada da concepção teleológica bakhtiniana da história literária, cf. Mitterand (1990: 183-185), Morson e Emerson (1990: 372, 384, 388, 392), Morson (1991: 1082) e Collington (2006: 39-40).

19 Ladin é menos otimista, concluindo que qualquer tentativa de estabelecer uma tipologia dos cronotopos — em qualquer nível de abstração — será em vão, pois tal abordagem reducionista, argumenta-se, necessariamente exclui todo um espectro de possibilidades e variações: "Para encarnar o cronotopo [...] devemos abandonar a tentadora visão bakhtiniana de uma taxonomia completa de cronotopos, toda uma lista de diferentes espaços-tempos com implicações genéricas, históricas e ontológicas específicas" (1990: 230).

De um ponto de vista puramente metodológico, as possibilidades de determinar o cronotopo dominante de determinado texto narrativo, e, portanto, o gênero narrativo ao qual ele pertence, levanta questões interessantes. Estudiosos de Bakhtin recentemente concordam que os cronotopos principais devem ser concebidos em termos construtivistas como entidades supratextuais, como impressões que ficam na mente do leitor através de um agregado de estratégias textuais, tanto de natureza narratológica quanto temática. Suvin, por exemplo, defende que o cronotopo "[...] é construído pela imaginação ideologicamente restringida do leitor, é um significado e *representamen*, a ser claramente distinguido da superfície do texto, que é um significante e *representans* [...]" (1989: 40, grifo no original). Em outras palavras, narrativas cujos relatos de leitura causam impressões semelhantes, porque seus mundos ficcionais podem, hipoteticamente, compartilhar o mesmo cronotopo genérico. Isso implica, por sua vez, a possibilidade de categorizar um texto narrativo (*representamen*) apenas com base em sua exibição de um número suficiente de estratégias textuais (*representans*) conhecidas por serem características de um cronotopo genérico particular. Alguns estudiosos defensores da *virada cognitiva* da narratologia contemporânea (Ibsch, 1990) têm tentado alinhar a determinação de cronotopos genéricos de acordo com as conquistas da psicologia cognitiva (Keunen, 2000a, cf. abaixo), enquanto abordagens narratológicas e temáticas mais tradicionais também têm sido propostas (Borghart, 2006; Bemong, 2007).

A discussão acima nos leva a uma segunda disciplina dentro da teoria literária em que o conceito bakhtiniano de cronotopo tem sido poucas vezes, mas fecundamente, aplicado: *narratologia*. A base para essa conexão é uma qualidade inerente raramente notada, mas muito importante para qualquer cronotopo. Mais de uma década antes de a teoria de Bakhtin ter-se tornado objeto de análise sistemática, o especialista em ficção científica, Darko Suvin (1986, 1989), demonstrou amplamente que o conceito de cronotopo poderia ser concebido como a *differentia generica* da narratividade. Ele chega a essa conclusão através da comparação detalhada entre a parábola bíblica do grão de mostarda e a metáfora de onde os evangelhos derivaram essa narrativa, uma comparação em que são realçadas tanto suas qualidades, enquanto *órganons cognitivos* transportando sentidos antes inexistentes, quanto suas semelhanças formais, que envolvem determinado *mundo possível*. Consequentemente, Suvin argumenta: "[...] as principais diferenças entre uma metáfora singular e um texto ficcional teriam de ser correlativas à articulação bastante diferente do texto" (1986: 57). Ao longo de sua argumentação, Suvin esboça convincentemente uma conexão entre esta "articulação diferente" e a presença de um cronotopo: "A tese central deste capítulo é *que a 'differentia generica' necessária e, acredito, suficiente entre textos metafóricos e narrativos pode ser mais bem compreendida em termos do cronotopo bakhtiniano*" (*ibid.*: 58, grifo no original).

A tese de Suvin abre uma excelente oportunidade para introduzir a teoria literária bakhtiniana no debate em curso entre os narratologistas sobre as principais características da narratividade. Uma tentativa recente de definir a diferença genérica de narratividade pode ser encontrada em *Towards a 'Natural' Narratology* (1996), da conhecida narratologista Monika Fludernik. Levando em conta as narrativas pós-modernas, caracterizadas pela ausência de qualquer padrão significativo de enredo, ela argumenta, com razão, contra a tradição estruturalista, que reduz a narratividade a mera sequência de dois ou mais eventos (*sequencialidade*). Em vez disso, Fludernik propõe uma forma mínima da experiência humana momentânea (experiencialidade) como denominador comum do gênero narrativo (1996: 20-43). Na sua monografia seguinte, *Time and Imagination: Chronotopes in Western Narrative Culture*, no entanto, Keunen demonstra como mitos sobre deuses e sobre a criação do mundo, cujo tema é bastante desconectado da contingência da experiência humana, dão forma *narrativa* a vários princípios a-históricos. Ele chega, consequentemente, à conclusão de que tais histórias míticas exibem uma construção de mundo ou cronotopo altamente específica. A esse respeito, a análise de Keunen parece proporcionar um argumento valioso de adesão à hipótese de Suvin e de rejeição — ou pelo menos de matização — da proposta de Fludernik.

Mais uma tentativa de atribuir ao conceito de cronotopo o *status* de genuína categoria narratológica é a proposta de Scholz de revisar a teoria estruturalista da história a partir de uma perspectiva bakhtiniana (2003). Retomando a noção bakhtiniana de uma *poética histórica* e sua visão concomitante de cronotopos genéricos como "categorias literárias formalmente constitutivas" (FTC, 84), Scholz argumenta em favor de uma "teoria da 'história', que será sensível à mudança histórica" (2003: 161). Como uma alternativa à alegada oposição universal formalista-estruturalista entre fábula e sujeito (*histoire* vs. *récit*), Scholz concebe cronotopos genéricos como culturalmente sancionados, ordenando princípios capazes de gerar estruturas de enredo típicas. Ao fazer isso, ele propõe dividir o nível da *história* (*fabula, histoire*) em dois:

(1) "No conceito de cronotopo por se referir ao princípio gerador do enredo";

(2) "no conceito de estrutura de enredo por se referir à sequência de eventos tipicamente cronotópicos ordenados de acordo com esse princípio" (*ibid.*: 163).

Ao contrário da preferência bastante arbitrária pela cronologia linear inerente às teorias formalistas-estruturalistas da narrativa, uma abordagem bakhtiniana da narrativa leva em consideração a determinação histórica dos princípios geradores de enredo:

> Assim, evita ter de cortar os laços que ligam determinado enredo, uma estrutura de enredo particular ou determinado cronotopo literário ao mundo da vida, em cujo contexto ele foi produzido. Mais interessante ainda, a análise bakhtiniana da narrativa oferece um meio de conceituar essa ligação sem ter de recorrer [...] de postular homologias espúrias entre estruturas sociais e estruturas de enredo [...] ou, pior, ter de se refugiar numa estética de espelhamento (*ibid.*: 162).

Por fim, algumas palavras devem ser dedicadas à utilidade do conceito de cronotopo literário no campo da *teoria da recepção* e da *hermenêutica*. Na verdade, como Collington acertadamente observou, "o relacionamento entre o mundo do texto e o mundo do leitor [...] é a menos desenvolvida das inter-relações propostas por Bakhtin, e as descrições do papel do leitor no processo interpretativo permanecem vagas" (2006: 93). Até o momento, Keunen (2000a) é quem empreendeu a mais coerente tentativa de explicar o processo mental de leitura de uma narrativa nos termos de um quadro conceitual bakhtiniano. Os princípios de tal abordagem cognitiva dos cronotopos podem ser brevemente resumidos como segue: no curso do seu desenvolvimento cognitivo, os leitores adquirem uma *memória de gêneros* que consiste em um conjunto de estruturas mentais equivalentes a diferentes cronotopos genéricos. Durante o processo de leitura, um desses *esquemas de memória* será ativado, permitindo ao leitor reconhecer o cronotopo relevante e seu correspondente gênero narrativo (Keunen, 2000a: 1-7). No mesmo paradigma, Keunen faz uma tentativa semelhante de ligar os cronotopos motívicos aos chamados *esquemas de ação*, um conceito que em psicologia cognitiva se refere a estruturas mentais reguladoras do comportamento humano em situações estereotipadas, como visitar um restaurante ou ir a uma festa de casamento. Da mesma forma, supõe-se que os cronotopos motívicos ativam o conhecimento armazenado, variando do conhecimento factual sobre a realidade empírica ao conhecimento literário especializado, incluindo a intertextualidade. A combinação de ambos resultaria nos chamados *pacotes de organização de memória* (POMs), que, acredita Keunen, direcionam o processo de leitura e interpretação (*ibid.*: 7-10).

IV. PERSPECTIVAS

Nesta última seção, gostaríamos de apontar algumas interessantes perspectivas de articulação da teoria bakhtiniana do cronotopo literário com outros quadros teóricos. Como Bemong argumenta em seu capítulo, os pontos de vista de Bakhtin sobre a literatura e as tarefas dos estudiosos literários mostram fortes semelhanças com a visão funcionalista-sistêmica da literatura e da cultura, especialmente aquelas da *teoria do polissistema*, a abordagem teórica dos sistemas, cujas bases foram lançadas por Itamar Even-Zohar. Estranhamente, quase nenhuma atenção parece ter sido dada a essa afinidade, tanto por parte dos estudiosos de Bakhtin quanto pelos teóricos dos polissistemas[20]. Isso é estranho porque o conceito de cronotopo tem um grande potencial para resolver um dos problemas fundamentais da pesquisa em teoria dos sistemas, a saber, como os princípios sistêmicos podem ser traduzidos em um quadro metodológico gerenciável. As principais semelhanças entre as abordagens literárias de Bakhtin e de Even-Zohar situam-se em quatro níveis diferentes (em grande parte devido ao fato de que ambos os estudiosos inspiraram-se nos escritos de Jurij Lotman e nas ideias chamadas *funcionalistas dinâmicas*, correntes na década de 1920, presentes nos escritos de Jurij Tijnjanov, Boris Eikhenbaum e outros):

(1) sua visão relacional da literatura e da cultura;
(2) a importância que atribuem ao papel dos estratos culturais inferiores;
(3) o papel chave da sedimentação genérica (cf. acima);
(4) a importância das relações diacrônicas interssistêmicas.

A principal característica que as duas abordagens compartilham é uma visão relacional sobre a cultura. A abordagem funcionalista-sistêmica da literatura tem a intenção de revelar as dinâmicas sincrônica e diacrônica específicas da literatura na sua constelação social global, cultural e social. Bakhtin também defende a necessidade de uma abordagem relacional em seu texto de 1970, "Resposta a uma pergunta do editorial da *Novy Mir*", no qual chama explicitamente a atenção para "a interligação e interdependência das várias áreas da cultura" — tanto sincrônica quanto diacronicamente — e enfatiza que "os limites dessas áreas não são absolutos, que em várias épocas eles foram desenhados de várias maneiras" (2002b: 2). Em segundo lugar, os teóricos do polissistema e Bakhtin reservam um papel importante

[20] O único exemplo encontrado é a sugestão de Caryl Emerson de que "estudiosos das mudanças intergêneros poderiam aprender com os desenvolvimentos recentes na teoria da tradução" (1986: 11), seguido por uma referência a um ensaio de Even-Zohar sobre teorias de tradução.

aos estratos culturais inferiores na prevenção da estagnação do colapso ou do completo desaparecimento dos sistemas culturais. A presença de subculturas fortes enfatiza a necessidade de uma competição real, sem a qual qualquer atividade semiótica canonizada se tornaria gradualmente petrificada. Em terceiro lugar, a teoria do polissistema compartilha a ideia bakhtiniana da sedimentação genérica discutida acima. Assim como Bakhtin, a teoria considera os polissistemas como essencialmente dinâmicos, redes em evolução onde "em qualquer momento, mais de um conjunto diacrônico opera no eixo sincrônico" (Even-Zohar, 2005: 39). Por último, a atenção da teoria dos polissistemas às relações diacrônicas intersistêmicas também está claramente presente nos ensaios bakhtinianos sobre o cronotopo, especialmente em sua visão da evolução dos cronotopos genéricos. Assim, Bakhtin caracteriza o cronotopo "grego" do romance de aventura e provação "original" como um cronotopo que já é, em si, claramente relacionado intersistemicamente a vários outros sistemas (contemporâneos e mais antigos), tanto literários quanto não literários. Enquanto a maioria dos elementos desse cronotopo "derivavam de outros gêneros", eles "assumiram um novo caráter e funções especiais nesse cronotopo completamente novo". Além disso, em sua nova unidade, eles "deixaram de ser o que tinham sido em outros gêneros" (FTC, 88-89). Essa visão mostra claras afinidades com a afirmação de Even-Zohar de que "um repertório apropriado não necessariamente mantém as funções da cultura de origem" (2005: 65).

Para terminar o nosso estado da arte, gostaríamos de chamar a atenção para algumas semelhanças interessantes, mas raramente notadas, entre a teoria bakhtiniana do cronotopo literário e a abordagem desenvolvida recentemente conhecida como *semântica dos mundos possíveis*. Embora totalmente concebidos em diferentes contextos históricos e geográficos (Rússia stalinista *vs.* América do Norte pós-moderna), os modelos teóricos compartilham uma série de afinidades epistemológicas e conceituais relevantes. Em primeiro lugar, e antes de tudo, Bakhtin e a semântica dos mundos possíveis são semelhantes em suas críticas às pesquisas formalistas e estruturalistas dos universais literários e à concomitante negligência do plano semântico inerente a essas tradições. Além disso, ao teorizar explicitamente a relação entre texto e contexto, ambos os paradigmas, de forma independente, reagem contra as abordagens meramente imanentes do texto feitas tanto pelo formalismo quanto pelo estruturalismo (cf. por exemplo, Pavel, 1986: 1-10).

A terceira e mais interessante afinidade refere-se ao tratamento dado aos mundos ficcionais. É interessante porque as duas teorias são visivelmente diferentes em sua abordagem desse assunto. Em um nível conceitual, tanto Bakhtin quanto seus colegas pós-modernos se propõem estudar os mundos ficcionais e seus constituintes como meios de chegar a uma teoria geral do sentido da narrativa. A semântica dos mundos possíveis, por um lado, tem se preocupado até agora principalmente com questões epistemológicas (por exemplo, qual é o estatuto ontológico dos mundos ficcionais?) e tem adotado uma abordagem ascendente das características marcantes dos mundos ficcionais (por exemplo, de que maneira e em que grau esses mundos são habitados e mobiliados?) (cf., por exemplo, Doležel, 1998: 145-184). Consequentemente, a semântica dos mundos possíveis se apresenta como uma teoria analítica útil para determinar o significado das narrativas individuais. Adeptos da teoria de Bakhtin, ao contrário, têm dedicado a maior parte de sua atenção crítica à elaboração de um modelo teórico com qualidades explicativas de natureza sintética. Nessa abordagem descendente, o principal foco de interesse tem sido a descrição de estruturas narrativas abrangentes como um meio de mapear uma série de gêneros narrativos e seu respectivos valores cognitivos. No entanto, estamos convictos de que os dois paradigmas estão destinados a cooperar e a se enriquecerem mutuamente em um futuro próximo: considerando que os princípios de construção de mundos ficcionais determinados pela semântica dos mundos possíveis oferecem ferramentas para descrição mais detalhada e diferenciada das características dos cronotopos genéricos, as qualidades sintéticas da teoria bakhtiniana têm potencial para aumentar a aplicabilidade da semântica dos mundos possíveis nos domínios da teoria do gênero e da história literária.

SEGUNDA PARTE

REFLEXÕES FILOSÓFICAS

CAPÍTULO 2

A FUGA DO CRONOTOPO[1]

MICHAEL HOLQUIST

TRADUÇÃO: IVAN MARCOS RIBEIRO E LUCIANA MOURA COLUCCI DE CAMARGO

Como a visão geral de Nele Bemong e Pieter Borghart que introduz este volume esclarece, o termo cronotopo se transformou num verdadeiro carnaval de orismologia. Para o bom trabalho que tem sido feito por um crescente número de críticos perspicazes, o cronotopo permanece como um nó górdio de ambiguidades, só que sem um *Alexandre Magno à vista*. O termo se *espalhou por todo um espectro* das ciências humanas e sociais desde a publicação de FTC em russo, em 1975, e (especialmente) depois de sua tradução para o inglês em 1981. Como outros já assinalaram, uma das características mais extraordinárias do cronotopo é a pletora de sentidos que tem sido atribuída ao termo: tornou-se lugar-comum dizer que sua popularidade se deve à sua opacidade.

Então, na situação atual da heteroglossia cronotópica, como devemos proceder? O argumento deste capítulo é que muitas das dificuldades enfrentadas pelos críticos de Bakhtin derivam das ambiguidades contra as quais o próprio Bakhtin nunca deixou de lutar. Quer dizer, em vez de avançar para minha própria definição, investigarei algumas das tentativas feitas pelo próprio Bakhtin durante toda a sua longa vida para conferir ao termo maior precisão. Desse modo, também espero lançar alguma luz sobre o papel fundacional do tempo-espaço na filosofia dialogal de Bakhtin, uma vez que ela também assumiu sentidos diversos em vários pontos de seu pensamento.

Cronotopo é uma designação anafórica, pois toma seu sentido a partir da referência a outro termo, tempo-espaço[2]. Menciono esse embaraçoso e óbvio

---

1 Uma versão diferente deste trabalho aparecerá em um livro em homenagem a Nina Perlina.

2 Em "dialogismo", é claro, todas as palavras são percebidas como anafóricas. No entanto, algumas são mais semanticamente determinadas por sua relação com outras, palavras específicas.

fato porque o termo específico “cronotopo” não é a única forma com a qual Bakhtin, ao longo dos anos, lutou com o papel central que tempo-espaço ocupa na vida humana. Ele trabalhou na monografia que parece ser o *ens originarum* da locução específica “cronotopo”, primeiro de 1934 a 1937, em outras palavras, durante o período dos anos 1930, quando devotou todas as suas energias a repensar a natureza do gênero, especialmente a do romance[3]. Pelo fato de ele ser um exilado político naquela época, o ensaio não pôde ser publicado então. Ele veio a lume quarenta anos mais tarde, após o retorno de Bakhtin, já na velhice, para Moscou, tendo sido publicado na antologia de seus ensaios literários, que surge somente em 1975, ano de sua morte (Bakhtin, 1975). Editar aquela antologia esteve entre os últimos esforços de Bakhtin, e ali ele inclui um apêndice à monografia de 1934 sobre o cronotopo na forma do décimo capítulo, “Considerações finais”, escrito em 1973. Voltaremos a esse capítulo final, mas por ora basta dizer que, longe de servir para aguçar a definição bakhtiniana original, essas notas tiveram justamente o efeito oposto.

As “Considerações finais” têm essa consequência mistificadora porque, na época em que foram escritas, Bakhtin retomava os interesses metafísicos de sua juventude, quando procurava fundamentar categorias derivadas do idealismo alemão na imediatidade social e física da experiência vivida[4]. Portanto, o décimo capítulo expande o termo cronotopo de (vaga) aplicação literária (típica do seu período intermediário) para uma categoria epistemológica abrangente.

Para dar conta dos choques de significados entre o ensaio e sua conclusão, devemos observar a diferença cronológica entre a data de redação dos nove capítulos originais e a data de escrita do apêndice. As diferentes datas entre as duas partes desiguais de FTC representam divergentes — e, em certa medida, contraditórias — asserções do significado do tempo-espaço na existência humana. Muita confusão resultou da tentativa de extrair uma definição única de cronotopo baseada nas leituras monológicas do que são — de fato — duas versões completamente diferentes do significado do termo definido pelo próprio Bakhtin. Aqui confrontamos um dos problemas centrais em

---

[3] O romance estava no centro da atenção de todos naquele momento — incluindo o governo. Ele alcançou uma espécie de *status* de supergênero, como o exemplo preeminente da estética oficial do realismo socialista, especialmente após as conferências na Academia Comunista sobre a teoria do romance em 1934-1935, nas quais Lukács desempenhou um papel de destaque (cf. Tihanov 1998).

[4] Para uma descrição mais detalhada destes anos, cf. Holquist e Clark (1984).

qualquer tentativa de conceber uma descrição coerente do dialogismo: a lacuna entre a evolução intelectual de Bakhtin (decididamente não teleológica) e a cronologia muito disparatada das datas de publicação de suas obras. Os dois níveis de significado no ensaio sobre o cronotopo — essencialmente literário nos nove capítulos escritos em 1934, e ascendendo à metafísica nas "Considerações finais" escritas quarenta anos depois — não são irreconciliáveis. Mas sua integração requer uma sensibilidade filológica e teórica muito refinada para as diferenças internas, se quisermos chegar — dialogicamente — a uma concepção unificada capaz de incorporar ambas as concepções.

Para seguir nessa direção, proponho uma metáfora musical tentando integrar tanto o pensamento de Bakhtin quanto a cronologia de publicação de suas obras. Em vez de um padrão de narrativa linear pelo qual bibliografias cumulativas e calendários unidirecionais são organizados, a carreira de Bakhtin, como pensador, é mais bem compreendida como um diálogo, mais especificamente um tipo particular de diálogo conhecido em musicologia como "fuga". A fuga, no sentido musical — não no psicológico — é uma composição contrapontista na qual uma breve melodia ou frase inicial (cujo nome técnico é *"o tema"*) é introduzida e então entrelaçada a outras (tecnicamente chamadas *"vozes"*). Na medida em que novas notas se inserem na composição, o *tema* é repetido em diferentes claves. Tais notas são alternadas até o "epílogo" do tema, ponto em que a música retorna à clave de abertura, conhecida como "tônica", e tudo isso é, às vezes, seguido por um epílogo. De forma semelhante, para seguir a melodia de qualquer ideia particular nas obras de Bakhtin, é necessário relacioná-la às nuances, variações e interligações experimentadas em relação às suas próprias recorrências e a outros temas na composição maior, que é toda a obra de Bakhtin. Tempo-espaço, como eu disse, é uma preocupação recorrente de Bakhtin durante toda a sua carreira. Então isto nos obriga a considerar as nuances sutis que se acumulam no tema, à medida que ele entra em fuga em pontos diferentes de seus desdobramentos.

Para os propósitos deste capítulo, será importante considerar o tempo-espaço como um dos maiores — senão o maior — tema em uma fuga de três partes. A primeira parte se dá nos anos 1920, período que termina com a prisão de Bakhtin em 1929. Nessa etapa, Bakhtin está imerso na filosofia alemã, especificamente em Kant, na reposta idealista imediata a Kant e no neokantismo do início do século XX. A segunda parte se desenvolve durante os anos de peregrinação e exílio, quando Bakhtin está preocupado com a teoria do romance. Uma terceira parte, terminando com sua morte em

1975, compreende a tentativa de um pensador maduro de reafirmar a significância dos temas entremeados em seus vários escritos ao longo dos anos, proporcionando-lhes um epílogo de despedida. O tempo-espaço é, evidentemente, um tema presente em todos esses escritos, com um timbre diferente em cada um. A seguir, analisarei brevemente o tempo-espaço em cada um desses três movimentos. Fornecerei um tratamento mais detalhado do primeiro movimento, uma vez que este é o surgimento inicial do tema, do qual todas as ocorrências posteriores são variações.

I. CONTEXTO FILOSÓFICO

A primeira afirmação do tempo-espaço no primeiro Bakhtin é fortemente influenciada pelo ambiente filosófico dos círculos de discussão em Vitebsk e Nevel, que estavam no centro de sua vida nos anos imediatamente posteriores à Revolução de Outubro. Um participante importante nestes debates foi Matvei Isaevich Kagan (1889-1937), que regressara recentemente da Alemanha, onde fora o pupilo favorito do próprio Hermann Cohen. O tema da dissertação de Kagan, feita em Marburgo em 1914 — *O problema da apercepção transcendental de Descartes a Kant* —, foi crucial nas reuniões em que os membros criaram "a escola de filosofia de Nevel". Logo, o ambiente em que o jovem Bakhtin se desenvolveu era pesadamente neokantiano, muito mais ainda do que este breve relato pode adequadamente apresentar.

No entanto, ele ajudará a avaliar o caráter distintivo da apropriação única de Kant por Bakhtin, se nos lembrarmos de que nas primeiras décadas do século XX, Bakhtin estava entrando numa discussão já em andamento havia séculos. No ponto em que Bakhtin o encontrou, o neokantismo era simplesmente o último capítulo de uma longa história de reação à revolução epistemológica kantiana, que começou logo depois da publicação da primeira *Crítica*, em 1781. Reconhecidamente, Kant defendeu que não temos acesso imediato às coisas: quando pensamos que vemos algo, o que realmente percebemos são meramente representações (*Darstellungen*) construídas mediante a interação de conceitos *a priori* (*Begriffe*) em nossa mente com intuições *a posteriori* (*Anschauungen*) que nos chegam a partir do mundo exterior. Esta não foi apenas uma visão radical do conhecimento, mas também da subjetividade humana, derivada da epistemologia kantiana, segundo a qual o sujeito percipiente se definia como uma atividade: o termo kantiano para sujeito não é um substantivo ("pessoa") ou um pronome ("eu"), mas um verbo: "eu penso" (*Ich-denke*), que ele trata apenas gramaticalmente como substantivo.

Além disso, necessariamente, o "eu penso" kantiniano não é um sujeito *unificado* — conclusão que escandalizou o público da época. Hoje, é difícil imaginar a sensação de choque causada pela insistência de Kant no absoluto rompimento entre mente e mundo. Mostro evidências disso a seguir.

Como Kant chegou ao papel de um Copérnico epistemológico? Em um ensaio no qual contextualizava sua própria intervenção na filosofia alemã, Kant caracteriza a atuação de seus eminentes predecessores, Leibniz e Christian Wolff, como tentativas frustradas de superar a natureza absoluta do sujeito cognoscente conforme postulada por Descartes. Definindo seu lugar nesse projeto em andamento, Kant faz referência à distinção estabelecida em sua primeira *Crítica* entre o "eu transcendental" e o "eu psicológico". Ele aponta a diferença crucial entre a simples *percepção* cotidiana e o tipo de consciência que denomina *apercepção*, a consciência (*Bewusstsein*) de que é o *eu*, e não outra pessoa, quem está tendo essa percepção (*Wahrnehmung*). O eu transcendental simplesmente vê uma casa; o eu psicológico exerce a apercepção de ver-se vendo uma casa.

Kant afirma que nenhum desses "eus" é absoluto, no sentido de unitário. Ele diz claramente: "Que sou consciente de mim mesmo é um pensamento que já contém um eu duplo" (Kant 1983: 73). Já nos paralogismos da primeira *Crítica*, ele argumentara que "nada é mais natural e sedutor do que a ilusão de tomar a unidade na *síntese* dos pensamentos de uma unidade percebida no tema *desses* pensamentos" (Kant, 1988, vol. 1: 402; grifo nosso). E ele estigmatiza posteriormente essa negligência como *sophisma figurae dictionis*, o sofisma de uma mera figura de linguagem (*id. ibid.*: 402-403). Bakhtin argumentará, é claro, que o "eu" é, de fato, uma figura do tipo de discurso que ele denomina enunciado.

O paradoxo kantiano do sujeito definido como simples função, simultaneamente dividido e invisível para si mesmo em sua própria operação, é a consequência inevitável de empregar a *apercepção* como parte de sua explicação de como nós — apesar do estado dividido de nossos eus — conseguimos criar uma impressão única à parte dos sinais que se modificam constantemente e que chegam até nós a partir do ambiente externo (o que Bakhtin chamará de heteroglossia). Para a consciência funcionar como Kant descreve em sua teoria do conhecimento, ela precisa estar localizada tanto num "eu empírico" — um sujeito que responde ao ambiente externo —, quanto num "eu transcendental", capaz de organizar tais respostas em uma representação mental coerente com base na qual a mente pode, então, fazer juízos. E fazer juízos é como Kant define o pensar, a ação de compreender.

A afirmação de Descartes de que somos transparentes para nós mesmos é decisivamente descartada pela distinção que funda toda a teoria do conhecimento de Kant, que diz que todo o ato de percepção é uma síntese (*Verbindung*). A seção da primeira *Crítica* de Kant citada por Bakhtin na FTC é significativamente subtitulada "Sobre a possibilidade de síntese em geral" (1988, vol. 2: 130), esclarecendo que a *fons et origo* do sistema kantiano serão encontradas no ato de juntar *a priori* categorias transcendentais na mente com intuições vindas do ambiente externo detectadas pelos sentidos. Isso cria necessariamente um sujeito dividido entre a apercepção pura e a apercepção empírica. A formulação clássica é a seguinte:

> [...] toda diversidade da intuição tem, pois, relação necessária com o eu penso no mesmo sujeito em que se encontra essa diversidade. Mas essa representação é um ato da espontaneidade, quer dizer, não se pode considerá-la como pertencente à sensibilidade. Denomino-a apercepção pura para diferenciá-la da apercepção empírica, ou ainda também apercepção primitiva, por ser a consciência de si mesmo, que, produzindo a representação eu-penso, que deve acompanhar todas as demais representações e que, em toda consciência, é sempre una e a mesma, não outra maior que, por seu turno, possa acompanhar a este (1988, vol. 2: 132).

Simplificando, *o mecanismo pelo qual vemos não pode ser visto*: "Agora é muito evidente que não posso conhecer como um objeto aquilo que devo pressupor a fim de conhecer qualquer objeto" (1988, vol. 2: 401-402).

A natureza radical desse sujeito necessariamente bifurcado (e, portanto, invisível) deve ser julgada à luz de toda a tradição metafísica e da tradição teológica ocidental que, antes de Kant, havia concebido a pessoa individual como essencialmente definida pela posse duma alma. No Ocidente, essa tradição é questionada aleatoriamente, em casos isolados, ao longo de milênios, mas começa a desmoronar apenas com o Iluminismo radical do século XVII. Então, Kant (que afinal morreu no século XIX, em 1804, ano em que Napoleão se tornou imperador) é, em certo sentido, o tardio, mas demolidor[5] clímax dessa história. Sua bifurcação do eu culmina um processo no Ocidente que há milênios glorificava a singularidade do eu na doutrina da alma.

Para figuras como Agostinho, a fonte da unidade e da totalidade devia ser encontrada exclusivamente num Deus monoteísta, cujo dom aos homens era uma singularidade equivalente em suas almas. Os cristãos eram assim

[5] Durante sua vida, Kant era conhecido (e temido) como "o demolidor".

encorajados a ver sua identidade fundamental, seu eu, olhando para dentro de suas almas. Mas, em uma época posterior, pensadores devotos como Pascal, o matemático que, a despeito de si mesmo, ajudou a trazer o Iluminismo radical à tona, temiam que os seres humanos pudessem ser bem diferentes do que pensava Agostinho. Pascal ansiava por uma alma tal como a idealizada por Agostinho e, depois de sua conversão ao jansenismo, deve ter levado costurado em seu casaco os ditos: "Fogo. Deus de Abraão, Deus de Isaac, Deus de Jacó, não o dos filósofos e acadêmicos [...]", como diz a lenda, mas ele ainda temia que pudesse haver trevas em seu eu mais interior, que não se deixariam ser vistas. Ele se inquietava ao pensar que era um "monstro incompreensível" e clamava: "*Onde estou, afinal*"? (*apud* Benichou 1948: 420, 323).

No século seguinte, Rosseau, apesar das críticas aos sonhos iluministas da transparência da razão, escreveu: "Aspiro ao momento em que, liberto dos grilhões do corpo, serei *eu* sem contradição, sem cisão, sem necessidade de nada além de mim mesmo para ser feliz" (Rousseau, 1964: 358).

Apesar de toda a sua admiração por Rousseau, Kant acabou com a possibilidade de um eu indivisível, como o cobiçado por Rousseau. Sua afirmação de que não temos conhecimento transparente das coisas em si desencadeou uma tempestade de respostas aflitas. Houve um rumor em Königsberg de que sua filosofia teria levado um estudante à loucura. Em Jena, dois estudantes travaram um duelo por causa da interpretação da primeira *Crítica*. Em uma onda gigantesca de livros dedicados a sua obra, por outros professores, alegava-se que os trabalhos de Kant "abalavam os poderes do entendimento, estragavam os bons princípios e envenenavam a fonte da felicidade humana" (Kühn, 2001: 318-319).

Todo o movimento do idealismo alemão pode ser visto como um contra-ataque de outros filósofos da época à proposição de que o conhecimento não é imediato e de que o eu é dividido. É o caso de Fichte:

> Só na autointuição de uma mente há a identidade de uma representação e seu objeto. Assim, explicar a correspondência absoluta entre a representação e seu objeto, do qual a realidade de todo o nosso conhecimento depende, deve ter demonstrado que a mente, na medida em que intui objetos, na verdade intui a si mesma (*apud* Beiser, 1993: 12).

E acrescenta: "Se isto puder ser demonstrado, então a realidade de todo o nosso conhecimento estará assegurada" (*ibid.*). Mas é claro que essa homogeneização não podia, de fato, ser demonstrada, nem pelo próprio Fichte, nem por seus opositores, Schelling e Hegel.

Em diversas ocasiões, Schelling descreveu-se a si mesmo como um médico curando as profundas feridas da consciência, e embora existam diferenças em sua ênfase ao longo de sua longa vida, é claro que, desde muito cedo, as feridas específicas que ele tem em mente são aquelas infligidas à consciência por Kant. Esse é obviamente o caso de suas *Vorlesungen über die Methode des akademischen Studiums* ("Conferências sobre o método dos estudos acadêmicos"), de 1803, nas quais argumenta que a realidade independe da oposição entre inteligência e natureza (aludindo claramente à distinção de Kant entre categorias e intuições), mas é garantida pelo Absoluto (baseado na Razão). A suprema lei da razão, então, não é a diferença, mas a identidade, A=A, independentemente de considerações temporais e espaciais. Foi esse ponto de vista ultramonista que inspirou Hegel a descrevê-la como "a noite em que todas as vacas são negras" (*ibid.*: 7).

Toda a teoria de Hegel se baseia na superação da alienação do *Geist* de si mesmo. Em certo sentido, ele situa o ego absoluto de Fichte no tempo — o sujeito pode não ser capaz de se reconhecer hoje, mas o *será* no futuro. E quando essa fusão absoluta entre sujeito e objeto ocorrer, a história terá alcançado seu *fim,* e o tempo não será mais. Isso pode ser demonstrado desde muito cedo: mesmo em seus primeiros escritos religiosos, Hegel afirmava que Kant vira parte da verdade, nada mais que uma parte. Era dele — de Hegel — a tarefa de ver a visão na cegueira kantiana. Kant argumentava que nosso pensamento era legislado por categorias da própria mente humana. Hegel concordava com isso, mas passou a argumentar que "a natureza do nosso próprio pensamento e a natureza da realidade com a qual Kant sempre se contrastou são de fato uma e a mesma" (Guyer, 1993: 171). A resposta à insistência de Kant na diferença foi — como em Fichte — uma noção expandida de unidade.

II. PRIMEIRO PERÍODO: O PRIMEIRO BAKHTIN

A ruptura kantiana entre mente e mundo — e a consequente divisão entre si e si mesmo — são dois aspectos de um único tópico que se inclui como tema da fuga bakhtiniana nos anos 1920. Em sua primeira publicação, o manifesto de 1919 sobre "Arte e responsabilidade", Bakhtin (1990a) postula o fato primordial da separação na existência humana e o consequente imperativo de negociar a distância entre elas. Pelo resto de sua vida, ele irá estudar, em vários níveis — arte, ética, metalinguística —, a absoluta indisputabilidade dessa lacuna e as consequências éticas e epistemológicas que decorrem dela. Num notável trabalho desse período (mais ou menos contemporâneo de "Arte e responsabilidade"), Bakhtin vai além de sua insistência no espaço excepcional que cada indivíduo humano ocupa na existência: "[...] somente eu — o único e exclusivo eu — ocupo, em determinado conjunto de circunstâncias, esse espaço particular em um tempo particular, todos os outros seres humanos estão situados externamente a mim" (Bakhtin, 1990a: 23).

Bakhtin chegou a especificar alguns dos modos pelos quais o tempo-espaço determinava a *Sonderstellung* (posição especial) do indivíduo. É a exotopia, ou a exterioridade (*vnenakhodimost)* do meu lugar único no ser que define a vida como uma tarefa — o *dannost* (aquilo que tenho de fazer) que impele nosso *zadannost* (coisas que devo fazer), por assim dizer. O lugar que ocupamos no ser não é meramente um local que ocupamos no espaço e tempo, mas uma tarefa, a obrigação de forjar relações interiores com nós mesmos e com o mundo em que vivemos, o que evitará que todos os elementos separados se dissolvam em caos. Fazer sentido de nós mesmos e do mundo é (desculpem-me pelas palavras extensas) uma tarefa epistemológica ontologicamente imposta, contra a qual não temos álibi. Bakhtin usa o termo "álibi", do latim "em outro lugar", porque não ter recurso a "outro lugar" na existência é um modo de insistir na absoluta fatalidade de nosso ser em determinado lugar onde nos encontramos — e, muito importante também, onde *os outros encontram a si mesmos* — em qualquer momento dado. Enquanto vivemos, nunca podemos estar em *outro lugar,* a não ser em nosso lugar único na existência.

Assim, o jovem Bakhtin começou sua carreira aceitando muitas das consequências que fluíam do reconhecimento das separações gêmeas identificadas por Kant — a lacuna entre mente e mundo e a lacuna entre percepção e autoconhecimento. Mas em oposição absoluta aos idealistas alemães[6], o jovem Bakhtin reponde ao desafio kantiano não pela negação na forma de uma nova afirmação da unidade e da transparência. Ao contrário, ele militantemente insiste na importância fundacional de um sujeito dividido. Num ciclo de conferências sobre Kant, em 1924-1925, Bakhtin diz: "A genialidade de Kant consistiu na destruição [...] da unidade objetiva" e adiante ele especifica essa afirmação observando: "O principal perigo consiste na possibilidade de uma imagem [da unidade de consciência] se tornar algo mais que subsidiária; o esquecimento do fato de que a unidade

---

[6] E com o conhecimento adquirido pela imersão em pensadores posteriores que contestavam Kant, tais como Dilthey, Simmel, Bergson e Cassirer.

de consciência é apenas uma imagem — esse é o maior perigo para a filosofia" (1993: 331).

É evidente então que, desde os primórdios de sua vida intelectual, Bakhtin estava preocupado com o problema de como conceber um eu que fosse, ao mesmo tempo, bifurcado e invisível para si mesmo. É igualmente claro que, desde o início, sua abordagem inicial teve o intento de enquadrar a questão no contexto do tempo e do espaço. No seu longo e inacabado manuscrito "Autor e herói na atividade estética" — escrito durante o mesmo período em que dava as conferências sobre Kant —, ele concentrou a atenção em questões sobre a "forma espacial do herói" e a "forma temporal do herói" (Bakhtin, 1990a: 22-52, 99-138). E, como *veremos*, a relação tempo-espaço continuou a desempenhar um papel no pensamento de Bakhtin também durante os últimos anos de sua vida.

O que se tem de mais notável na obra dos anos 1920 é o uso que Bakhtin faz das metáforas visuais como recurso para dramatizar a utilidade do tempo-espaço na definição da necessidade do outro na formulação do eu. De uma simples análise fenomenológica de duas pessoas olhando uma para a outra, ele define duas categorias que irão moldar sua abordagem do enigma do eu bifurcado. A primeira delas é o que Bakhtin chama de "excedente de visão" (izbytok videniia/избыток видения):

> Quando contemplo um ser humano completo situado exteriormente a mim e defronte a mim, nossos horizontes concretos e experienciados não coincidem [por isso o *espaço* é importante]. Pois em todo momento [por isso o *tempo* é importante], independentemente da posição e da proximidade desse ser humano [человек] que estou contemplando, devo sempre ver e saber algo que ele, de seu espaço exterior e frontal, não consegue ver por si mesmo: partes de seu corpo inacessíveis a seu próprio olhar (cabeça, rosto e expressão facial), o mundo às suas costas e toda uma série de objetos e relações que em todos os nossos encontros são acessíveis a mim, não a ele. *À medida que olhamos um para o outro, dois mundos diferentes se refletem nas pupilas de nossos olhos* [...] (Bakhtin, 1990a: 23; grifo nosso).

Ele está se referindo ao exemplo mais cotidiano de *ver* para fazer o que é essencialmente o objetivo de Kant acerca da invisibilidade do sujeito percipiente a si mesmo: "Para a cognição, não há relação absolutamente inconversível entre *eu* e o *outro*" (1990: 22-3; grifo nosso); "para a cognição, *eu* e o *outro*, na medida em que estão sendo pensados, constituem uma relação relativa e conversível, já que o *subjectum* [субъект] cognitivo não ocupa nenhum lugar concreto e determinado na existência"! (1990a: 23; grifo do autor).

III. PERÍODO INTERMEDIÁRIO: *A TEORIA DO ROMANCE*

Por razões muito variadas e complexas para serem abordadas neste capítulo, no final da década de 1920, Bakhtin sofreu várias transformações. Ele regressa à Rússia urbana depois de anos no interior; os círculos de discussão e leitura que o apoiaram em Nevel começaram a se dissolver, e ele desloca sua atenção dos assuntos patentemente metafísicos para aqueles que interessam a um número maior de pessoas. Intelectualmente, é notável que aquilo que seria concebido como o início desse período, 1929, viu a publicação de duas obras que marcam novas vozes se somando à fuga tempo-espaço de Bakhtin àquela altura. A primeira foi *Marxismo e filosofia da linguagem*. Esse texto foi publicado sob o nome do amigo de Bakhtin — e membro do Círculo de Nevel — Vološinov. Ainda se discute o grau do envolvimento de Bakhtin na obra, mas a maioria dos especialistas concorda que ela é, no mínimo, fortemente influenciada por ele. Uma segunda obra daquele ano, *Problemas da poética de Dostoiévski*, foi publicada como sendo do próprio Bakhtin.

1929 foi também, é claro, o ano em que ele foi preso. Em seu exílio posterior, no entanto, ele continuou a meditar sobre seus temas constantes de tempo, espaço e diálogo, mas agora à luz de novas influências que entraram em sua vida imediatamente após sua prisão. Em sua obra com Vološinov, ele ganhou novas forças a partir de uma nova e inspirada virada para a linguagem, refletida em muitos dos projetos que o ocuparam nas décadas seguintes, na medida em que ele e sua esposa, Elena Aleksandrovna, vagavam dos desertos do Cazaquistão para o ermo cultural de Saransk.

Entre 1930-1950, Bakhtin continuou a pensar e a escrever. Virtualmente, todos os ensaios e monografias dessas duas décadas dificultam o desenvolvimento em fuga da obsessão com o tempo-espaço, que remonta à tônica de sua primeira obra, publicada em 1924. FTC talvez não seja tão teoricamente poderoso quanto outras obras desse período[7], mas é, de longe, o mais citado por leitores posteriores.

O título do ensaio apareceria à superfície de coisas que ainda precisavam ser completamente ajustadas ao proclamar seu *status* como de categoria puramente literária: *Formas de tempo e de cronotopo no romance: ensaios de poética histórica*. E a definição inicial é igualmente exata: "Entendemos o cronotopo como uma categoria formalmente constitutiva da literatura [...]" (FTC, 84).

[7] Pense-se no ainda subvalorizado *O discurso no romance*, praticamente da mesma época que o muito mais influente FTC.

Entretanto, quarenta anos depois, quando o ensaio finalmente veio a lume, Bakhtin parece ter reconhecido que, apesar do foco exclusivo na literatura destacado por ele no subtítulo, o vasto escopo de tópicos que ele *de fato* reuniu sob a rubrica "cronotopo" poderia, contudo, confundir o leitor que tentasse apreender os limites precisos do termo. Ele então adicionou um apêndice de várias páginas, buscando solucionar possíveis confusões a respeito do que ele mesmo intitula como o mais importante problema associado ao termo, "as *fronteiras* da análise cronotópica" (FTC, 257; grifo nosso). Apesar de reconhecer exatamente isso, ele continua a definir o cronotopo tão amplamente que chega quase a deixá-lo sem fronteiras: "[...] conferimos sentido a todos os fenômenos, ou seja, nós os incorporamos não apenas à esfera da existência temporal e espacial, mas também à esfera semântica" (FTC, 258; Bakhtin, 1975: 406). E termina dizendo, "[...] *cada inserção na esfera do significado é realizada apenas através dos portões do cronotopo*" ("[...] всякое вступление в сферу смыслов совершается только через ворота хронотопов") (*ibid.*; grifo nosso).

Concluindo com essa menção à epistemologia, Bakhtin sinaliza o lugar distintivo que FTC assume na evolução de seu próprio pensamento, tanto anterior quanto posterior. As coordenadas tempo-espaço servem para embasar o que é efetivamente a filosofia primeira: elas são constituintes fundamentais da compreensão, e portanto fornecem os índices para medir outros aspectos da existência humana, antes de tudo, a identidade do eu. Como a ganhadora do prêmio Nobel, Wisława Szymborska, diz no poema "Vida Enquanto-Você-Espera":

> "Nada sei do papel que interpreto. /
> Só o sei meu, não posso mudá-lo. /
> Tenho que imaginar na hora. /
> sobre do que trata a peça" (1998: 169).

A resposta de Bakhtin a essa necessidade de o indivíduo se orientar na vida é o trabalho constante da análise cronotópica.

Em 1973, o arroubo avassaladoramente ético e literário típico do período inicial de Bakhtin se subordina a uma nova insistência na epistemologia. Isso se deve a ele ter chegado à conclusão de que não pode haver ética sem uma subjacente teoria do conhecimento capaz de subscrever distinções válidas entre valores. A fim de captar as consequências da ação, precisamos ter uma compreensão do sujeito.

O adendo de 1973 poderia ser lido como uma tentativa de compensar a brevidade chocante da segunda nota de rodapé do ensaio original sobre o cronotopo em cuja íntegra se lê:

> Em sua "Estética transcendental" (uma das principais seções de sua *Crítica da razão pura*), Kant define espaço e tempo como formas indispensáveis de toda cognição, partindo de percepções e representações elementares. Aqui, recorremos à avaliação kantiana da importância dessas formas no processo cognitivo, mas divergimos de Kant ao tomá-las não como "transcendentais" mas como formas da mais imediata realidade [...] (FTC, 85; 1975: 235: "[...] формы самой реальной действительности").

Independentemente de tudo o mais que essa formulação aforística antecipe para os comentadores posteriores, parece relativamente indiscutível que Bakhtin estava aqui buscando esclarecer sua convicção de que tempo e espaço são compreensíveis apenas — para usar a própria terminologia de Kant — como "intuições puras". Eles não são condicionados, no sentido de que não há percepção, pensamento ou compreensão do eu ou do mundo sem eles. Em outras palavras, quando ele diz "recorremos à avaliação kantiana da importância dessas formas no processo cognitivo", parece concordar com Kant: as outras categorias listadas na primeira crítica (tais como quantidade, qualidade, relação etc.) são derivações secundárias, dessa forma condicionadas pela necessidade da existência prévia de espaço e tempo.

Compreender tempo-espaço nesses termos fundacionais auxilia a esclarecer a importância desses conceitos nos primeiros textos filosóficos de Bakhtin, tais como as complexas seções de *O autor e o herói na atividade estética*, dedicadas à forma temporal e espacial do herói. Perceber o papel central do tempo-espaço inclui ainda, na continuidade do pensamento de Bakhtin, perceber que essas categorias dominam os últimos ensaios e fragmentos, como nas *Notas de 1970-71*, quando Bakhtin, mais uma vez, tenta calibrar as semelhanças e diferenças entre interlocutores em diálogo. É o tempo-espaço que define a distinção primordial entre mim e o outro, que ele define invocando os termos kantianos *dado/criado* (*gegeben/aufgegeben*, ou дан/задан): "Minhas fronteiras espaciais e temporais não me são dadas, mas o outro é completamente dado". Adentro o mundo espacial, mas o outro já o está habitando. A diferença entre o espaço e o tempo do *eu* e do *outro*" (Bakhtin, 2002 d: 147). Eu e o outro somos, claro, dois polos de todo diálogo. Por que Bakhtin atribui prioridade ao tempo-espaço ao definir um conceito tão fundamental?

Como vimos, Bakhtin insere uma distinção entre o uso do tempo-espaço de Kant e o dele próprio: "[...] recorremos à avaliação kantiana da importância dessas formas [...]". Contudo, ele imediatamente afirma divergir "de Kant ao tomá-las não como 'transcendentais', mas como formas da mais imediata realidade" ("[...] формы самой реальной действительности") (FTC, 85;

1975: 235). A frase que traduzo como a "mais imediata realidade" é enfatizada por Bakhtin no uso que ele faz de termos ocidentais (реальность) e eslavos (действительность). Ele o faz para corroborar seu ponto de vista de que o tempo-espaço está no núcleo do conhecimento.

A rejeição da transcendência kantiana é a maneira de Bakhtin definir outra versão do sujeito, que é o grau zero da percepção, o laboratório experimental onde o entendimento é produzido. Isto é, como Kant, ele vê o tempo-espaço como definidor do sujeito cognoscente. Mas Bakhtin diverge de Kant ao compreender a natureza do sujeito assim definido.

Obviamente, muito depende do modo como interpretamos "transcendência". Portanto, é bom lembrar que este é um termo utilizado por Kant em contextos muito diferentes. Em FTC, o próprio Bakhtin nos remete a uma seção inicial da *Crítica da razão pura* (daqui em diante CRP), a primeira parte da "*Doutrina transcendental dos elementos*" dada no cabeçalho — em ambas as edições da CRP — *Estética transcendental*. Ela é caracterizada por Bakhtin como "uma das principais seções da CRP" (FTC, 85), e de fato o é, pois nessas passagens Kant estabelece a lógica das categorias, os componentes fundamentais de seu sistema. Bakhtin chama a atenção para essas passagens especialmente porque elas contêm o argumento de Kant sobre a pureza ou a *prioridade* dos conceitos específicos de tempo e espaço.

O termo "transcendental", nas páginas iniciais da CRP, é introduzido como parte do argumento que explica por que as categorias são necessárias em todos os atos de entendimento. "Transcendental" pode ser mais bem entendido como "além da, ou não baseado na experiência", na medida em que tempo e espaço são dados *a priori*, independentemente de qualquer instanciação particular sua. Por definição, portanto, "transcendente" rivaliza com "empírico", um termo que Kant reserva para qualquer intuição que contenha sensação procedente do mundo experienciado. E na medida em que tal intuição está disponível para a mente apenas *após* ser processada pelas categorias (especialmente tempo e espaço), ela é sempre *a posteriori*.

Recordemos a afirmação de Bakhtin sobre o poder decisivo do tempo-espaço nos seres humanos: "*Cada inserção na esfera do sentido é realizada apenas através dos portões do cronotopo* [...]" (FTC, 258; 1975: 406; grifo nosso). Se o cronotopo é compreendido em termos tão abrangentes, ele não parece estar fazendo algo muito semelhante à afirmação da prioridade universal que Kant rotula de transcendental?

A resposta pode ser sim ou não. De qualquer ângulo que se analise, o tempo--espaço está inevitavelmente interligado com o conceito de *percepção*, portanto uma maneira de apreender a sutil, mas crucial diferença que Bakhtin deseja fazer em sua menção a Kant é fazer a pergunta "*onde* o tempo-espaço age?", ou seja, "*para quem* as distinções de tempo-espaço são relevantes?". Se seguirmos essa linha, fica rapidamente aparente que o que está em jogo na negação da transcendência kantiana por Bakhtin é realmente a diferença entre os dois quanto à natureza do eu.

Para apreender plenamente a natureza complexa dessa divergência, vale lembrar duas premissas que ambos os pensadores inicialmente compartilham. Em primeiro lugar, cada um afirma não intuitivamente que o sujeito no cerne da identidade, o agente da percepção, é invisível a si mesmo. E em segundo lugar, o único eu visível para o sujeito — apesar de sua tarefa definidora de amalgamar a imensa variedade do mundo em uma unidade significativa — *não é numênico. É uma construção e, além disso, uma construção não singular.* Para Bakhtin, o "eu" pertence à classe de palavras que inclui "gêmeo": quando identificamos alguém como gêmeo, reconhecemos que sua identidade é derivativa. Dessa forma, ela depende da existência de outro eu, o compartilhador secreto que é o outro gêmeo.

Bakhtin assimilou totalmente a lição de Kant de que existe uma disparidade entre a mente e o mundo, mas divergiu de Kant quanto ao que a caracterizava. A acepção de Kant para esse espaço epistemológico era de que ele fora criado por mecanismos interligados, universalmente conferidos aos humanos. Mas, na medida em que tinham de ser universais, esses mecanismos nunca poderiam ser particularizados na experiência, de modo que eles eram, por definição, transcendentais, sempre além dos limites de qualquer sensibilidade possível. Bakhtin, mesmo concordando com a existência de uma disparidade entre mundo e mente, caracteriza-a em termos tanto textuais quanto pessoais. Ele o faz invocando a *transgrediência*, em detrimento de transcendência, como definidora da disparidade no ser. Transgrediente é um termo abstruso derivado de "transgredir", ir além dos limites.

O exemplo favorito de Bakhtin para transgrediência, repetido extensamente em suas obras, baseia-se no que ele chamou de excedente de visão, supramencionado; quando você e eu nos encaramos, vejo coisas atrás de você que você não vê, e você vê coisas atrás de mim que não consigo ver. Em outras palavras, as coisas que não posso ver não são uma experiência externa como tal, elas estão simplesmente do lado de fora — elas transgridem — os limites do que está à minha vista em dado momento. Se trocarmos de posição, aquilo que me era invisível na posição anterior torna-se visível, e o mesmo ocorre com você, quando faz o mesmo. Transgrediência, portanto, é o nome dum limite que, através da interação (ou da mudança de lugar) pode ser superada — transgredida — na experiência.

Bakhtin retoma esse exemplo reiteradas vezes porque ele demonstra a necessidade que o eu tem do outro — do ambiente físico, naturalmente, mas especialmente a necessidade de outras pessoas. Ele chama a interação transgrediente entre sujeitos de acontecimento, o que lhe permite brincar com as palavras em russo: acontecimento (*sobytie*) é uma palavra que combina o prefixo indicador de partilha, "*so-*", com o radical que significa "ser", "*bytie*", o que explica a frequência, nos textos de Bakhtin, do termo traduzido como "acontecimento do ser", ou "*sobytie sobytiia*". O uso de acontecimento também desvela as — sempre relativas — virtudes da exotopia (*vnenakhodimost'*), outro termo crucial na definição do sujeito bakhtiniano. Não posso jamais abarcar todas as coisas, logo estou condenado a ser externamente muitas — a maioria, de fato — coisas e pessoas — e ideias — no mundo. Mas nessa condição de negociar constantemente vários graus de exterioridade e interioridade (o que Bakhtin chama de apropriação, *usvoenie*) subjaz a garantia da minha liberdade. Assim como em Kant, o mundo não me é dado, no sentido de que muito dele está fora de mim e, portanto, carente de organização criativa em minha vida.

Pensar — experiência — é para Kant uma tarefa, uma série de intermináveis juízos. As ferramentas para a tarefa são as categorias *a priori* e as intuições *a posteriori*. Para Bakhtin, o acontecimento do ser é também uma tarefa, mas as ferramentas para sua realização são as sutilezas do tempo-espaço. O diálogo não é apenas uma relação. Como todas as relações, ele requer limites, e as ferramentas que os estabelecem são para Bakhtin tempo e espaço concebidos como cronotopo: o neologismo de Bakhtin introduz um novo grau de *especificação* na compreensão geral de tempo-espaço. Primeiramente, caracterizados pela transgrediência em vez da transcendência, tempo e espaço no cronotopo nunca estão separados de um tempo particular ou de um espaço específico. Dostoiévski faz o *Homem do subsolo* utilizar a fórmula 2x2=5 para insistir na importância da singularidade, a inefável irrepetibilidade de acontecimentos únicos na existência (em oposição à repetibilidade normativa de 2x2=4 na teoria). Bakhtin introduz o cronotopo para nomear a imediatidade existencial de momentos e lugares transitórios.

Portanto, o cronotopo é, assim como as categorias e intuições de Kant, um instrumento para calibrar a existência. Utilizo "calibrar" em seu significado técnico: "Ajustar resultados experimentais, considerar fatores externos ou permitir a comparação com outros dados". Mas, alguém pode perguntar, como seria a tecnologia na qual o cronotopo fosse um instrumento de sensibilidade tão refinada? Qual é o *meio* que permite ao tempo e ao espaço em geral assumir o grau de especificidade temporal e espacial requerido pelos usos que Bakhtin deseja aplicar ao cronotopo?

Outra enorme diferença entre Kant e Bakhtin nos ajudará a responder a essa questão. Por conta de sua atenção obsessiva ao funcionamento da mente em sua interação com o mundo, Kant conhecidamente nunca levanta a questão do papel da linguagem na negociação da aparência. Para Bakhtin, o caso é justamente o oposto: ele está focado na linguagem na mesma intensidade em que Kant a desconsidera.

IV. PERÍODO TARDIO: O TEMPO NA LINGUAGEM E A LINGUAGEM NO TEMPO

Qual a relevância disso para nosso tema? Precisamente o fato de a linguagem humana subscrever a eficácia dos cronotopos nas culturas humanas. As categorias kantianas de tempo e espaço são tão transcendentais que sua aplicação — mesmo nas fórmulas matemáticas ou lógicas mais abstrusas — já compromete sua condição de categoria pura. No entanto, se tempo e espaço se abrigam "naturalmente" na lógica e na ciência, os cronotopos têm seu hábitat natural — e único — na linguagem. Em nosso uso cotidiano dos cronotopos, a abstração tempo-espaço é domesticada quando a dispomos no discurso. Os meios formais para expressar a subjetividade ocupam um lugar único em todas as línguas. Como Benveniste apontou, "eu" é uma palavra que não tem referente na maneira como "árvore", por exemplo, nomeia uma classe da flora. Se "eu" deve desempenhar sua tarefa como pronome, não deve ser um substantivo, ou seja, não deve se referir a algo como outras palavras o fazem, pois sua tarefa é indicar a pessoa que enuncia a instância presente do discurso que contém "eu", uma pessoa diferente que está sempre mudando. O "eu" não deve referir algo em particular, ou não será capaz de significar todos em geral.

Na frase sugestiva de Jakobson, o "eu" é um modificador porque move o centro do discurso de um sujeito falante para outro. Seu vazio é a terra de ninguém na qual os sujeitos podem trocar a licença que todos possuem do significado na linguagem em virtude de simplesmente dizer "eu". Quando determinada pessoa pronuncia essa palavra, ele ou ela preenchem "eu" com significado, fornecendo o ponto central necessário para calibrar todas as discriminações de tempo e espaço mais adiante: "Eu" é o fundamento invisível de todos os outros índices da língua, o ponto de referência para que todas as suas operações espaciais sejam referidas e o horário de Greenwich pelo qual todas as suas distinções temporais são calibradas. "Eu" marca o ponto entre o "agora" e o "depois", bem como entre "aqui" e "lá". A diferença entre todos esses marcadores é manifestada pela relação que cada um deles sustenta, quer na proximidade do horizonte do falante (aqui e agora), quer na distância do ambiente do outro (lá e depois).

Esse é o caminho pelo qual a linguagem possibilita meu diálogo com o mundo a partir de meu lugar único nele: o pronome de 1ª pessoa, juntamente com indicativos como "depois", "agora", "aqui" e "lá", serve para calibrar posições no espaço e no tempo abstratos, sempre condicionados ("adensados") no acontecimento por valores específicos que a sociedade lhes atribui em todo tempo e lugar. Bakhtin elogia Dostoiévski por criar uma "revolução copernicana" (1984: 49), exatamente porque a versão polifônica de Dostoiévski da estrutura do romance trouxe à tona a complexidade e a utilidade do pronome de 1ª pessoa tal como disposto na definição de um eu[8].

Essa é a condição que Bakhtin tem em mente quando escreve, na sua famosa nota de rodapé, que difere de Kant ao tomar tempo e espaço "não como 'transcendentais', mas como formas da mais imediata realidade".

---

[8] É significativo que o livro de Dostoiévski, como Daphna Erdinast-Vulcan apontou, seja a tentativa mais interessante de Bakhtin para compreender os problemas enfrentados por um sujeito definido por sua relação com outro que, no entanto, ensaia uma autobiografia. A invocação de Erdinast-Vulcan da concepção derridiana de "otobiografia" neste ensaio é mais esclarecedora.

CAPÍTULO 3

A IMAGINAÇÃO CRONOTÓPICA NA LITERATURA E NO CINEMA:

BAKHTIN, BERGSON E DELEUZE EM FORMAS DE TEMPO

BART KEUNEN

TRADUÇÃO: MAYKEL COSTA

Dentre os estudiosos de Bakhtin, há completo acordo quanto à natureza polissêmica do conceito de cronotopo e quanto sua habilidade de estabilizar sua presença nos diferentes níveis de um texto literário (cf. capítulo 1). Claramente, a natureza multicamadas da comunicação literária está deixando suas marcas no debate sobre o conceito. Todavia, tal polissemia não deveria jamais ser motivo para se utilizar o conceito de maneira impressionista ou intuitiva. É minha crença — e premissa fundamental deste trabalho — que uma posição filosófica razoavelmente coerente se oculta atrás do conceito, posição encontrável na observação de que todas as definições e aspectos da cronotopicalidade parecem circundar a faculdade humana da imaginação. Nas "*Observações finais*" adicionadas a FTC, Bakhtin sugere que a cronotopicalidade dos fenômenos literários nada tem a ver com a razão pura. Ao contrário, argumentações abstratas e passagens informativas são "eventos 'obrigatórios', localizados a grande distância do cronotopo", que nos impressionam como "informação seca e fatos comunicados" (FTC, 250). Com o conceito do cronotopo, Bakhtin pretende revelar nada menos que o núcleo da estética literária. Para tal propósito, ele avança a noção de imaginação, considerando ser esta a pedra angular da experiência estética. Um cronotopo só se torna um cronotopo quando demonstra algo, quando traz à mente uma imagem que pode ser observada pelos olhos da mente. Seria justo dizer que, na visão de Bakhtin, um cronotopo é a unidade elementar da imaginação literária.

Neste capítulo, eu gostaria de examinar o modo com que Bakhtin, em dois ensaios dedicados ao cronotopo, lança as bases de uma teoria da imaginação literária. Longe de desenvolver uma teoria sistemática nesses ensaios, Bakhtin parece se concentrar principalmente nas mudanças históricas na imaginação literária ao longo dos séculos e nas formas com que imaginação e razão prática têm interagido (por exemplo, ele mostra um grande interesse na visão de humanidade implícita em cronotopos concretos)[1]. Além disso, deve-se evitar vestir em Bakhtin algum tipo de camisa de força sistemática. Como muitos outros filósofos do início do século XX — Bergson e Cassirer, por exemplo —, ele se opôs a todos os golpes teóricos na vida prática, tentando mostrar uma atitude modesta e reservada diante de qualidades experienciais concretas. Todavia, por conta de seu grande potencial, acredito ainda ser válido analisar o conceito do cronotopo de Bakhtin de modo relativamente rigoroso. Existem bem poucos estudos disponíveis, sendo quase irresponsável deixar de aproveitar a oportunidade de conceder a Bakhtin um lugar na história da filosofia como verdadeiro filósofo da imaginação. Seu conceito de cronotopo pode ser interpretado como uma contribuição para a tradição da qual Henri Bergson, William James, Charles Sanders Peirce e Gilles Deleuze têm sido figuras-chave. Como esses quatro autores, Bakhtin é um filósofo da escola do pragmatismo. Sua predileção pelo que Gary Saul Morson e Caryl Emerson chamaram de "prosaística" o situa bem no coração da família filosófica que suscita a multiplicidade contra o essencialismo metafísico e prefere o mundano ao universal.

Parece prudente proceder cuidadosamente na tentativa de reconstruir a teoria bakhitiniana da imaginação. Nesta contribuição ao debate, opto por desenvolver um diálogo filosófico entre Bakhtin e a supracitada família filosófica. Mais especificamente, parece-me que o ponto de partida ideal para examinar a forma com que Bakhtin tenta chegar ao fundo dos mistérios da imaginação literária é a síntese de Gilles Deleuze da visão epistemológica de Bergson sobre o conhecimento como "a percepção de imagens", assim como a teoria de Peirce da experiência baseada na tipologia de imagens. A seguir, mostro que a visão bakhtiniana das constelações espaçotemporais na literatura demonstra uma forte afinidade com a visão bergsoniana de que a percepção do mundo espacial é colorida pelo tempo vivido experienciado pelo observador. Baseado nessa observação, desenvolvo então uma tipologia de imagens que traz o conceito de cronotopo para um quadro mais sistemático.

---

1 Outros capítulos deste volume justamente enfatizam que o trabalho de Bakhtin sobre cronotopos mostra afinidade com o que Erich Auerbach tinha em mente em *A representação da realidade na literatura ocidental*. Além do mais, um número de trabalhos volta a atenção para o modo com que o estudo dos cronotopos se associa à terceira crítica de Kant, *A crítica do juízo*.

I. DELEUZE E BERGSON EM MOVIMENTO E MUDANÇA

Antes de adentrar a contribuição específica de Bakhtin ao debate sobre a imaginação, delineio brevemente o modo com que Deleuze sistematiza sua teoria da imaginação. Seguindo os passos de Bergson, ele insiste: uma descrição adequada da experiência deve respeitar a gênese das experiências. Para ele, a condição necessária de toda teoria da experiência é focar no fato de que tudo no conhecimento cotidiano sobre o mundo está conectado a mudança e movimento. O estático só existe no conhecimento teórico, em que pode ser observado em grau extremo nas práticas da matemática e da teologia. A experiência cotidiana se caracteriza por mudanças. Em um de seus últimos grandes trabalhos filosóficos, Deleuze vincula tal visão à arte do cinema. O cinema, afirma, é o mais próximo da experiência cotidiana porque é a arte do mutável. Tudo no cinema circula em torno do movimento e da mudança porque essa forma de arte recorre exclusivamente à matéria cotidiana. Além disso, o cinema enfatiza que o observador da experiência dinâmica cotidiana é também movimentável e continuamente mutável. O conjunto de instrumento da estética cinematográfica é completamente comandado por percepções móveis: movimentos de câmera, posições alternantes de câmera e edição geram uma percepção que se assemelha fortemente à forma com que um observador humano se move no mundo experiencial. Um observador muda durante o processo de observação, durante sua percepção da mudança. Em sua teoria da experiência, Deleuze abrange a ilusão obstinada e cotidiana. Na vida ordinária, o observador tenderá a atribuir mudanças a objetos estáveis, como se tivessem domínio de uma propriedade de si mesmos, a saber: movimento. Como Aristóteles, somos simplesmente todos inclinados a interpretar o mundo como uma superfície estável na qual entidades fixas, alternadamente, descansam e se movimentam para uma nova posição.

Bergson e Deleuze, entretanto, indicam que essa posição aristotélica não é uma representação adequada do estado de coisas. A ilusão de que o mundo está mudando e de que nós somos observadores imutáveis constitui uma forma de reducionismo. A variabilidade nas circunstâncias de observação, entre pessoas caminhando pela rua, por exemplo, distorce fortemente a percepção. Não é simplesmente o fato de observarmos parados de pé ou caminhando que determina a imagem que formamos dessa situação. Também é fato que o homem é uma criatura da imag(em)inação, que colore cada percepção com informações armazenadas na memória (a mulher que observo na rua pode atrair minha atenção porque me lembra uma mulher que amei) e com informações amarradas à projeção da situação atual em relação à situação seguinte (as pessoas que observo, vejo-as como pessoas que estão indo trabalhar). A mudança no mundo, em outras palavras, é duplicada pelas mudanças que minha percepção adiciona a ela.

Além do mais, as dinâmicas perceptuais frequentemente precedem as dinâmicas do observado em si. A observação de que o mundo não é o único a se caracterizar por uma dinâmica heraclitiana, mas que a própria observação dele é igualmente submetida a um fluxo instável, constitui a base do conceito bergsoniano de *durée,* "duração". O conceito de "tempo", para Bergson, é a chave para o estudo da experiência humana. A experiência não é somente mutável em suas dimensões espaciais — o fluxo de Heráclito é uma totalidade de mudanças espaciais —, mas também uma dimensão temporal específica. Toda observação, afirma Bergson, ocorre por uma consciência observacional mutante; todo estado de coisas é colorido pelo tempo vivido do observador. Junto à observação de que nosso ambiente espacial implica um fluxo de mudanças, um observador atento também se percebe sujeito a mudanças. A mais recente forma de mudança pode ser chamada de "mudança vivida". Bergson a chama de "duração pura". Uma experiência permanente é uma experiência na qual diferentes impressões espaciais se fundem num todo orgânico. Ademais, as impressões mais antigas permanecem nessa situação experiencial e se conectam com as novas impressões. Bergson diz:

> Duração pura é a forma que a sucessão de nossos estados conscientes assume quando nosso ego se deixa viver, quando evita separar seu estado presente de seus estados anteriores [...] como acontece quando relembramos as notas de uma melodia, fundindo-se, por assim dizer, em outra (Bergson, 2009: 100).

A experiência da duração ou "tempo vivido" é um fenômeno cotidiano e caracteriza a maioria de nossas experiências cotidianas. Somente de uma perspectiva teórica arquimediana o tempo vivido não tem papel a desempenhar. Por exemplo, sempre que confrontamos o mundo com o tempo de um relógio, perdemos contato com a experiência concreta, reduzindo o cotidiano a um padrão abstrato[2].

A teoria bergsoniana da experiência é de excepcional importância para o estudo da imaginação literária ou cinematográfica. Alguns movimentos no mundo experimental humano se prestam facilmente à observação como eventos puramente espaciais em um sentido arquimediano: a velocidade de

---

2 Isso é o que Deluze chama de "l'assimilation du temps à l'espace" ("a assimilação do tempo pelo espaço"; 1966: 108).

um corredor, por exemplo, ou o tamanho de um terreno possuem todas as propriedades necessárias pra fazê-los temporalidades espaciais que podem ser calculadas dessa forma. A imaginação humana, por outro lado, não pode ser compreendida por um conceito reducionista de tempo, porque imaginar é um ato acompanhado de um fluxo experiencial concreto que não pode ser apreendido quando referido apenas a uma sucessão de transformações espaciais no mundo. Deixe-me explicar isso comparando o modo com que uma imagem é experimentada no cinema. Em seu estudo do cinema, Deleuze afirma que uma "cena" é a unidade elementar de análise[3]. Uma cena é a mistura de duas dimensões, e a mudança ocorre nos dois níveis. Por um lado, consiste em uma série de características espaciais; a imagem móvel é um conjunto de elementos que forma uma totalidade fechada. Por outro lado, uma cena é também amarrada a um aspecto temporal. A totalidade espacial se desenvolve na medida em que a câmera registra o cenário. No cinema, a totalidade fechada é continuamente escancarada e então se torna uma totalidade dinâmica, isso se dá porque a câmera executa os movimentos, e também pelo fato de a edição garantir que uma tomada preceda outra em contraste com a imagem atual.

Desnecessário dizer que a imaginação literária também encontra a intuição básica de Bergson. Assim como as imagens cinematográficas de Deleuze, as imagens literárias podem ser consideradas como unidades de tempo e espaço. Quando críticos literários resenham um livro, eles se referem a uma passagem e descrevem como ela evoca uma experiência. Uma passagem de um livro gera e expressa experiências e o faz com base em coordenadas de tempo-espaço. Nem todas as passagens, entretanto, são organizadas dessa forma. Algumas são contemplativas ou oferecem informação crua; outras, no entanto, são adequadas para transmitir qualidades experienciais. É por esse motivo que o conceito de cronotopo é uma categoria revolucionária no estudo de literatura. É o conceito ideal para as passagens literárias nas quais o tempo vivido ocupa uma posição central, o termo mais adequado para designar a experiência de mudança pela qual passamos quando lemos um livro.

Em partes de seus ensaios sobre o conceito de cronotopo, fica claro que Bakhtin associa os cronotopos a uma experiência temporal também central à obra de Bergson. Quando discute o tempo real em FTC, invariavelmente

---

3 Mais adequado é o conceito francês de "plano", uma vez que "plano" pode designar tanto uma cena como unidade espacial quanto uma cena como unidade temporal. Na visão de Deleuze, o cinema extrai movimento das coisas. Ele articula uma perspectiva no tempo, expressa tempo como uma perspectiva, como uma observação móvel. É uma observação de certa duração e, portanto, observação como duração (2005a: 25)

pretende um tempo de vir a ser, de antecipação contínua de eventos futuros (com base nos elementos presentes na memória). Similarmente, em RFHR ele escreve que o tempo real é experimentado em uma "totalidade emergente, um evento":

> A habilidade de *ver o tempo, de ler o tempo,* na totalidade espacial do mundo e, por outro lado, de perceber o preenchimento do espaço não como um pano de fundo imóvel, tendo em conta de uma vez por todas que é completo, porém como uma totalidade emergente, um evento — essa é a habilidade de ler em todos os *sinais que mostram o tempo em seu curso,* iniciando com natureza e terminando com os costumes e ideias humanos (até os conceitos abstratos) (RFHR: 25; grifos do autor).

Bakhtin normalmente chama o tempo vivido de tempo real, histórico ou horizontal. A mente abstrativa não exerce influência sobre essas experiências temporais, sendo este o motivo pelo qual reflexões teóricas sobre a atemporalidade dos princípios e essências (o mundo platônico situado verticalmente sobre o existente como um mundo paralelo) estão ausentes. No tempo histórico, a experiência do indivíduo surge com cada novo pedaço de informação trazido pela história. Frequentemente, o passado é integrado ao atual momento de consciência. Isso explica por que Goethe mantém lugar central em RFHR: ele admite que um passado histórico afete o presente e, juntos, eles gerem o futuro. O passado "produz, em conjunção com o presente, uma direção particular para o futuro, e, em certa medida, predetermina o futuro. Sendo assim, o primeiro ativa uma plenitude de tempo" (RFHR, 34).

Bergson e Bakhtin também concordam em sua crítica a toda forma de reducionismo metafísico acerca da experiência. Para ambos, essa aversão é incitada por uma filosofia do tempo. Bergson mira a espacialização do tempo como tendo se tornado comum no racionalismo ocidental, enquanto Bakhtin mira as formas narrativas nas quais representações idealísticas dominam o desenvolvimento temporal. Mais especificamente, ele considera o desenvolvimento temporal abstrato do romance de aventura e sua sucessão mecânica e arbitrária de momentos de sorte como uma expressão da experiência humana que é toda muito reducionista. Assim como Bergson, ele acredita que conceitos abstratos de tempo criam a ilusão de que o passado sempre determina o presente. A mente abstrativa reconstrói o presente a partir de um conhecimento do passado e estabelece relações causais entre todas as possibilidades do presente, por um lado, e a condição existente por outro lado. A experiência real, aquela que temos quando passamos por emoções fortes ou quando estamos em estado zen, performa o oposto: é o presente que redefine o passado como uma totalidade de dados experienciais que podem ser reinterpretados. O momento existente nada mais é que uma reorganização virtual do passado. O tempo abstrato e o tempo concreto, em outras palavras, estão inter-relacionados, da mesma forma que necessidade e liberdade.

Todavia, há uma diferença importante entre os dois filósofos da experiência. Bakhtin não foca apenas a consciência experiencial no geral, mas as situações experienciais nas quais esses estados de consciência ocorrem. Nesse sentido, Bakhtin é mais um filósofo da arte e da cultura do que um metafísico. Ele examina as experiências para aprender algo sobre o conteúdo da consciência humana. Por isso, ele quase devota exclusivamente sua atenção a experiências estéticas. Ao mesmo tempo, ele tem ciência de que, em suas experiências estéticas, o homem é um ser social e histórico. As experiências estéticas que interessam a Bakhtin referem-se a experiências temporais (assim como em Bergson), ainda que tais experiências se caracterizem por uma temporalidade particular de ação. Como escreve Rudova: "Bakhtin divide a duração em cronotopos, os tempo-espaços, que são concretos e históricos" (1996: 183). Rudova aponta certeiramente que Bakhtin tinha algo em mente quando recorria ao senso de temporalidade de Goethe: "O mundo de 'acontecimentalidade' não como um atributo de consciência, mas como uma entidade real dotada de significado histórico concreto" (*ibid.*: 183-184). Nesse sentido, podemos pensar na forma com que Bakhtin traz a sala de recepção e o salão como um cenário literário relativamente novo para a era de Stendhal e Balzac: "O mais importante [...] é o entrelaçamento de eventos históricos e sociopúblicos com o lado pessoal e até profundamente privado da vida, com os segredos de alcova" (FTC, 247). Na visão de Bakhtin, os cronotopos são a entrada para experiências temporais específicas às quais a arte se vincula em sua forma mais elementar. As experiências estéticas expressas por cronotopos artísticos combinam o contexto cultural com as dinâmicas da consciência humana.

II. IMAGENS DE AFEIÇÃO

Como eu disse, o conceito de cronotopo está relacionado à cena cinematográfica porque expressa a experiência da mudança. Além disso, os cronotopos são tão multifacetados quanto as cenas de filmes. Ambos são construções imaginárias amarradas pela experiência de duração. Tal experiência toma formas diversas. Acontece que as várias formas do cronotopo distinguidas por Bakhtin em seus ensaios correspondem aos tipos de imagens concebidas por Deleuze em seu estudo do cinema, ou seja, imagens de afeição, ação e relação.

O ponto de partida de Deleuze para sua distinção tripartite é tão simples quanto o de sua fonte inspiradora, C. S. Peirce, que identifica três estratégias semióticas pelas quais a realidade pode ser analisada. A primeira estratégia é governada pelo unitário: a imagem expressa uma qualidade e demanda ser julgada por essa qualidade. Observar uma qualidade específica — um fenômeno que pode ser chamado de "afeição" — é a mais elementar forma de significado, por isso Peirce o chamou de "primeiridade". Imagens governadas pela dualidade têm um significado mais complexo; são imagens que invocam a questão da causa da imagem representada (por exemplo, uma ação que invoca uma reação). A mais complexa forma de interpretação surge no caso da "terceiridade", quando a relação entre os dois elementos deve ser designada mediante um terceiro elemento. Esse fenômeno ocorre quando a observação só é compreensível por meio de uma relação abstrata entre os elementos (por exemplo, a questão da culpa que surge no caso de uma imagem de conflito entre dois atores). Em todos os três casos, um tipo específico de mudança na imagem representada está envolvido. No caso de uma imagem de afeição, a mudança é "ser movido"; no caso de imagens governadas pela dualidade, as dinâmicas de ação e reação garantem a mudança, enquanto a imagem da relação desenvolve tematicamente mudanças de natureza mais abstrata, porque as dinâmicas de "conectar coisas" são centrais a isso. Como a tipologia de imagens de Deleuze está conectada à mudança e o conceito de cronotopo também se refere à mudança, a pergunta que surge é se a distinção tripartite de Deleuze também se aplica aos cronotopos. Isso não pode ser dado como certo. Precisamos perguntar se o trabalho de Bakhtin permite esse paralelismo.

Para começar, tal paralelismo pode ser chamado de problemático no caso das imagens de afeição. As mudanças centrais aos cronotopos, mencionadas por Bakhtin em seu ensaio, estão exclusivamente focadas na presença da situação histórica concreta na imagem literária. À primeira vista, Bakhtin não se preocupa com experiências de duração (tempo vivido) de uma natureza pessoal ou psicológica. No entanto, se tivermos em mente sua afinidade com a filosofia da cultura de Ernst Cassirer (Brandist, 1997; Poole, 1998), não nos surpreenderemos se algumas conotações do conceito de cronotopo se correlacionarem com a visão de Cassirer dos aspectos mitológicos da experiência humana — uma experiência que ele define como apontando para a reação emocional do homem ao mundo[4]. No ponto de vista mítico, o mundo apare-

[4] A filosofia das formas simbólicas de Cassirer distingue um nível elementar associado ao mítico, com uma "simpatia pela totalidade"; "Religiões primitivas e mitos não são, de forma alguma, inteiramente incoerentes, eles não são carentes de sentido ou de razão. Mas sua coerência depende muito mais da unidade do sentimento" (1970: 89).

ce saturado de qualidades emocionais. Mitos não pertencem a um passado remoto, mas constituem um dado experiencial que dá forma à cultura — até mesmo à cultura moderna. "Até mesmo na vida do homem civilizado", diz Cassirer, o mito "não perdeu de forma alguma seu poder original" (1970: 89). Por que então o modo mítico-afetivo de interação com o mundo deve se ausentar da literatura moderna?

Bakhtin parece adotar essa linha de raciocínio no parágrafo de conclusão de FTC. É significativo ele ter achado necessário adicionar algumas observações em cinco cronotopos específicos menores (o encontro na estrada, o castelo gótico, o cronotopo previamente mencionado da sala de recepção e do salão, a cidade de interior e o limiar) quando reconsiderou seu ensaio em 1973. Pode não ser coincidência que Bakhtin mencione exatamente essas imagens pertencentes a representações contrastantes do "tempo vivido". Esses cinco motivos cronotópicos específicos enfatizam a importância das imagens literárias psicologicamente relevantes na mais recente história do romance. Desde o romance inglês do século XVIII, a história é gradativamente concretizada em imagens carregadas de afetividade e durabilidade. Bakhtin estava bem ciente disso, como é evidente pelo fato de que, com exceção de algumas poucas digressões sobre as formas literárias mais antigas[5], ele só se refira às obras de arte do século XIX. Também é evidente pelo fato de que, nos trabalhos posteriores, ele só traz aquelas imagens que apelam ao máximo ao que Cassirer teria chamado de "um mundo saturado de qualidades emocionais" e, ao mesmo tempo, indicava um conceito de tempo bergsoniano. Tendo dito isso, ele inegavelmente enfatiza que tais imagens representam, sobretudo, experiências históricas. No parágrafo seguinte ao seu tratamento dos cinco cronotopos menores, ele explica ao leitor que seu objetivo é obter *insights* sobre "o problema de assimilação do tempo real, ou seja, o problema de assimilar a realidade histórica na imagem poética" (FTC, 251). Os supracitados cronotopos motívicos realizam essa tarefa de tal forma que "a época se torna não só graficamente visível [espaço], como narrativamente visível [tempo]" (*ibid.*: 247).

É da natureza desses cronotopos mais do que meramente tornar a história palpável. Eles também expressam a experiência que acompanha tal

---

[5] O primeiro cronotopo mencionado, o da estrada, contém muitas referências à literatura antiga. No entanto, é impressionante que Bakhtin, em sua discussão sobre esse cronotopo, distinga a realidade cotidiana vivida no romance picaresco — segundo muitos livros de história literária, o ancestral do romance moderno — do significado abstrato atribuído à estrada no romance de aventuras barroco e no romance sofista grego. Isso indica que Bakhtin, em suas "*Observações finais*", tem em mente a nova visão das experiências estéticas realistas, mais recentes.

palpabilidade. Eles são imagens estéticas no verdadeiro sentido da palavra, no sentido grego de *aisthanesthai* ("sentir", "experienciar"). Além disso, por outras afirmações, é evidente que Bakhtin se inclina para a carga afetiva dos exemplos que anuncia. No parágrafo introdutório, ele fala da unidade de tais imagens estéticas, uma unidade na qual determinações temporais e espaciais são inseparáveis e nas quais emoções e avaliações têm papel importante. Para ilustrar a carga afetiva dessa nova série de cronotopos, ele recapitula brevemente sua visão de imagens literárias pré-modernas. Em contraste com esses cinco exemplos, ele considera as imagens literárias das quais se ocupa no ensaio sobre cronotopos (genéricos e motívicos) como representações puramente abstratas, respirando uma estética diferente. Embora Bakhtin não negue que os elementos de uma imaginação literária antiga produzam certo efeito estético, ele parece deplorar a ausência do "tempo vivido". Personagens e seus atributos, temas como traição e fidelidade, referências a atividades e comportamentos são vitais para se contar uma boa história. No entanto, quando estão sujeitos a interpretação, eles só podem ser representados de modo neutro e distanciado. Em uma interpretação tão neutra, duas operações são realizadas, efetivamente extraindo a "percepção" da imagem: por um lado, tempo e espaço são tratados como entidades separadas; por outro lado, são dissociados dos valores e emoções que tais imagens evocam espontaneamente. Em suma, a percepção está perdida: "O pensamento abstrato pode, é claro, pensar tempo e espaço como entidades separadas e concebê-los como coisas apartadas das emoções e valores a que são atribuídos" (FTC, 243).

Os cinco cronotopos menores mais recentes não permitem "tais divisões" e "segmentação". Por contraste, evidenciam a "percepção artística *viva* (que também, é claro, envolve pensamento, mas não o pensamento abstrato)" (*ibid.*; grifo do autor). Na percepção artística *viva* — e não é coincidência Bakhtin enfatizar o adjetivo *viva* — os elementos espaciais (os personagens e seus atributos, o cenário) e os elementos temporais (o comportamento dos personagens, os atos heroicos que expressam certo valor abstrato) são reconstruídos numa experiência real, numa duração, numa imagem na qual o tempo vivido se torna palpável: "A percepção artística viva [...] apreende o cronotopo em toda a sua totalidade e plenitude" (*ibid.*). Bakhtin dificilmente poderia ter expressado isso de forma mais bergsoniana. Mais uma vez, não é por coincidência que Deleuze emprega terminologia notavelmente cognata quando descreve imagens de afeto no cinema. Em termos altamente bergsonianos, ele afirma que cada detalhe de um *close* feito por um espectador (ou um personagem observador) expressa uma "qualidade indivisível". O trejeito de um personagem num filme expressionista é uma imagem de um estado atual de coisas mescladas com experiências de um passado imediato. A figura representada na imagem cinematográfica é pura afeição, é um receptáculo inerte de todas as experiências precedentes. Detalhes de afeto, tais como um trejeito, expressam uma unidade inquebrável de mudanças temporais e espaciais, que também são experienciados como tais pelo observador[6].

À luz de tais considerações, gostaria de concluir que o conceito bakhtiniano de cronotopo pode ser empregado na discussão sobre mudanças estéticas na história recente da literatura. A análise dos cinco cronotopos motívicos a seguir pode muito bem ser altamente não bakhtiniana, ainda que mostrem a importância do conceito externo ao contexto da filosofia da cultura que Bakhtin tinha em mente. O estudo dos cronotopos, numa perspectiva deleuziano-bergsoniana, pode constituir uma melhor compreensão de fenômenos puramente estéticos.

Visando demonstrar esse valor adicional, eu gostaria de apresentar um breve esboço da forma com que os cronotopos bakhtinianos menores podem ser reformulados como protótipos da experiência estética moderna. Os cinco motivos cronotópicos mencionados se referem a quatro formas extremas de experiência temporal recorrentes na literatura dos séculos XIX e XX. E podem ser chamados de extremos porque, como afirma Bakhtin a respeito do cronotopo do limiar, eles se encontram fora do tempo biográfico: "Nesse cronotopo, o tempo é essencialmente instantâneo, como se nele não houvesse duração, como se ocorresse fora do curso normal do tempo biográfico" (FTC, 248)[7]. No trabalho de Bakhtin, o cronotopo genérico da biografia se vincula à representação matemática, espacializada, do tempo: uma reconstrução da vida privada sem uma dimensão histórica, uma visão global que não leve em conta as forças do ambiente histórico que atuam sobre a consciência e a orientam em relação ao futuro. O oposto do tempo biográfico pode ser encontrado nas experiências da *dureé* que ocupam uma posição central na literatura moderna e são abordadas nos cinco cronotopos menores ora analisados. Tais cronotopos mostram um sujeito intimamente

---

6 A cada mudança pela qual uma imagem de afeição passa agrega-se uma nova qualidade, uma nova realidade. Isso não implica que a imagem de afeição seja definida para se assemelhar a um objeto em movimento pelo espaço. Cada mudança sofrida por uma imagem de afeição muda a própria imagem. Como em toda mudança através do espaço, outra imagem surge. Uma imagem de afeição, diz Deleuze, "só vai dividir por meio de uma mudança em sua natureza (o 'dividual')" (2005a: 140).

7 O termo "duração" nessa citação não é usado no sentido bergsoniano; aqui, duração remete ao intervalo de tempo na temporalidade linear.

envolvido com o mundo e afetado por seu ambiente (social e físico) e pelas impressões causadas por ele. Eles mostram um sujeito "pego", ou "surpreendido pelas" coisas.

Numa perspectiva bergsoniana, esse "ser pego" pode ser analisado de tal forma que quatro estados experienciais extremos tornam-se visíveis. O ponto de partida para tal análise é o fato de que uma afeição emerge de um processo dual de mudança. Primeiro, existem as mudanças nos processos espaciais. Num caso extremo, a situação espacial quase não muda, e pequenas novas informações se apresentam; noutro, a situação espacial muda radicalmente e novos estímulos parecem apresentar-se continuamente. No primeiro capítulo de seu livro sobre cinema, Deleuze chama esses dois fenômenos espaciais respectivamente de "rarefação" e "saturação". Em segundo lugar, existem mudanças voltadas para a consciência do próprio tempo. Às vezes, a consciência observadora interrompe o processo de informação de tal forma que um efeito de desaceleração ocorre: em outros momentos, a impressão de aceleração surge porque a consciência reage a novas informações em um modo de alerta incomum. Em outras palavras, os processos temporais que caracterizam uma imagem afetiva, desacelerando e acelerando, estão relacionados à forma como a consciência lida com a memória e a antecipação[8].

Ambos desempenham um papel em cada experiência de "tempo vivido", ainda que existam gradações na forma como ambos os processos ocorrem. Uma consciência que desacelera mudanças é uma forma na qual a memória desempenha um papel importante. Os novos estímulos parecem ser absorvidos pela informação já presente na consciência. Apoiado pelo conhecimento prévio presente na memória, o sujeito tem expectativas específicas a respeito do mundo externo. Uma percepção aceleradora surge quando a consciência espera novas informações sem qualquer expectativa, quando age de modo antecipatório, sem invocar a memória. De uma consciência dos processos de mudança temporal e espacial podemos derivar quatro extremos da experiência temporal. A natureza da informação (a quantidade de novos estímulos), por um lado, e o grau de atividade e passividade (a velocidade do estado de consciência) de outro são, em sua combinação mútua, responsáveis pela criação de quatro polos dentro dos quais a experiência humana do tempo oscila. Como seres humanos, somos afetados por quatro extremos:

8 Em sua teoria do cinema, Deleuze distingue dois estados de consciência: aceleração (cobrindo mais espaço, alterando mais por algum tempo) e desaceleração (atravessando menos espaço, permanecendo relativamente uniforme).

(1) afeição vazia desacelerada;
(2) afeição saturada desacelerada;
(3) afeição vazia acelerada;
(4) afeição saturada acelerada.

Trabalhando a partir deste esquema, vagamente baseado nas filosofias de Bergson e de Deleuze, podemos sistematizar os cinco cronotopos menores de Bakhtin. Embora, à primeira vista, os exemplos de Bakhtin pareçam ser arbitrariamente escolhidos, é claro que eles implicam grande variedade de experiências temporais. Na base dos contrastes na qualidade de experiência nesses cronotopos, duas oposições podem ser distinguidas. A primeira se refere ao fato de que a qualidade experiencial do "cronotopo da cidade interiorana" é diametralmente oposta ao "cronotopo do encontro" (ou "cronotopo da estrada") e ao "cronotopo da sala de recepção (ou "cronotopo do salão"). No caso do primeiro deles — por exemplo, a experiência do "tempo cotidiano cíclico" como apresentado na experiência de tédio de Emma Bovary em Tostes — uma rarefação de informação ocorre; situações parecem se repetir infinitamente, até o menor detalhe, motivo pelo qual a consciência observadora é capaz de exercer sua influência de desaceleração.

> O tempo aqui não tem movimento histórico progressivo; em vez disso, se move em círculos estreitos [...] O tempo aqui é sem acontecimento e, portanto, parece estar congelado. Aqui não há "encontros" nem "partidas" (FTC, 246-248)[9].

No caso do "cronotopo do encontro", o oposto é verdade, dado que aqui ocorre uma saturação da experiência: tudo parece interessante, e a consciência é confrontada com a ausência de repetição, perdendo-se num mundo de diferença, e, consequentemente, a situação espacial faz com que ela oscile descontroladamente. Típico dessa experiência é uma forma de excitação, "um grau maior de intensidade nas emoções e valores" (FTC, 243). O tema literário da estrada, cronotopo derivado do cronotopo do encontro, expressa

---

[9] Um dos três tipos de imagem de afeição distinguido por Deleuze se refere ao "vazio" nos *closes* dos filmes expressionistas. Esse fenômeno é mais bem ilustrado pelos conjuntos vazios da poesia simbolista. *As flores do mal* e *O spleen de Paris*, de Baudelaire, contêm uma paleta multicolorida, abundante de imagens urbanas, nas quais a cidade vazia é mais norma do que exceção. É notável nelas a presença de adjetivos ("bancos vazios" ou "parques desertos"), enquanto o espaço ficcional é frequentemente marcado por vazio e ausência de figuras humanas. Em *Assommons les pauvres!*, o narrador se move em torno dum cenário designado como "periferia deserta". Além de periferias solitárias (*Mademoiselle Bistouri*) e cemitérios (*Le tir et le cimetière*), são principalmente parques (1869: 21-22) que funcionam como instrumento para Baudelaire expressar os aspectos sem movimento, não densos, da condição urbana.

a mesma combinação de saturação e aceleração; é o símbolo literário *par excellence* do "fluxo do tempo": "O tempo, por assim dizer, se funde ao espaço e flui nele (formando a estrada)" (*ibid.*: 244).

Um terceiro cronotopo motívico conectado à saturação e à aceleração é o "cronotopo da sala de recepção" (ou "o cronotopo do salão"). Salas de recepção e salões são ambientes nos quais surgem novidades acidentais e assuntos estimulantes, assim gerando "encontros". Em contraste com os encontros "na estrada", contudo, a excitação não é causada tanto pela natureza acidental dos novos estímulos quanto pelas peripécias sociais e pessoais pelas quais os personagens passam:

> Aqui os marcadores graficamente visíveis do tempo histórico, assim como dos tempos biográfico e cotidiano, se concentram e condensam. Ao mesmo tempo, eles se interligam uns aos outros da forma mais intrínseca possível, fundindo-se em marcadores unitários da época (FTC, 247).

Em suma, pode-se dizer que a primeira oposição envolve duas reações afetivas muito diferentes aos processos de mudança. No primeiro caso, a mudança se inclina para o cíclico, para a informação antiga que está sendo resumida; no segundo caso, ela se inclina para a diferença, para o aumento de informação. Além disso, o primeiro cronotopo menor é acompanhado por uma força de desaceleração (a fragmentada e melancólica experiência de tédio e depressão), enquanto a segunda série coincide com o rápido e agitado funcionamento da consciência.

A segunda oposição diz respeito ao contraste entre a qualidade experiencial do "cronotopo do limiar" e do "cronotopo do castelo gótico". Este último, por meio de sua forte carga histórica, gera um efeito misterioso, impermeável à razão, correspondendo ao afeto do medo, pavor ou do inquietante (*das Unheimliche*). A passagem em *The Mysteries of Udolpho* (1794), de Ann Radcliffe, onde Emily vê o castelo do vilão Montoni pela primeira vez é um bom exemplo[10]. Nesse caso, a experiência temporal é dominada pela antecipação de um

---

[10] "Lá, disse Montoni, falando pela primeira vez em várias horas, está Udolfo. Emily contemplou com temor melancólico o castelo acima, que entendeu ser de Montoni; pois, embora agora estivesse iluminado pelo sol poente, a grandeza gótica de seus traços e suas paredes de pedra cinza-escuro mofadas tornavam-no um objeto sublime e sombrio. Na medida em que contemplava, a luz se dissipava em suas paredes, deixando uma melancolia roxa colorir, que se espalhou cada vez mais fundo enquanto o fino vapor subia as montanhas, enquanto as ameias acima ainda se inclinavam com esplendor. Destas, também, os raios logo se dissiparam, e todo o edifício estava coberto pela solene escuridão da noite. Silente, sozinho, sublime, parecia se erguer soberano na cena e franzia a testa encarando todos os que se atrevessem a invadir seu reino solitário. Na

perigo desconhecido, causando um efeito de aceleração. Ao mesmo tempo, a descrição gira inteiramente em torno de novas informações. A ameaça nunca se concretiza, porque o narrador emprega apenas vagas sugestões de que tudo pertence ao reino do mistério. O afeto do medo, em outras palavras, tem uma estrutura cronotópica clara.

O oposto dessa estrutura cronotópica pode ser encontrado no "cronotopo do limiar". No núcleo dessa construção temporal-espacial está a vontade de o sujeito processar nova informação e de tomar novas decisões, o que está em conflito com "a indecisão que falha em mudar a vida, o medo de pisar para fora do limiar" (FTC, 248). O sujeito, na agonia da dúvida, congela em face dos novos dados experienciais, compara-os com experiências anteriores mais antigas e fica paralisado por sua inabilidade em harmonizar os dois. Em outras palavras, essa imagem de afeição lida com o oposto da imagem do medo. Enquanto esta última combina certa vagueza e pontualidade com um impulso de antecipação, o cronotopo do limiar se caracteriza pela saturação da informação e por um forte envolvimento com o material mnemônico.

Das observações acima, podemos concluir que os cronotopos aos quais Bakhtin se refere em suas *Observações finais* são exemplos perfeitos do que Bergson chama de experiências de "duração". Embora Bakhtin não os discuta com o intuito de ilustrar a teoria de Bergson, ainda assim eles elucidam o fato de que a literatura moderna é fortemente focada na encenação das experiências temporais e na evocação de estados afetivos concomitantes[11].

---

medida em que o crepúsculo se aprofundava, suas formas se tornavam mais terríveis na obscuridade; e Emily continuou a contemplar, até seu aglomerado de torres ser visto sozinho acima dos topos das florestas, sob cuja sombra densa as carruagens logo em seguida começaram a subir" (Radcliffe, 1794, vol. 2, cap. 5). Como nota Bakhtin, a consciência do tempo se refere de fato à dimensão histórica da construção. Há uma clara conexão entre um prédio antigo e o mistério. Uma casa é construída para proteger seres humanos, mas também para manter certas coisas fora de vista — por isso, o termo "manter". Uma construção literalmente fecha certos espaços e, portanto, é lógico que quanto mais velho for — no romance gótico, o castelo é antigo por definição — mais espaços foram escondidos e/ou esquecidos (Williams, 1995: 44). Como Bakhtin observou anteriormente, a conexão entre a torre e o passado não deve ser ignorada. Os espectros que vagam pelas torres vêm geralmente dum passado na forma de ancestrais mortos, geralmente em forma de maldição rogada à família (FTC, 246). Entretanto, esse passado jamais é um passado pessoal. Memória pessoal, se alguma houver, desempenha nenhum papel nessa experiência de tempo.

11 Dentre os quatro tipos de experiências temporais, outras oposições podem ser identificadas. Medo e excitação se inter-relacionam similarmente com relação à "velocidade", ainda que difiram no nível de transformações espaciais (a quantidade de informação nova). A mesma similaridade e contraste valem para tédio e dúvida. Todas as oposições podem ser resumidas por significados de um quadrado semiótico. Como no mecanismo sutil de significado que Greimas tenta mapear por meio do quadrado semiótico, o caso de experiências temporais também diz respeito a uma totalidade de extremos e oposições. Dada a fortuna excepcional de

Além do mais, minha verificação mostra que até os cronotopos menores podem ser analisados como entidades específicas da imaginação. Prestando atenção aos parâmetros bergsoniano-deleuzianos, pode-se aplicar o conceito de Bakhtin e a teoria dos cronotopos para dar forma a uma teoria da experiência estética.

III. IMAGENS DE AÇÃO

Na narrativa (literária), imagens de afeição nunca ocorrem como instâncias isoladas. Nos textos líricos, o uso de metáforas sugestivas geralmente é suficiente para evocar o tempo-espaço lírico. A prosa, entretanto, combina imagens de afeição com representações de ação. Próximo ao fim de FTC, a discussão de Bakhtin sobre um número de cronotopos motívicos é precedida por um comentário sobre a relação entre ações e cronotopos. Ele indica que a representação de uma ação (ele usa o termo "cenas") se funda num padrão de experiência (caracterizado como "denso" e "marcadores de tempos concretos", e como "áreas espaciais bem delineadas") que prova ser mais fundamental que as ações (os "acontecimentos") que precisam ser representados:

> O cronotopo [...] fornece o fundamento essencial para a exibição, a representabilidade dos acontecimentos. Isso ocorre precisamente graças ao crescimento especial em densidade e concretude dos marcadores de tempo — o tempo da vida humana, do tempo histórico — que ocorre dentro de áreas espaciais bem delineadas. É isso que permite estruturar a representação dos acontecimentos no cronotopo (em torno do cronotopo). Serve como ponto primário de onde as "cenas" de um romance se desdobram (FTC, 250).

Na seção que se segue à citação, Bakhtin não discute as ações, tanto quanto discute os valores emocionais e valorativos das imagens. Ao contrário, ampla atenção é dada às imagens de ação na parte principal do ensaio. Por meio de digressões sobre, dentre outras coisas, momentos de coincidência

---

experiências que podem ser ligadas a esse esquema de imagens de afeição, não deve surpreender que muitos mecanismos de significado possam ser mapeados por meio desse esquema. A oposição que domina *As flores do mal*, entre *spleen* e *idéal*, pode ser explicada como jogo lírico com a consciência humana de tempo. O sujeito de Madame Bovary, frequentemente definido como a oposição entre o tédio e a excitação materialista, pode ser visto como a representação de duas experiências de tempo extremas. Outros textos, por sua vez, jogam com a ideia de repetição, como oposto da diferença. As situações idílicas de abertura e fechamento de um romance de aventura (governado por repetições, expressando "tempo cotidiano cíclico") contrastam com a excitação do perigo que domina a maior parte do centro dessas narrativas.

(os quais dominam os momentos-chave do mundo do romance) e processos de crescimento (que ocupam o ponto central no "cronotopo rabelaisiano"), Bakhtin explica como as ações dos personagens são atentamente relatadas nos aspectos temporais-espaciais da imaginação.

Na medida em que aquelas imagens de ação são focadas, o paralelismo entre a análise bergsoniana e a bakhtiniana é ainda mais claro que para imagens de afeição. Imagens de ação são imagens "abstraídas" para ambos. A teoria deleuziana de imagem dá duas razões para esse caráter abstrato. A primeira é que imagens de ação derivam seu significado de uma situação "dramática". Deleuze define uma imagem-ação por meio de dois componentes, a saber:

> Meios e comportamentos, meios que realizam e comportamentos que se encarnam. A imagem-ação é a relação dos dois, e todas as variantes dessa relação (2005a: 196)[12].

Para entender imagens de ação, é preciso interpretar a relação entre homem e cenário. A interação dramática entre dois personagens ou entre um personagem e seus arredores transforma a imagem de ação numa imagem mimética no sentido aristotélico da palavra: "Imitação do comportamento". Numa perspectiva aristotélica, ações humanas são orientadas para objetivos, um fato que deixa suas marcas nas imagens de ação. Ao salientar o aspecto teleológico do comportamento humano, uma imagem de ação sempre corre o risco de perder em qualidade de experiência. O segundo motivo para o caráter abstrato das representações da ação é que uma imagem de ação é o resultado da edição de diferentes imagens; ela só se mostra numa série de imagens. Ao passo que imagens de afeto podem expressar a singularidade de uma emoção numa tomada (cinematográfica) ou numa passagem descritiva (literária), imagens de ação se caracterizam por uma série causal de imagens. Em outras palavras, uma grande atividade interpretativa é necessária, garantindo assim um mais alto grau de abstração à imagem.

A combinação de comportamento orientado para objetivos e uma cadeia causal de momentos de ação significa que imagens de ação se tornam construções abstratas. Bergson e Bakhtin consideram tais imagens como produtos dos impulsos "idealistas" da consciência humana. Bergson define a

12 Os exemplos de Deleuze de imagens de ação são séries dinâmicas de imagens consecutivas. Ele fala sobre a "grande forma" da imagem de ação, por exemplo, nos faroestes de John Ford, quando quer designar a distância entre uma luta de abertura e um duelo final. O herói amadurece gradativamente, até estar preparado para enfrentar a batalha na cena final.

representação linear dos processos temporais como uma abstração teleológica imposta à heterogeneidade da experiência, fazendo-a ser reformada numa ordem homogênea, geométrica, mecânica. Os processos teleológicos, lineares, observados pelos seres humanos quando "mapeiam" o comportamento constituem uma assimilação do tempo pelas categorias espaciais ("l'assimilation du temps à l'espace"; Deleuze, 1966: 108). Bergson considera tal interpretação dos processos empobrecimento da experiência real do tempo; se uma experiência é convertida num padrão racional, perde toda concretude, não podendo nem ao menos ser chamada de "experiência do tempo": "A própria ideia de uma série reversível na duração, ou até mesmo simplesmente de certa ordem de sucessão no tempo, implica a representação do espaço, e não pode ser usada para defini-la" (Bergson, 2009: 101). Em seu comentário ao romance grego, Bakhtin é igualmente duro contra o pensamento teórico sobre a experiência cotidiana. As ações que ocorrem em tais romances são rotuladas em termos reminiscentes daqueles de Bergson, tais como "reversível" e "abstrato": "O cronotopo de aventura se [...] caracteriza por uma conexão técnica, abstrata entre espaço e tempo, pela reversibilidade de momentos numa sequência temporal, e por sua permutabilidade no espaço" (FTC, 100). Como Bergson, Bakhtin associa o cronotopo genérico da aventura com a racionalidade matemática. O tempo de aventura é marcado por um "caráter quase matemático, formal, elementarmente limpo"[13], e Bakhtin o intitula como "certamente, altamente abstrato" (*ibid.*: 97).

O oposto dessa visão típica de tempo pode ser encontrado nas histórias da tradição folclórica. O mundo da imaginação que transparece na cultura popular do início da idade moderna é mais próximo da experiência concreta, porque descreve a ação humana como um evento dinâmico:

> Um crescimento direto e franco de um homem no seu próprio direito e no mundo real do aqui-e-agora, um processo de crescimento sem degradação inautêntica alguma, sem nenhuma compensação idealizada na forma de fraqueza ou necessidade (FTC, 150).

A partir dessa citação, pode-se deduzir que Bakhtin, de certa forma, considera irrelevante a fixação teleológica do homem, que, no seu comportamento solucionador de problema, não consegue evitar pensar "abstratamente". A

---

[13] Compare com: "Duração, como duração, movimento, como movimento, foge à compreensão da matemática: tudo escapa através dos dedos do tempo, menos a simultaneidade, e dos do movimento, tudo, menos a imobilidade" (Bergson, 2009: 234).

vontade de sobreviver ("fraqueza e necessidade") força o homem a desenhar projeções futuras, organizando suas atividades no fio de uma linha reta, orientada para objetivos[14]. Na forma mais livre, contudo, um ser humano é uma criatura imaginativa, que une a heterogeneidade de suas ações num momento vivido de tempo. Uma representação "natural" das ações humanas que mostra ao homem seu estado de "liberdade" fundamenta-se devidamente na representação concreta de uma experiência de *durée*[15]. O indivíduo que liberta a si mesmo do cálculo abstrato e das de- ou reformações lineares da experiência descobre que a experiência real consiste no fato de que passado, presente e futuro estão inter-relacionados num movimento transformador incessante[16]. O fato de Bakhtin enfatizar tanto a tradição folclórica e os conceitos temporais presentes nessa tradição pode ser interpretado como um

14 Pelo fato de os processos temporais serem facilmente expressos em categorias espaciais, termos geométricos são geralmente empregados na representação de acontecimentos humanos: a linha da vida, o modo de vida, o ciclo de vida etc. Num estudo recente, a narratologista austríaca Monica Fludernik diz: "Somos todos tentados a ver o tempo como uma categoria inequívoca, mensurável e objetiva que pode ser retratada como uma linha pontilhada progredindo do passado para o futuro" (2003: 119).

15 "Toda demanda de explicação que diga respeito à liberdade retorna, sem suspeitarmos disso, à seguinte questão: 'O tempo pode ser representado adequadamente no espaço?' Ao que respondemos: sim, se estivermos lidando com tempo fluido. Não, se estivermos falando de tempo fluindo. Agora, o ato livre ocorre no tempo que é fluente e não no tempo que já fluiu. Liberdade é, portanto, um fato, e dentre os fatos que observamos não há nenhum mais claro. Todas as dificuldades do problema, e o problema em si, vêm do desejo de dotar a duração dos mesmos atributos da extensão, interpretar uma sucessão por meio de uma simultaneidade e expressar a ideia de liberdade numa linguagem obviamente intraduzível" (Bergson, 2009: 221).

16 O mesmo argumento pode ser usado considerando aspectos espaciais dos cronotopos. Morson (não por acaso o autor de um trabalho intitulado *Narrative and Freedom*) e Emerson contrastam a visão da expansão espacial de Bakhtin à visão absolutista do espaço nas culturas pré-modernas. Eles pontuam que Bakhtin transpõe o movimento feito pela geometria euclidiana (a qual manteve um monopólio por mais de 2.500 anos) quando evoluiu para a geometria multidimensional de Lobachevsky para o campo da imaginação narrativa: "Para Bakhtin, o que é verdade para geometrias do espaço é também verdade para os cronotopos" (Morson e Emerson, 1990: 368). No cronotopo rabelaisiano, tempo e espaço deixam de ser um espaço euclidiano, geometricamente estruturado e fixo. Eles, ao contrário, tornam-se uma dinâmica completa na qual o tempo está continuamente afetando a constelação espacial. É perfeitamente possível traduzir esta tese em termos bergsonianos. Em *Le bergsonisme* (1966), Deleuze define a experiência subjetiva como uma estrutura heterogênea na qual "duração" se conecta com o "espaço". Dependendo da ênfase colocada, na duração ou no espaço, pode ser denotado respectivamente conhecimento subjetivo ou objetivo. No primeiro caso, as características da duração são enfatizadas: "Duração nos apresenta sucessão puramente interna, sem exterioridade alguma". No segundo, é o espaço, "uma exterioridade sem sucessão", enfatizada (Deleuze, 1966: 29). A experiência do tempo nas formas narrativas elementares se caracteriza por uma estrutura composta por experiências subjetivas e é focada na sucessão em exterioridade: não é a experiência do tempo o centro da atenção, mas a encenação da estrutura temporal ordenada espacialmente. Em Rabelais, por outro lado, um espaço é criado no qual uma simbiose mútua e simultânea de momentos de tempo (e sem sucessão) mantém a posição central.

apelo a uma literatura cujas imagens de ação estejam ligadas de forma mais próxima a imagens de afeição. Na visão de Bakhtin, somente não teóricos podem fazer isso. Consequentemente, o indivíduo tem que tirar lições da filosofia elementar do tempo da cultura popular, uma filosofia mais próxima da representação emocionalmente carregada de imagem de afeição:

> O homem folclórico necessita de espaço e tempo para sua completa realização: ele existe inteira e completamente nessas dimensões e se sente confortável nelas. Portanto, o fantástico no folclore é um fantástico realista: de forma alguma ele excede os limites do real, do mundo material do aqui-e-agora, e não faz remendos naquele mundo com nada que seja idealístico ou transcendental; [...] Tal fantástico depende das possibilidades reais do desenvolvimento humano (FTC, 150).

Assim como a imagem de afeição, a unidade de tempo e espaço é o núcleo da representação folclórica da ação humana, a "imagem de ação" folclórica. Assim como na imagem de afeição, essas imagens de ação envolvem uma "percepção artística viva". Nos meios literários, um sentimento por uma filosofia não abstrata de tempo começava a crescer. Bakhtin observa que, no momento em que a literatura ocidental desenvolve o *romance de formação*, o tempo abstrato é substituído por uma representação da dinâmica concreta da experiência. Assim como ele escreve em RFHR, as mudanças pelas quais passa o herói do romance moderno ocorrem no "tempo histórico real, com todas as suas necessidades, sua completude, seu futuro e sua natureza profundamente cronotópica" (RFHR, 23).

Na visão de Bakhtin, existem pelo menos dois tipos de imagens de ação. Primeiro, existem imagens, tais como o cronotopo menor do encontro, que enfatizam um tempo mais abstrato, assim como em textos mais antigos, como os gregos ou o romance de cavalaria. Em segundo lugar, existem imagens de natureza completamente diferente, tipicamente baseadas na literatura moderna (por exemplo, na forma de quatro dos cinco cronotopos motívicos aos quais Bakhtin se refere em suas "*Observações finais*". A razão para isso é o fato de que a imagem de ação segue uma lógica psicológica que pode ser mais ou menos associada ao conceito bergsoniano de tempo. Fica claro que, ao distinguir tipos diferentes de imagens de ação, para Bakhtin, essas imagens (e os cronotopos motívicos que elas expressam) tornam-se ferramentas analíticas importantes para delinear gêneros textuais na história da literatura. Mas para chegar a uma definição fecunda de gêneros textuais, no entanto, uma ferramenta adicional é necessária: o cronotopo principal ou a construção abrangente da trama, que eu gostaria de associar à "imagem de relação" de Deleuze.

IV. IMAGENS DE RELAÇÃO

A imagem de relação é o tipo de produção imagética mais conhecido pelos estudiosos de literatura. É frequentemente o único tipo de imagem a ser considerado nas análises literárias. Para esclarecer, uma imagem de relação é nada mais que uma interpretação de uma série de imagens de ação ou afeição; em termos de nossa discussão, é a "terceiridade", o fenômeno semiótico que Peirce disse denominar secundidade (e via secundidade também a primeiridade) e que se ordena na "ordem simbólica". Com imagens de relação, nos encontramos, assim, no nível do mental, no nível da construção intelectual, ou — dentro de um quadro bakhtiniano — no nível dos cronotopos dominantes e genéricos. É por isso que os estudos literários preferem esse tipo de imagem; são imagens que só existem no mundo das convenções e dos símbolos. Consequentemente, elas podem se tornar o objeto da análise temática de uma obra de arte.

Aplicado ao pensamento de Bakhtin, pode-se dizer que o levantamento dos cronotopos no início de RFHR é um relato descritivo de diferentes imagens de relação, no caso, os cronotopos genéricos. Os cronotopos articulados pelo romance de viagem, pelo romance de provação, pelo romance biográfico e pelo romance de formação constituem uma série de imagens mentais que divergem umas das outras. De várias formas, tais imagens direcionaram a história da literatura europeia ocidental. Na filosofia cinematográfica de Deleuze, essas representações mais abstratas podem receber um lugar ao lado dos tipos de imagens fundamentadas nos sentidos. Além disso, esse desvio pode explicar suficientemente por que é simplesmente impossível atribuir uma definição inequívoca do conceito bakhtiniano de cronotopo. Como no caso dos tipos de imagem de Deleuze, os diferentes aspectos do conceito não podem ser separados uns dos outros. Para descrevermos adequadamente seu funcionamento, precisamos relacioná-los continuamente. Tal atividade envolve níveis de experiências estéticas em constante dissolução umas nas outras e que, para o contemplador, se distinguem artificialmente umas das outras.

A imagem mental que Deleuze indica pelo conceito de imagem de relação pode ser bem descrita pela referência aos tropos que cineastas empregam em seus trabalhos. Em reposta às visões de Eisenstein e de Pudovkin sobre "edição dialética", Deleuze esclarece o problema da lógica abstrata por trás das imagens cinematográficas da seguinte forma:

> Para eles, a dialética não era um pretexto, nem uma reflexão teórica retroativa: era primariamente uma concepção de imagens e sua montagem. O que

> interessa a Pudovkin é a lei da quantidade e da qualidade, o processo quantitativo e o salto qualitativo: o que todos os seus filmes nos mostram são os momentos e os saltos descontínuos do surgimento da consciência, na medida em que eles assumem um desenvolvimento linear contínuo e uma progressão no tempo, mas também reagem a eles (Deleuze 2005a: 184).

Essa análise de edição no cinema russo oferece uma boa reflexão sobre a diferença entre imagens de relação e dois outros tipos de imagem. Imagens mentais são conceitos globais que se originam das relações entre imagens. É importante notar que tais conceitos globais de representação mental emergem de dois outros tipos de imagens. A imagem de relação, como interpretação de um (agregado de) imagem(ns) de ação, conceitua uma lógica intelectual que o contemplador descobre na série de ambientes e comportamentos representados numa obra de arte. Ao mesmo tempo, a imagem de relação é um conceito que garante unidade a uma série de condições afetivas[17]. Ambas normalmente se juntam numa imagem de relação: ações são vistas como coloridas por um afeto, e afetos são interpretados como a base (ou o resultado) de uma ação ou outra. Além disso, uma imagem de relação sempre dá um passo adiante, porque ações e afetos são comparados uns aos outros e, em seguida, abstraídos num símbolo, numa afirmação sobre as relações globais entre as ações, os afetos, e entre ambos juntos[18]. Na teoria literária, significados simbólicos desse tipo assumem a parte principal das análises literárias. Teóricos literários tendem a trabalhar com séries de motivos e temas. Geralmente, colocam-nos em séries que poderiam ser chamadas de padrões de enredo.

Em FTC, Bakhtin geralmente discute "enredo" e fenômenos temáticos. No entanto, é impressionante que ele tome o cuidado consistente de não

---

17 "Terceiridade dá vida não a ações, mas a 'atos' que necessariamente contenham o elemento simbólico da lei (dando, trocando); não a percepções, mas a interpretações que se refiram ao elemento do sentido; não a afeição, mas aos sentimentos intelectuais das relações, tais como os sentimentos que acompanham o uso das conjunções lógicas 'porque', 'embora', 'para que', portanto', 'agora' etc." (Deleuze, 2005a: 201).

18 Minha leitura da "imagem de relação" aqui está só parcialmente de acordo com as definições de Deleuze. Em sua teoria, os aspectos da terceiridade das imagens de ação (a imagem mental que se origina por conta de um objetivo ou implicações são atribuídas à ação, ou que sejam constituídas pela imagem global que resulta da edição de imagens) e imagens de afeição (a consciência evocada por uma imagem de afeto) nunca são considerados imagens de relação. Na visão de Deleuze, uma imagem de relação genuína resulta exclusivamente de "fazer do mental o próprio objeto de uma imagem, uma imagem específica, explícita, com sua própria figura" (2005a: 202). Em contraste com Deleuze, cuja atenção é integrar uma "poética histórica" do cinema em sua teoria da imagem, opto por uma interpretação semiótica mais rigorosa dos tipos de imagem porque quero respeitar as análises da teoria do cronotopo de Bakhtin. Portanto, meu uso do termo "imagem de relação" sobrepõe-se parcialmente com o conceito de "figura" de Deleuze (um aspecto da imagem de ação).

autonomizar essas construções mentais. Sempre que fala do significado do romance de viagem e do romance de provação, ele discute de uma única vez os momentos de tensão evocados pelos cronotopos no nível de motivos ou episódios-ação. Em outras palavras, sua caracterização do cronotopo dominante se enraíza invariavelmente nas imagens de ação típicas desse contexto. Ele escreve sobre o romance de aventura: "O tempo é privado de sua unidade e completude — é dividido em segmentos separados, cada um abrangendo um único episódio da vida cotidiana" (FTC, 128). Bakhtin não chega a essa conclusão *a priori*, mas a partir de uma descrição completa da lógica da ação nos textos. No caso de romances de aventura da vida cotidiana, ele enfatiza o "motivo do encontro", e, mais particularmente, o aspecto matemático-formal do tempo de aventura: "Um tempo de eventos excepcionais e incomuns, eventos determinados pelo acaso, que, por outro lado, manifestam-se em encontros fortuitos (junções temporais) e desencontros fortuitos (disjunções temporais)" (*ibid.*: 116). O tempo de aventura, afirma Bakhtin, relaciona-se à imagem de ação construída em torno de uma oportunidade de disjunção que ocorre num momento de encontro.

Essa linha de raciocínio esclarece que a análise cronotópica de Bakhtin segue mais ou menos paralelamente aos níveis de produção imagética deleuzo-bergsoniana. Pode-se dizer o mesmo da tipologia que ele desenvolve das diferentes "imagens mentais" na história da literatura ocidental. De fato, aqui podemos detectar uma relação de tensão contundentemente bergsoniana. Na literatura moderna, Bakhtin observa uma mudança dos romances baseados no arranjo linear de imagens de ação em relação aos romances baseados numa estrutura de enredo fundamentada em imagens mais complexas de relação[19]. Evidentemente, romances mais antigos também dão origem a certas imagens de relação, mas são estritamente limitados a uma perspectiva teleológica de desenvolvimento de enredo; eles inter-relacionam um número de imagens de ação, mas não as experiências que os personagens encaram. O argumento de Bakhtin sobre esse tipo de construção de enredo pode ser chamado de bergsoniano, já que ele o associa à relação externa entre o indivíduo e o mundo em mudança: "A conexão entre o destino de um indivíduo e seu mundo é externa" (FTC, 119). Em uma visão teleológica e linear, observador e mundo mudam independentemente um do outro. O movimento no mundo é percebido como um evento da ordem espacial, o movimento no indivíduo não é nada além de reconstrução da trajetória linear pela qual ele

[19] Note que Deleuze usaria o termo "imagem de relação" exclusivamente para as formas mais complexas de imagens mentais. Ele ilustra tal tipo de imagem através de um excurso sobre o cinema de Alfred Hitchcock — cineasta fascinado pelas redes relacionais.

passa nesse espaço. Sobre o herói e o espaço de aventura, Bakhtin escreve: "O indivíduo muda e passa por metamorfoses completamente independentes do mundo; o mundo propriamente dito permanece inalterado" (*ibid.*).

A literatura moderna se caracteriza por um conceito completamente diferente de enredo e por uma forma temática diferente, de modo que não é mais possível conectar perfeitamente a reconstrução teleológica de uma linha do tempo linear, que Bergson indica pelo conceito de "*temps*", com o desenvolvimento do tempo. O romance nos tempos modernos passou por uma revolução kantiana. Essa revolução implica uma nova conceitualização do tempo — nas palavras de Arthur Schopenhauer: "Antes de Kant, éramos no tempo; agora o tempo é em nós" ("Vor Kant waren wir in der Zeit, seit Kant ist die Zeit in uns"; 1969: 424). Bakhtin parece reproduzir essa visão da revolução kantiana quando caracteriza a construção do romance de formação:

> Mudanças no próprio herói alcançam significado no enredo, e assim todo o enredo do romance é reinterpretado e reconstruído. O tempo é introduzido no homem, adentra sua imagem, mudando de forma fundamental o significado de todos os aspectos de seu destino e de sua vida (RFHR: 21).

Na história do romance, Bakhtin observa uma mudança em relação ao enredo que constrói seu núcleo temático em torno dos processos de consciência dos personagens. No romance moderno, personagens e seus diálogos com o ambiente (forças sociais, assim como forças psicológicas inerentes ao personagem) são centrais. Como resultado, o "encerramento", o foco teleológico na resolução final da história, é desvalorizado[20]. Teleologia ainda é possível, embora esse princípio não denomine mais a composição. No romance moderno, alterar o nível do enredo — a essência de uma imagem de relação — torna-se uma questão de relações entre estados de consciência. Qualquer um que tenha de fazer um resumo de *Crime e castigo* rapidamente perceberá que o romance é inteiramente construído em torno de momentos de crise, momentos nos quais os personagens devem fazer um juízo. A culpa, originária de uma decisão, impulsiona o personagem e o leva para novos momentos, nos quais novos julgamentos devem ser enfrentados (sobre admitir a culpa e proceder ao arrependimento). Dessa forma, o personagem não é mais o brinquedo do mundo que habita. Em vez disso, o mundo se torna *sui generis*:

---

[20] "Um dos primeiros alvos para muitos romancistas dos séculos XIX e XX foi o próprio encerramento. Eu argumentaria que muitos escritores realistas preferem finais em que as consequências totais dos eventos [...] não são trabalhadas nem claramente implicadas" (Rabinowitz, 2002: 307).

> A consciência do solitário Raskólnikov torna-se um campo de batalha para outras vozes; os acontecimentos dos últimos dias (a carta de sua mãe, o encontro com Marmeladov), refletidos em sua consciência, tomam forma dum diálogo mais intenso com participantes ausentes (sua irmã, sua mãe, Sonya, e outros), e nesse diálogo ele tenta 'organizar seus pensamentos'. [...] A ideia de Raskólnikov faz contato com várias outras manifestações da vida no decorrer de todo o romance; é testada, verificada, confirmada ou repudiada por eles (Bakhtin, 1984: 88, 89)[21].

Note que a representação do desenvolvimento do enredo de Bakhtin tem forte semelhança com a figura atribuída por Deleuze à visão de arte do cineasta Pudovkin. Aqui, a imagem mental que emerge da ação e afeta imagens adquire um sentido próprio. Pode ser facilmente considerado um terceiro nível — um nível que "faz uso" das imagens de afeição expressando uma crise: o cronotopo menor da soleira.

V. CONCLUSÃO

Os argumentos precedentes mostram que Bakhtin e Bergson são nada menos do que almas gêmeas, pelo menos no que se refere a suas visões de experiência e representação do tempo. Se essa afinidade filosófica pode ser atribuída ao fato de Bakhtin ter sido ávido leitor de Bergson e se a interpretação bergsoniana do conceito de cronotopo é legitimada, depende de pesquisas futuras. A utilidade do estudo comparativo experimental que acabo de apresentar é outra. Ao relacionar Bakhtin à filosofia do tempo em Bergson, uma abordagem mais matizada para o conceito de cronotopo se torna possível. Além disso, minha visão geral dos três níveis de produção imagética e as três diferentes possibilidades de aplicação a eles associada mostram que o uso multiforme do conceito de cronotopo por Bakhtin faz realmente justiça

[21] Ricœur observa corretamente que a literatura moderna, interpretada numa ótica bakhtiniana, estabelece uma nova forma de organização narrativa, a tal extensão que ele até vê "a emersão de uma forma dramática na qual o espaço busca eliminar o tempo" (1984: 184) como um efeito colateral indesejado do conceito de literatura de Bakhtin. O fato é que Ricœur concorda com Bakhtin quando este interpreta a literatura moderna a partir da perspectiva da estrutura dialógica, controlando o discurso, o pensamento e a autoconsciência. Ao mesmo tempo, ele considera a visão de Bakhtin sobre esse princípio de composição como algo perigoso, perguntando-se "se o princípio dialógico [...] não está ao mesmo tempo minando a base da estrutura, isto é, o papel organizador da trama" (*ibid.*: 1983). A crítica de Ricœur se baseia num equívoco (o romance dialógico possui uma estrutura cronotópica não teleológica). Apesar disso, é um equívoco cheio de significado, porque em sua leitura de Bakhtin, Ricœur revela sua própria visão reducionista de literatura. Ele é incapaz de pensar no tempo de forma não aristotélica.

à faculdade humana da imaginação. O motivo pré-conceitual, carregado afetivamente (imagem de afeto), a lógica de ação de uma cena literária (imagem de ação) e a implicação temática de um padrão de enredo (imagem de relação) tornam-se um contínuo da experiência estética. Somente com grande dificuldade esse contínuo pode ser dividido em fenômenos separados. Daqui resulta que a imaginação humana — e, *a fortiori,* a imaginação artística — deve ser considerada como um "todo emergente, um acontecimento", e suas expressões como "sinais que mostram o tempo em seu curso, começando com a natureza e terminando com ideias e costumes humanos (até conceitos abstratos)" (RFHR, 25). Não é de admirar, então, que Bakhtin tenha se esforçado pouco para apresentar uma definição rigorosa do conceito de cronotopo. Uma descrição adequada da imaginação artística só é possível se se levarem em conta ambas as formas nas quais os tipos de imagem se envolvem uns nos outros e as nuances das representações temporais a eles associados.

TERCEIRA PARTE

RELEVÂNCIA DO CRONOTOPO PARA A HISTÓRIA LITERÁRIA

CAPÍTULO 4

POÉTICA HISTÓRICA:

CRONOTOPOS EM *LEUCIPE E CLITOFONTE* E *TOM JONES*

RODERICK BEATON

TRADUÇÃO: LÁSARO JOSÉ AMARAL

O ensaio de Bakhtin sobre o cronotopo é único, até onde sei, na apresentação da história do romance como inseparável da teoria, ou "poética" do gênero. Ainda hoje, apenas uma minoria de historiadores da literatura está apta a relacionar o desenvolvimento cronológico ficcional dos romances gregos antigos à consolidação das convenções realistas do século XIX, a partir das quais todos os desenvolvimentos mais recentes derivam. Embora muitos detalhes do conhecimento histórico de Bakhtin tenham sido ultrapassados já desde seu tempo e seus detalhados estudos sobre o cronotopo dos textos gregos antigos tenham sido contestados, acredito que o cronotopo forneça uma base válida para uma nova "poética histórica", baseada em fatos revistos e ampliada para incluir textos, tais como os "romances" bizantinos e os "romances" modernos gregos iniciais, desconhecidos de Bakhtin.

Uma "poética histórica" dessas é necessária porque o romance, na falta de alguma teoria própria antes do período moderno, só pode ser definido como gênero através da compreensão de sua história. E essa história, ainda hoje, é claramente contestada. O romance começa na Inglaterra do século XIX, na Espanha do século XVII, no norte da França no século XII ou na Grécia, sob o Império Romano? Cada uma dessas origens tem tido seus defensores e cada uma delas define, implícita ou explicitamente, tudo o que segue[1].

1 Cf. Dood (1997), Frye (1976), Mander (2007), McKeon (2002) e Watt (1957).

Isso se baseia em uma forma de pensamento que remonta à antiguidade: se para nós não há problema em definir toda a épica subsequente referindo-a a Homero, toda a tragédia subsequente referindo-a a Ésquilo, Sófocles e Eurípides, toda a comédia subsequente referindo-a à nova comédia ateniense (com apropriada afirmação voltada para a "comédia antiga" de Aristófanes), então é praticamente inevitável que, a depender de nossa escolha da origem, definamos o romance nos termos de Defoe, Richardson e Fielding *ou* do *Dom Quixote*, *ou* do romance arturiano, *ou* do das ficções em prosa gregas antigas (e talvez até romanas) dos primeiros séculos da era comum. A escolha da origem determina tudo o mais.

A abordagem bakhtiniana assume visão de longo prazo. Mas o mais importante é sua insistência em que a história e a teoria são inseparáveis. Nunca entenderemos a história ou a natureza (poética) do romance se olharmos apenas para uma delas. A única promessa da teoria de Bakhtin sobre o cronotopo é que ela oferece a possibilidade de traçar a história, não dos romances ou romancistas individuais, nem mesmo de um gênero, mas da *poética* subjacente a todos eles. Como o conceito de representação humana, da experiência individual na linguagem através da narrativa, muda ao longo dos períodos históricos?

Para mim, essa é a questão de que Bakhtin tratou, particularmente no seu longo ensaio sobre o cronotopo (FTC). Tal projeto tem uma relação curiosamente complementar com Auerbach em *Mímesis*. Ambos foram concebidos quase ao mesmo tempo, à sombra de um sistema totalitário diferente, mas sob o mesmo conflito mundial. Além disso, ambos olham para o "centro" da cultura europeia desde uma posição de exílio geográfico e cultural. Auerbach também insiste na historicidade da escrita e da experiência e se propõe traçar sua inter-relação através do que ele chama de "imitação":

> Imitação da realidade é imitação de uma experiência sensorial da vida na terra — cujas características mais essenciais se parecem com o fato de possuir uma história, suas mudanças e seu desenvolvimento (Auerbach, 1953: 191).

A abordagem de Auerbach é complementar à de Bakhtin (com exceção das diferenças entre as origens dos dois estudos) porque *gênero* era exatamente algo em que Auerbach *não* estava interessado. Na verdade, a tirania da antiga teoria-gênero emerge como a "vilã" na história de Auerbach. Talvez por essa razão, ele não tenha quase nada a dizer sobre o romance grego antigo[2].

---

[2] "O nível estilístico do *Decamerão* é fortemente reminiscente do correspondente antigo *genus*, o romance antigo [...] Isto não surpreende, uma vez que a atitude do autor perante seu

Este capítulo é parte de um projeto maior, em andamento, de investigar como determinadas possibilidades narrativas, que parecem ter se cristalizado pela primeira vez no romance grego antigo, têm sido persistentes e produtivas ao longo do tempo. Tais possibilidades sofrem sutis transformações durante períodos formativos posteriores na história do gênero, particularmente no século XII (simultaneamente na França antiga e na Grécia bizantina) e no século XVIII (época em que, segundo uma definição mais precisa, o romance teria se originado). No momento, minha proposta se limita a revisitar os dois principais ensaios em que a teoria de Bakhtin sobre o cronotopo (e sobre a "poética histórica" do romance) é desenvolvida e extrapolar o que me parecem ser as linhas mais significativas e produtivas de sua abordagem, ambas com referência específica ao romance grego antigo. Tentarei aplicar e modificar simultaneamente o modelo de Bakhtin, à luz de uma leitura de *Leucipe e Clitofonte,* de Aquiles Tácio, e da referência a críticas anteriores. A parte final deste capítulo examina como essa abordagem pode ser produtiva para a leitura de um texto bem posterior, frequentemente considerado como "fundador" do desenvolvimento moderno do gênero, especialmente em inglês, o *Tom Jones,* de Fielding (1749).

I. CONCEITO BAKHTINIANO DE CRONOTOPO, COM REFERÊNCIA ESPECIAL AO ROMANCE GREGO ANTIGO

A discussão a seguir se baseia principalmente no longo ensaio de Bakhtin sobre o cronotopo, escrito em 1937-1938, mas com a parte final adicionada mais tarde, em 1973 (FTC), com algumas referências à parte subsistente de seu estudo perdido sobre o *Bildungsroman,* datado de 1936-1938, mas inédito até os anos 1970 (RFHR). Entre as críticas, uma das mais valiosas, que também amplia as possibilidades do conceito em direções não exatamente seguidas aqui, se destaca a monografia de Holquist[3].

tema e a classe social para a qual a obra é planejada têm grande correspondência nos dois períodos, uma vez que para Boccaccio também o conceito de arte do escritor estava rigorosamente associado ao de retórica. [...] Mesmo assim, embora, o romance antigo seja uma forma tardia lançada nas línguas que há muito tempo haviam produzido seu melhor, o esforço estilístico de Boccaccio encontra-se confrontado por uma língua literária recém-nascida, porém quase amorfa" (Auerbach 1953: 216).

3 Holquist (2002: 109-126). Entre os críticos da leitura de Bakhtin sobre o romance antigo, o mais importante é Branham (2002). Cf. também Branham (2005) e as contribuições específicas adiante citadas. Cf. também Morson e Emerson (1990: 366-432).

Em termos gerais, a "poética histórica" de Bakhtin mapeia uma evolução contínua e criativa das formas estáticas antigas (o romance grego antigo, o romance romano, a biografia antiga) para o que no ensaio sobre o *Bildungsroman* ele chama de "romance de formação": "A formação do homem está concluída no tempo real histórico, com toda a sua necessidade, sua plenitude, seu futuro e sua natureza profundamente cronotópica" (RFHR, 23).

Perguntamo-nos até que ponto, ou em que sentido, isso pode ser visto como um processo evolucionário, ou até mesmo teleológico em um sentido marxista. Acredito que uma história do romance *deveria ser* uma explanação de como se chegou ao atual estado de coisas — ou talvez, mais utilmente, como o romance chegou ao ápice do realismo europeu na metade do século XIX, a partir do qual todas as ramificações posteriores derivam. Bakhtin não é explícito nisso, como em tantas outras coisas... Mas eu enfatizaria o modelo evolucionário, em vez do teleológico: a mudança é construída no processo, embora não necessariamente contínua. É razoável olhar para as tendências globais (do simples para o complexo, do estático para o dinâmico, por exemplo), mas assim como a evolução biológica, não deveríamos nos surpreender ao ver um alto grau de complexidade nas primeiras formas (*Calírroe* de Cáriton de Afrodísia, acredito, fornece um perfeito exemplo disso). Similarmente, não assumiríamos que mudar é sempre para "melhor", ou mesmo sempre na mesma direção. Novamente, assim como na evolução biológica, devemos esperar encontrar "os monstros esperançosos" — padrões de mudança que morreram cedo (há exemplos deste fenômeno no bizantino antigo e no grego moderno inicial, por exemplo).

Outro ponto geral a observar é que o termo bakhtiniano "cronotopo" aponta diretamente para os dois componentes mais fundamentais de toda narrativa: posição e movimento no espaço e suas inter-relações com a passagem do tempo. No início do ensaio, o próprio Bakhtin faz referência à teoria da relatividade de Einstein, que estabelece o tempo como uma dimensão do espaço, mas ele mesmo minimiza esse pano de fundo cosmológico. Há quem sugira que as relações que definem o cronotopo têm mais a ver com Kant do que com Einstein[4].

Retomando mais detalhadamente a teoria, Bakhtin afirma:

> No cronotopo artístico-literário, indicadores espaciais e temporais se fundem num todo concreto cuidadosamente pensado. Aqui, o tempo se condensa,

---

[4] Argumento de Branham (2002: 165). Mas ver contra-argumento em Morson e Emerson (1990: 366-369).

> assume corpo, torna-se artisticamente visível; do mesmo modo, o próprio espaço se intensifica, torna-se receptivo aos movimentos do tempo, do enredo e da história (FTC, 84).

Noutro ponto, ele nos diz: "O cronotopo [...] define gênero e distinções genéricas" (*ibid.*: 85). "A unidade artística de uma obra literária em relação a uma realidade atual é definida pelo seu cronotopo" (*ibid.*: 243). "Isso é, nós temos uma interação mútua entre o mundo representado na obra e o mundo externo a ela" (*ibid.*: 255). Cronotopos, além do mais, "são os centros organizacionais para os acontecimentos narrativos fundamentais do romance" (*ibid.*: 250); eles "servem para a assimilação da realidade temporal atual (incluindo a realidade histórica) [e] permitem que os aspectos essenciais dessa realidade se reflitam e se incorporem no espaço artístico do romance" (*ibid.*: 252).

O que tudo isso poderia significar é que, em primeiro lugar, o cronotopo está sendo entendido como a configuração distintiva do tempo e do espaço que define a "realidade" dentro do mundo do texto, *"como conceituada dentro desse próprio mundo"*. Mas há outra dimensão, que emerge principalmente do adendo ao ensaio, escrito em 1973. Aqui o cronotopo emerge como sendo *também* a relação entre o mundo imaginado e o mundo real, histórico, similarmente constituído (porque para Bakhtin a realidade nunca é "dada") a partir de uma relação percebida entre espaço e tempo, no momento histórico em que o trabalho é escrito ou lido (cf. especialmente FTC, 243-258).

A parte principal do ensaio define nove cronotopos diferentes, mais ou menos em sequência histórica, começando pelas novelas gregas antigas (o "romance grego" na terminologia de Bakhtin, como traduzido) e finalizando, com um toque de circularidade, com o "idílio" na ficção de fins do século XVIII e início do século XIX. O décimo cronotopo (talvez subdividido) parece estar implícito no ensaio sobre o *Bildungsroman,* o qual, embora aparentemente escrito primeiro, traz a história completamente conectada com o triunfo do realismo no século XIX (cf. Morson e Emerson, 1990: 405).

Concentrando-nos no que ele disse sobre o primeiro cronotopo, aquele que define o romance antigo, ele é, segundo Bakhtin, "o romance de aventura de provação" (*ibid.*: 86). As experiências de seus personagens "afirmam que eles [...] eram como indivíduos, alguma coisa que comprovasse e estabelecesse sua identidade"; eles passam "pelo teste" (*ibid.*: 106-107). O enredo do romance antigo ocorre no "tempo da aventura" (*ibid.*: 87 *et passim*). O mundo em que o herói e a heroína encaram suas aventuras é "um mundo alheio em um tempo de aventura" (*ibid.*: 89-102). Este mundo de aventura é "abstrato" (*ibid.*: 101), por isso aparenta ser regulado pelo Acaso (*ibid.*: 95ss.). Intrigantemente, "o tempo de aventura não deixa rastros definidores e é, portanto, em essência, reversível" (*ibid.*: 100, cf. também 110). O espaço também é permutável: "O que acontece na Babilônia também poderia acontecer no Egito ou em Bizâncio e vice-versa" (*ibid.*). Concluir-se-ia então, que "o cronotopo de aventura realmente se caracteriza por uma *conexão técnica abstrata entre espaço e tempo,* pela *reversibilidade* dos momentos numa sequência temporal e por sua *intercambialidade* no espaço" (*ibid.*: grifo do autor). Todo cronotopo de aventura se situa no "intervalo, na pausa, no hiato que aparece entre esses dois momentos biográficos estritamente adjacentes" (*ibid.*: 89).

Algumas dessas generalizações de Bakhtin sobre o romance antigo tem se saído melhor do que outras nas mãos de estudiosos modernos. Reconheceu-se muito antes de Bakhtin e nunca se contestou que o romance antigo versava sobre um teste ou provação; o mesmo se pode dizer da predominância de aventuras e o papel do acaso (mas também de um "destino" ou "providência", algo sobre que Bakhtin tem pouco a dizer). A mais original, e promissora, separação entre o que acontece com os amantes no "tempo de aventura" e os "momentos biográficos" em que eles se apaixonam e são subsequentemente (re)unidos como marido e esposa, parece vir de uma perspectiva bastante diferente apontada por Winkler (1994: 28): "O todo do romance grego pode ser considerado uma elaboração do período entre o desejo inicial e a consumação final". A influente proposta de Konstan (1994: 45), elaborada com base em Foucault, de que a novidade do romance (no mundo antigo) reside no seu estabelecimento de um novo conceito de "simetria sexual" também parece admitir, em um ponto, que o mundo de aventuras representado nele é paradoxalmente estático (cf. também Ballengee 2005: 136). Mas em geral, é o "abstrato" e "reversível", ou "intercambiável", qualidades do tempo e do espaço no "tempo de aventura", o objeto da maioria das leituras críticas[5].

Para ver como as ideias de Bakhtin ainda podem ser produtivas e também em que elas poderiam necessitar de modificação, retorno agora ao romance que Bakhtin parece ter tido mais em mente quando escreveu essa parte do seu ensaio, *Leucipe e Clitofonte,* de Aquiles Tácio[6].

---

[5] Cf., particularmente, Ballengee (2005), Smith (2005), Whitmarsh (2005) e, para uma visão mais consentânea com a abordagem de Bakhtin, Kim (2008).

[6] Referências virão entre parênteses no texto, na forma de número do livro seguido pelo número dos parágrafos separados por um ponto final (a maioria, se não todas as traduções, também inclui esses números). Páginas numeradas remetem a Whitmarsh (2001).

II. AQUILES TÁCIO, *LEUCIPE E CLITOFONTE*

O tempo nesse romance é representado de forma geralmente linear, conforme a narração em 1ª pessoa (embora o ponto de vista do narrador seja frequentemente violado), exceto pela representação de certos acontecimentos cruciais, com efeito, narrados duas vezes. Esses eventos têm a ver com as aparentes mortes da heroína, não menos que três no romance. As duas primeiras, mas não a terceira, são explicadas retrospectivamente e reveladas como ilusões. Quanto ao espaço, as ações se concentram em três locais principais: Tiro, cidade natal do narrador, Clitofonte, onde ele, apaixona por Leucipe; o Delta Egípcio, onde o casal encara as aventuras obviamente mais dramáticas; e Éfeso, onde a provação continua e assume aspecto mais urbano e cortês. Cada um desses locais é separado do anterior por um espaço liminar contrastante: as viagens marítimas. De maneira simples, é dessa forma que tempo e espaço se entrelaçam, criando a trama narrativa de *Leucipe e Clitofonte.*

Neste ponto, vale explicitar uma distinção derivada da terminologia de Bakhtin, mas que não é explícita ou consistentemente aplicada por ele em sua discussão dos textos gregos antigos. As aventuras que compõem a maior parte de cada um desses textos, segundo Bakhtin, acontecem no que ele chama de "tempo de aventura". Logicamente, essa expressão deve ser entendida como taquigrafia para a "aventura tempo-espaço", uma vez que a teoria do cronotopo liga tempo e espaço em um contínuo (cf. FTC, 84, citado acima). Bakhtin contrasta o que acontece nesse tempo-espaço com o que chama de "momentos biográficos". Implicitamente, então, o mundo retratado nesses textos pode estar separado em dois tipos de tempo-espaço: "tempo-espaço de aventura", em que as aventuras acontecem, e "tempo-espaço biográfico", em que os personagens estão em casa, apaixonam-se no início e vivem felizes para todo o sempre. Esta é a distinção que proponho empregar na discussão a seguir sobre Aquiles Tácio[7].

---

[7] Embora diferentemente formuladas, e para um fim diferente, sugiro que essa distinção concorda com as distinções revisionistas introduzidas na teoria de Bakhtin respectivamente por Whitmarsh e Ballengee. Em um dos casos entre "forças centrífuga e centrípeta" (Whitmarsh, 2005: 116-119), e no outro, entre "experiência interior" e "imagem pública" como validado pela sociedade (Ballengee, 2005: 135). Smith (2005: 173), na releitura cronotópica do *Calírroe*, também procura resgatar o que chama de "cronotopo da vida real" do domínio do tempo de aventura vazio de Bakhtin.

III. TEMPO-ESPAÇO BIOGRÁFICO EM *LEUCIPE E CLITOFONTE*

Em sua casa em Tiro, Clitofonte se apaixona pela linda Leucipe, sua prima de Bizâncio. Eles tentam fazer amor e quase conseguem. Frustrados, fogem por mar. A narração desses acontecimentos ocupa a maior parte dos dois primeiros livros dos oito de que se compõe o romance (1.3-2.31). Tudo o que segue pertence à (biograficamente) infinitésima lacuna entre o desejo e a consumação, que vem no parágrafo final (8.18), entre um resumo superficial da viagem final que em poucas sentenças leva os amantes reconciliados de volta a Bizâncio (cidade natal dela) para o matrimônio, e depois para Tiro (cidade natal dele) para o inverno, antes de voltarem mais uma vez a Bizâncio[8].

No decorrer desses trechos, os personagens mudam e se desenvolvem. As ações têm consequências, seus efeitos são irreversíveis. O processo de se apaixonarem é narrado com alguns detalhes que incluem mudanças fundamentais dos personagens, particularmente do narrador em 1ª pessoa. Mudanças irreversíveis, contrariamente às mortes aparentes de Leucipe que, mais tarde, na aventura tempo-espaço, são revertidas. Se posteriormente Leucipe e Clitofonte tivesem rompido, se tornado reciprocamente indiferentes ou se apaixonado por outros, cada uma dessas possibilidades (biográficas) necessitaria de um novo e agora irreversível conjunto de mudanças; não teria sido representada como simples *reverso* do que fora antes. Similar e mais obviamente, fatos que ocorrem a personagens secundários nos livros 1 e 2 e que são mencionados para espelhar aspectos da história principal que se desenvolverão posteriormente têm uma finalidade inquestionável que contrasta com o resultado de fatos similares na "aventura de tempo-espaço". A morte de Cáricles, o herói de um subenredo homossexual abortado, inclui detalhes gráficos e enfatiza a destruição da beleza do amado, antecipando as falsas mortes de Leucipe e os lamentos de Clitofonte que as seguirão (1.13: 15). Mas nenhuma revelação miraculosa mostrará esta morte como um truque de ilusionista: Cáricles morre. Similarmente, quando Clitofonte é destinado à noiva, Calígona, ela é convenientemente removida da história, sendo raptada por piratas, nenhum milagre, sorte ou destino intervém para devolvê-la à história. Ela reaparece na narrativa apenas no final, quando o

8 Nada no texto esclarece como Clitofonte veio a ficar sozinho em Sídon, onde, nos primeiros dois parágrafos do livro 1, ele encontra o suposto autor do livro e começa a contar a história que acontece em todo o resto do texto. A discussão mais abrangente dessa "estrutura" incompleta, que certamente complica o assunto, pode ser encontrada em Repath (2005). Essa questão tem sido intencionalmente deixada de lado na presente análise.

herói e a heroína são brevemente devolvidos ao "espaço-tempo biográfico" com o qual eles iniciaram.

Este, então, é o tempo-espaço biográfico. E Aquiles Tácio seria um dos primeiros a representá-lo nesse grau, em ficção.

IV. TEMPO-ESPAÇO DE AVENTURA EM *LEUCIPE E CLITOFONTE*

Espacialmente, o tempo-espaço de aventura nessa história se divide em dois locais principais, onde tipos de aventura contrastantes acontecem, separados do procedimento "tempo-espaço biográfico", e um do outro, por viagens marítimas, novamente de caráter marcadamente contrastante. Esquematicamente, a distribuição espacial das aventuras de Leucipe e Clitofonte, depois de sua fuga, pode ser representada da seguinte forma:

> Viagem de Tiro para o Egito: tempestade, naufrágio (2.32-3.5);
> Egito: aventuras extremas, bizarras, incluindo evisceração e decapitação aparentes da heroína (3.6-5.14);
> Viagem do Egito para Éfeso: mar calmo e um novo tipo de ameaça à lealdade dos amantes, na forma de tentação erótica (5.15-5.17);
> Éfeso: enredo urbano e cortês introduz maior complexidade e uma correspondente escala de ação mais humana/verossímil (infidelidade conjugal, senhores e escravos, drama de tribunal) (5.17-8.18.)

Não haveria melhor exemplo do "tempo-[espaço] vazio" bakhtiniano do que isso. Toda a ação situada entre a fuga dos amantes no fim do livro 2 e as sentenças conclusivas do parágrafo final do livro 8 separa, nas palavras de Bakhtin, "dois momentos adjacentes estritamente biográficos". Assim, o primeiro momento ocorre quando o herói e a heroína tentam dormir juntos pela primeira vez, o segundo quando eles estão casados. O que se situa entre eles é precisamente um *teste*, uma provação semelhante à iniciação, que ocorre, em relação ao mundo "biográfico" experienciado pelos personagens, não cronológica, mas tematicamente (a passagem do tempo nessas partes da narrativa é insignificante).

Além disso, no "tempo-espaço de aventura", o mundo em que os amantes precisam atuar e em que coisas lhes acontecem parece obedecer a regras diferentes das do mundo deixado para trás. Isso é mais explícito nos episódios que espicham o realismo ao limite, associado com as falsas mortes de Leucipe, mas o mais interessante é a mudança abrupta nas normas do comportamento sexual que recai sobre eles assim que são lançados em suas aventuras — e que logicamente é o oposto do esperado. No tempo-espaço biográfico dos dois primeiros livros, um homem e uma mulher podem arriscar ir para a cama juntos, arriscando cair em desgraça e, na pior das hipóteses, terem de abandonar suas casas, como Leucipe e Clitofonte de fato fizeram. A proibição do sexo antes do casamento, frequentemente assumida como convenção de todo gênero, notavelmente parece não estar em vigor na Tiro de Clitofonte. Esse assunto aparece repentinamente no início do livro 4. Paradoxalmente, é o salto para dentro do tempo-espaço de aventura, motivado pela vontade de escapar às (relativamente leves) restrições de Tiro, que impõe aos amantes uma regra inteiramente nova de abstinência sexual. Para a heroína em particular, no mundo de suas aventuras, a punição pela falta de castidade é entendida como separação e morte.

A distinção teórica de Bakhtin entre tempo-espaço biográfico e de aventura (embora não explicitamente articulada em seu ensaio) funciona bem para esse romance e ajuda a explicar por que os personagens se comportam diferentemente na casa em Tiro e fora, nas suas aventuras. Pelo menos se pode dizer desse romance que, no tempo de aventura, o "tempo *é* reversível", assim como acontece com as duas falsas mortes de Leucipe, cada uma literariamente revertida quando a ilusão é explicada. Por outro lado, não é bem verdade que "o que acontece em Babilônia poderia muito bem acontecer no Egito ou em Bizâncio e vice-versa". Embora locações *específicas* não sejam importantes e possam facilmente ser mudadas, diferentes tipos de ação são associados a diferentes espaços, rural ou urbano, em terra ou no mar. Também não seria casual que *Leucipe e Clitofonte*, como em todos os cinco romances antigos que sobreviveram na íntegra, testem o herói e a heroína em cada um desses *tipos* de espaço claramente diferenciados.

Como, finalmente, o tempo e o espaço no mundo ficcional dos personagens podem ser traçados em relação ao tempo e ao espaço em que o romance teria sido escrito e lido pela primeira vez? Aqui, assim como em todos os romances antigos, estamos impedidos por não termos informações úteis ou fidedignas sobre o autor, ainda menos sobre seu público-alvo e pela considerável imprecisão sobre o tempo e o lugar da escrita. Ao que se sabe, o romance foi escrito entre 150-200 a.C. Seu autor é tradicionalmente relacionado a Alexandria e provavelmente era "um cidadão greco-romano", "um romano egípcio helenizado" (Morales 2001: xii-xiii, xvii).

Em relação a esse ponto (aproximado) na história e na geografia histórica, como as entendemos hoje, podemos dizer que todos os lugares mencionados no romance são reais, no sentido de que seus nomes seriam reconhecidos pelos leitores daquele período como pertencentes ao mesmo mundo em que habitavam. As coisas que acontecem nas três principais cidades do romance — Tiro, Alexandria e Éfeso — podem ser mais ou menos imaginadas como possíveis no final do século I d.C. (embora se possa esperar que a decapitação de mulheres cativas a bordo de um navio não ocorresse diariamente no porto de Alexandria!). O mesmo se pode dizer do romance de viagens: tempestades, naufrágios e condições idílicas estavam certamente entre as possibilidades reais de serem enfrentados no mar, naquele tempo, bem como os riscos de captura por piratas. Violência extrema, quando ocorre no tempo-espaço ficcional do romance, é largamente confinada ao Delta do Nilo, apresentado como uma terra de ninguém, selvagem e infestada de ladrões e piratas (os *boukoloi*[9] da narrativa). Provavelmente, o mundo retratado nos livros 3 e 4 representa um pesadelo dos moradores urbanos a respeito do que a vida *poderia* ser *lá fora.* Há também outras razões para supor que os primeiros leitores do romance são considerados membros de uma elite urbana educada — e isso inclui o detalhe de que o próprio herói é um leitor de livros (1.6: 8). Mas, mesmo nos episódios mais selvagemente improváveis, nenhum papel é concedido ao fantástico. Ao contrário de Ulisses ou de Jasão antes deles, Leucipe e Clitofonte nunca se desviam completamente do traçado do mundo real. Há exemplos do estranho, certamente, manifestados de tal maneira que também estariam em acordo com o romance do século de fins do século XIX: figuras, sonhos e, em uma ocasião, uma epifania divina prediz um futuro que realmente acontece; um detector sobrenatural de mentiras perto do fim da história dá as respostas certas, mas o texto não insiste na utilização desse mecanismo.

O tempo da ação pode bem ser resumido como vagamente não presente em relação a seus leitores. O mundo violento do Delta do Nilo é mais distanciado pela indicação temporal: "*Naquele tempo*, toda a região costeira [do Egito] estava sob o controle dos piratas" (3.5, p. 47). Mas, em geral, a distância temporal, que levou alguns comentadores a descreverem o romance grego antigo em seu todo como uma forma de "romance histórico" (Perry, 1967; Hägg, 1983) é inexistente ou subestimada em *Leucipe e Clitofonte,* particularmente em comparação a *Calírroe* ou *Etiópicas.* Por outro lado, em *Leucipe e Clitofonte,* como em todos os cinco romances gregos antigos completos, nenhuma menção é feita à geografia *política* do tempo em que foi escrito e deveria ter

[9] *Boukoloi*: era o nome grego dado aos habitantes dos pântanos e brejos no noroeste do Delta do Nilo (N. do T.).

sido lido: cada um dos locais mencionados, na maior parte dos dois séculos anteriores, esteve sob domínio da Roma imperial (Hägg, 1983, 1998). Quando este fato é relembrado, o cronotopo de todos os cinco romances assume outra dimensão: o mundo criado por eles *assemelha-se* aos de seus autores e primeiros leitores em muitos aspectos, mas é de fato uma construção imaginativa. O tempo-espaço biográfico em que os personagens se apaixonam e casam e o tempo-espaço de aventura em que são testados quase até a destruição são, ambos, projeções ficcionais de um mundo helênico idealizado. Nesse mundo, a linguagem grega e a cultura helênica são predominantes, e a realidade política contemporânea das regras romanas nunca existiu.

V. *TOM JONES*

Para sugerir como a releitura e a modificação parcial do modelo teórico de Bakhtin poderiam ser produtivas para uma nova "poética histórica", que incluiria tanto a ficção grega antiga quanto sua contraparte moderna, passo a um texto que, muitas vezes, tem sido considerado como "fundacional" de uma leitura mais restrita da história do gênero.

A história de Tom Jones, um enjeitado, de Henry Fielding, foi publicada em 1749[10]. Bakhtin, em seu estudo do *Bildungsroman,* insere-a na categoria "romance de formação biográfico" (RFHR, 24, cf. também 18; cf. também Morson e Emerson, 1990: 408, 410). Mesmo Bakhtin, nessa ocasião, alia-se à maioria, que vê o romance de Fielding como avançado em relação ao desenvolvimento de vasto alcance da ficção produzida entre finais do século XVIII e metade do século XIX. Na visão de muitos historiadores da língua inglesa ou de teóricos do romance, que seguiram os passos do influente estudo de Ian Watt de 1957, *Tom Jones* pertence a uma gama de textos do período que rompe decisivamente com a velha tradição do "romance" e o início da novela.

A contraposição foi feita já em 1976, mas não parece ter sido seriamente seguida por especialistas[11]. Segundo Miller (1976: 9), "*Tom Jones* é, em todos os principais fundamentos, um 'romance' e se beneficia vitalmente das primeiras formas de ficção. Realmente, ele não pode ser adequadamente in-

[10] Referências são dadas na forma de número do livro (em algarismos romanos) seguido por capítulos numerados, separados por um ponto final. As referências de página remetem a Fielding (1996).

[11] Cf. Rawson (2007), que dá uma visão global representativa dos estudos atuais sem menção ao "romance" ou a Miller (1976).

terpretado — ou 'decodificado' —, a menos que as convenções do romance sejam imaginativamente compreendidas". Acredito que isso seja verdade; mas a resposta de Miller é muito ampla e assume uma curiosa história indiferenciada do que ele chama de "a tradição do romance": do romance grego antigo (que ele parece conhecer mais através de Perry), passando pelo romance medieval de cavalaria até os romances populares franceses do século XVII, dos quais Fielding não gostava. Miller concentra-se principalmente nos paradigmas do romance tirados do *Amadis de Gaula,* do século XVI; embora ele também use eficazmente a *Arcádia,* de Philip Sidney, um texto com o qual as inovações ficcionais do século XVIII são mais comumente contrastadas do que comparadas.

Seguindo o exemplo de Miller, mas fazendo conexão mais direta com o gênero antigo e com seu cronotopo então sugerido por seu estudo, proponho que, apesar da clara e frequentemente repetida afirmação de Fielding estar criando algo inteiramente novo no que ele insiste em chamar de uma "história", parte do jogo implicitamente articulado nessa ficção é, certamente, decalcar o espaço-tempo da história ficcional do enjeitado, no predecessor mais conhecido do gênero então chamado "romance": *Leucipe e Clitofonte*[12].

Os 18 livros do romance são agrupados em aproximadamente três "partes" iguais, de seis livros cada uma. Esquematicamente, a estrutura do romance pode ser representada da seguinte forma:

I. Jones passou seus primeiros anos na propriedade rural Squire Allworthy (num lugar chamado "Salão Paraíso");
II. Andanças e aventuras de Jones e Sofia na estrada, na busca um do outro;
III. Andanças e aventuras contínuas, mas agora em Londres (com retorno no capítulo final).

Essa estrutura já nos convida a uma comparação com *Leucipe e Clitofonte,* como resumida acima. Squire Allworthy corresponde a Tiro, cidade natal de Clitofonte; as andanças de Tom e Sofia, às duas viagens marítimas que levam Leucipe e Clitofonte primeiro ao Egito, a mais estranha de suas aventuras, e

---

12 Graças a um exaustivo estudo de Mace (1996), sabemos que o conhecimento de Fielding dos textos antigos era considerável, e ela também argumenta que ele faz um uso muito mais sistemático desse conhecimento em sua ficção do que se reconhece. Mas uma ausência marcante desse estudo é a falta de citações do romance antigo, tanto nos textos quanto nos autores. Parece incrível Fielding não conhecer *Leucipe e Clitofonte,* como Richardson conhecia as *Etiópicas.* Para os objetivos deste capítulo, não importa estabelecer o trajeto exato de Fielding rumo ao cronotopo do romance antigo.

depois ao novo, mas ainda estranho ambiente urbano de Éfeso. Essa última aventura, é claro, corresponde ao teste final de Tom e Sofia em Londres.

Assim como Konstan (1994) afirmou do romance grego antigo, também a história de *Tom Jones* se baseia na ideia da "simetria sexual". Fielding questiona muitas coisas na sua narrativa e em suas frequentes digressões, mas nunca esta: o único resultado possível do enredo (outro que não um trágico) é a felicidade mútua de um homem e uma mulher no casamento. Condizente com a retórica do romance antigo, Jones ainda promete "lealdade eterna" a Sofia; mas não consegue cumprir essa promessa, como veremos, a exemplo de Clitofonte.

Como os romancistas antigos, Fielding também brinca com o acaso (chamado de "Fortuna") e indica um papel providencial para o autor de sua ficção (cf. e.g. I. I: 31; IV. XII: 172; XIII. VI: 619). A escolha do nome Dowling para um personagem secundário, cujas revelações muito adiadas trazem a resolução da trama, faz eco ao termo "dowel" (referindo-se a um meio sutil de formação de um encaixe em carpintaria), o qual, por sua vez, nos remete ao papel atribuído em vários romances antigos a uma "providência" comum e mais ou menos explicitamente identificada com a habilidade do autor (particularmente por Heliodoro)[13].

Mesmo o tema da *Scheintod* (morte falsa ou aparente), obrigatório no gênero antigo, não está ausente de *Tom Jones*. Em pelo menos três ocasiões, um dos amantes é considerado morto por certo tempo (o mesmo número de falsas mortes de Leucipe). Naturalmente, as falsas mortes desempenham um papel muito menor na narrativa de Fielding do que em *Leucipe e Clitofonte*. Como resultado, são facilmente esquecidas. Incluir elemento inerentemente não realista em sua ficção é certamente mais uma prova de que Fielding está constantemente jogando com as convenções de gênero mais antigo. Imediatamente depois da briga entre Jones e seu rival, Blifil, pelo afeto de Sofia, ela aparece na cena e desmaia. "A Srta. Western está morta", vários espectadores imediatamente gritam, o que leva Jones a uma recuperação precoce de seus ferimentos; pegando Sofia em seus braços, "ele a carregara por metade do caminho antes que eles soubessem o que estava fazendo, e ele realmente *a devolvera à vida* antes que eles chegassem à beira do rio" (V. XII: 229; grifo nosso). Frequentemente nos romances antigos, o tema da *Scheintod* também é seguido de imitação figurativa (ou paródica) de um retorno da morte. Mais tarde, em Upton,

---

[13] Dowling aparece pela primeira vez como o mensageiro sem nome de Salisbury (V. VIII, p. 212 e ix, p. 217) e é apresentado pelo nome quando Jones o encontra pela primeira vez (VIII. VIII, pp. 374-375; ver XII. X, pp. 571-576). Depois de uma série de outras aparições preparatórias, Dowling finalmente conta sua história no XVIII. VIII, pp. 838-40.

em uma rixa provocada por um insulto aos seus sentimentos por Sofia, Jones está inconsciente e cogita-se que esteja morto (XII. XII: 328). Depois, em Londres, Sofia é testada com uma falsa notícia da morte de Jones, um episódio que lembra mais de perto a terceira falsa morte de Leucipe, em uma falsa notícia dada a Clitofonte (XV. III, p. 693-694; Whitmarsh, 2001: 113-114).

Quanto ao tema da provação, em *Leucipe e Clitofonte*, a castidade foi imposta aos amantes assim que eles partiram para suas aventuras. A heroína passa no teste com louvor, apesar dos graves riscos. Clitofonte sucumbe numa única ocasião, quando dorme com a viúva Mélita, depois de tudo, justamente quando parecia ter conseguido resistir a seus apelos (5.25: 27). Exatamente o mesmo modelo é seguido por Fielding. A castidade de Sofia é absoluta, mesmo em face da tentação seguida da tentativa de estupro (XV. II, pp. 668--692; v pp 698-699). Jones é tentado não apenas uma vez, como Clitofonte, mas três — pela senhora Waters em Upton, por Lady Bellaston e, de novo, pela senhora Fitzpatrick em Londres. Na segunda dessas ocasiões, certamente e provavelmente também na terceira, como Clitofonte, ele sucumbe[14].

Até mesmo o elemento do exótico não está ausente, Jones faz seu trajeto pelas propriedades dos arredores de Londres, embora, mais uma vez, o elemento paródico seja notável. Três dos encontros de Jones ao longo do caminho merecem ser destacados sob esse título: o estranho "Homem da colina", que, a princípio, parece estar associado à bruxaria; com um bando de ciganos, representados como desfrutando uma espécie de miniutopia sob seu rei, inclusive chamados (lembrando diretamente Aquiles Tácio) "egípcios"; e talvez, mais brevemente, no final do caminho, com o assaltante perto de Londres, que acaba implorando por misericórdia àquele que seria sua vítima[15].

Finalmente a descrição de Sofia ocupa mais de um capítulo, cuja natureza paródica é notoriamente declarada em seu título: "Uma pequena sugestão do que podemos fazer no sublime e uma descrição da Srta. Sofia Western". A equifrase imitativa da heroína inclui as seguintes frases, que podem ser comparadas paralelamente à equifrase da Leucipe de Aquiles Tácio:

> [...] Ela estava mais como o retrato de Lady Ranelagh; e tenho ouvido, mais ainda como a famosa Duquesa de Mazarine [famosas belezas da corte] [...]

[14] Sra. Waters (um *frisson* a esse episódio é dado pelo fato de que ela logo acaba por ser Jenny Jones, suposição do leitor, e de todos os personagens nesse ponto, de ser a própria mãe de Jones): IX. V, pp. 442-444; cf. VII, p 448; Lady Bellaston: XIII. VIII, pp. 627-628; IX, pp. 632-634; XV. IX, pp. 717-722; Sra. Fitzpatrick: XVI. IX, pp. 767-768.

[15] Cf., respectivamente, VIII. X-XV, pp. 383-421 (esp. X, pp. 383-5; XI, p 388), XII. XII, pp. 581-587 (cf. XIII, p. 587: "sua majestade egípcia") e XIV, pp. 592-595.

> Suas sobrancelhas eram cheias, simétricas e arqueadas além do poder de imitar da arte. Seus olhos negros tinham um brilho que toda a sua suavidade não poderia extinguir. [...] Suas bochechas eram ovaladas; e a direita havia uma covinha, que o mínimo sorriso descobria. Seu queixo certamente tinha participação na formação da beleza de seu rosto; mas era difícil dizer se era grande ou pequeno, embora, talvez, fosse mais do primeiro tipo. Sua pele tinha um pouco mais de lírio do que de rosa; mas quando em exercício ou pudor, aumentava sua cor natural, nenhum vermelho poderia igualá-lo (IX,ii, p.135).

Compare com a descrição de Leucipe:

> Ela parecia uma imagem que eu vira certa vez de Selene em um touro; seus olhos eram alegremente brilhantes; seu cabelo era loiro e encaracolado; seus olhos eram negros; autenticamente negros; suas bochechas eram brancas, um branco relativamente corado, como um pigmento púrpura usado por uma mulher lídia para tingir o marfim. Sua boca era como o florescer de uma rosa, quando a rosa começa a partir os bordos de suas pétalas (Ach. Tat. 1.4.3, trad. Whitmarsh 2001: 6-7).

Fazemos essas comparações não apenas para argumentar que Fielding estava posicionando conscientemente seu trabalho em relação ao "romance" antigo e, em particular, em relação ao exemplar provavelmente mais conhecido naquele momento, *Leucipe e Clitofonte*. Uma vez que o molde é reconhecido, torna-se possível medir o quão longe Fielding se distanciou do seu predecessor. Uma comparação óbvia, aqui, é o elemento da paródia, onipresente em *Tom Jones* e que não carece de exemplificação especial. Outro, que penso não ter sido examinado antes, é a representação do espaço e do tempo, ou, nos termos de Bakhtin, do cronotopo do romance.

VI. TEMPO-ESPAÇO BIOGRÁFICO E DE AVENTURA EM *TOM JONES*

O tempo-espaço biográfico ocupa no romance de Fielding maior proporção do que no de Aquiles Tácio. Toda a parte I é apresentada como a biografia do herói, desde a primeira descoberta da criança na cama na propriedade de Squire Allworthy, até sua expulsão do ambiente protegido da propriedade aos 20 anos. Mas esse evento traumático empurra o herói, assim como seus similares gregos antigos, para um mundo de imprevisíveis andanças e aventuras. O mesmo se aplica à heroína, com uma pequena diferença: na maior parte dos romances antigos, o casal parte junto para suas aventuras e, depois, é separado. Em *Tom Jones*, Sofia sai de casa sozinha, mas com o mesmo objetivo: encontrar seu amado e juntar-se a ele. A parte II de *Tom Jones,* inequivocamente, mergulha Jones e Sofia num mundo diferente do deles (ou do leitor do romance até esse momento): um mundo do "tempo-espaço de aventura". Na verdade, a maior parte das "aventuras" é, no próprio dizer de Fielding, "heroico-cômica", não heroica e, como veremos, a extensão do deslocamento é pateticamente pequena comparada às andanças em quatro dos cinco romances antigos, que envolvem todo o Mediterrâneo oriental e suas terras interiores. Mas, em princípio, o que Bakhtin escreve de "tempo de aventura" é válido também para a parte II de *Tom Jones*: o que acontece ali poderia acontecer em qualquer lugar, em qualquer sequência; o que parece ser o caso é sempre revertido por revelações subsequentes (o tempo é, nesse sentido, "reversível").

Isso realmente é verdade, não só na parte II, mas também na parte III, até a metade do último capítulo. Estamos em Londres, porém, na cidade grande, as andanças, os mal-entendidos e, aparentemente casuais, as aventuras de "provação" continuam até o clímax que traz, com muito atraso, a reunião dos amantes e seu retorno (assim como em *Leucipe e Clitofonte*) a seu ponto de partida. Até certo ponto, o mundo urbano de Londres é menos estranho e (apenas superficialmente) menos ameaçador ao bem-estar dos amantes do que os riscos e privações de suas respectivas viagens. Isso também é verdade para as correspondentes aventuras de Leucipe e Clitofonte, também concentradas no espaço de uma cidade e em seus arredores imediatos, e a trama também culmina em um complexo conjunto de revelações. Somente nas páginas conclusivas de *Tom Jones,* resume-se a linha biográfica a partir do ponto em que ela fora quebrada arbitrariamente no fim da parte I.

Lido assim, o romance de Fielding não somente parodia seu precedente antigo, como também dá vida nova e vitalidade a um gênero cujas imitações tornaram-se de fato banais na metade do século XVII. Se *Tom Jones* é o "início do romance de formação biográfico", ele *se torna* único em virtude das possibilidades de exploração latentes nos primeiros textos do gênero que sobreviveram. Para todas as ousadas afirmações do autor nos programáticos e autorreflexivos capítulos de abertura de cada livro, de que estava criando um novo tipo de escrita, diferente do épico e do romance e mais próximo da história — declarações que, desde sempre, parecem ter sido aceitas pela crítica por seu valor de face nominal —, o caminho que Fielding segue para contar a história supostamente *real* de um indivíduo *único é* retomar algumas das convenções mais antigas do gênero. Como as melhores paródias, *Tom Jones* não apenas subverte o que imita, como o valida e perpetua.

VII. O TEMPO-ESPAÇO DA ESCRITA DO ROMANCE E PRIMEIROS LEITORES

É nesse aspecto do cronotopo que a originalidade de Fielding se destaca. Vimos que o mundo do romance antigo está distante do mundo de seus autores e primeiros leitores em termos de geografia *política* (a supressão da realidade do domínio romano), embora não *espacial*, e do tempo histórico. Fielding, embora seguindo convenções antigas, inverte-as, na medida em que se fôssemos definir o que é novo no "cronotopo" de *Tom Jones* (e de fato nas ficções mais realistas desde então) certamente deveríamos focalizar a colisão entre o mundo representado no texto e o mundo habitado pelo autor e pelos leitores. À primeira vista, isso não é mais do que reafirmar uma obviedade em qualquer discussão sobre o realismo na ficção durante os últimos dois séculos. No entanto, o quão radical é essa colisão, em termos de "poética histórica" do gênero ao longo do tempo, só se torna completamente evidente quando *Tom Jones* é posto lado a lado com o cronotopo do romance antigo.

Por partes: Fielding não foi o primeiro a reivindicar que uma obra de ficção fosse uma forma de história. Na verdade, é bastante provável que o próprio romance antigo tenha começado como uma forma de história "apócrifa". Mas Fielding imprime a sua tarefa um autoconhecimento e uma consciência de seus antecessores que não estavam naturalmente disponíveis para seus precursores[16]. Fielding tem muito a dizer sobre isso em seus capítulos introdutórios, afirmando, por exemplo, sua liberdade de protelar ou deixar coisas desamarradas (II. I, pp. 67-68). Quase mais provocativo é o uso de títulos para livros e capítulos que frequentemente não fazem mais que denotar intervalos de tempo. Esse é um dos sentidos em que, como Bakhtin afirma do romance antigo: "O tempo, por assim dizer, se condensa, ganha corpo, torna-se artisticamente visível"; mas denotar a passagem do tempo também era uma preocupação dos romancistas antigos, talvez os mais insistentes em especificar a alternância dos dias e das noites quando o tempo que eles representam está em sua forma mais "abstrata" ou "vazia"[17].

Mas Fielding, ao contrário de alguns romancistas antigos, ou de qualquer autor na tradição do "romance", confronta seus personagens com situações

---

[16] Cf. a influente formulação de T. S. Eliot (1975: 40): "Alguém disse: 'Os escritores mortos estão distantes de nós porque nós conhecemos muito mais do que eles conheciam'. Precisamente, e eles são o que nós conhecemos".

[17] Para uma completa exploração da representação do tempo nos romances antigos (data anterior ao trabalho de Bakhtin se tornar conhecido em tradução), cf. Hägg (1971).

históricas contemporâneas da escrita do livro, que poderiam ter sido memórias familiares para seus primeiros leitores. A rebelião jacobita de 1745 é mencionada pela primeira vez no início da parte II; parece que os primeiros capítulos do romance já tinham sido escritos antes de esses eventos ocorrerem (V, XII, XI: 321; cf. Bender, 1996: XV). Mais tarde, um risco de perigo real para Sofia é introduzido, com a falsa notícia de um desembarque francês na Inglaterra em apoio aos rebeldes (XI. VI, pp. 515-516). No final do romance, os personagens são descritos vivendo no mesmo tempo presente em que o autor se dirige a seus leitores. Na última página, somos avisados de que o casal feliz "*já* teve duas crianças", a caçula já está com "um ano e meio de idade" (XVIII. "O último", p. 870).

Similarmente, o espaço em que toda a ação se desenrola, quer no tempo-espaço "biográfico" ou de "aventura", é simples e pode ter sido familiar à maioria dos primeiros leitores. O feito de Fielding aqui foi mapear num panorama, o oposto do mundo exótico e aventureiro do "romance", uma sequência de aventuras que espelha as dos "romances" anteriores. Consequentemente, em *Tom Jones,* apenas os limites do texto separam o espaço e o tempo textuais habitados pelos personagens ficcionais do tempo e do espaço em que Fielding, seu editor e seus leitores também vivem.

Portanto, apesar de sua relação paródica com o romance antigo (e o modelo de Bakhtin nos ajuda a reconhecer isso), Fielding se move em direção a um tipo de representação radicalmente diferente do tipo "estático" encontrado em *Leucipe e Clitofonte.* Como resume Bakhtin falando do cronotopo do *Bildungsroman*:

> O próprio herói, seu caráter, torna-se uma variável na fórmula desse tipo de romance. Mudanças no próprio herói adquirem significado para o enredo e, assim, do romance, reinterpretado e reconstruído. O tempo se introduz no homem, entra na sua própria imagem, mudando, em sentido fundamental, o significado de todos os aspectos do seu destino e de sua vida (RFHR, 21).

VIII. IMPLICAÇÕES TEÓRICAS

Esta leitura comparativa de *Leucipe e Clitofonte* e *Tom Jones,* à luz da teoria bakhtiniana do cronotopo, ressalta a persistência do romance grego antigo como modelo de narrativa, especialmente num texto que geralmente tem sido valorizado pela distância explícita que cria entre si e o "romance" antigo e tem, consequentemente, sido lido como um texto fundador para o desenvolvimento subsequente do gênero.

No capítulo 3 deste livro, Bemong e Borghart propõem cinco diferentes "níveis de abstração" em que o conceito de cronotopo pode ser (e tem sido) entendido. Evidentemente, a discussão de *Leucipe e Clitofonte* pode ser situada no nível 4: as características cronotópicas debatidas servem para definir o gênero (ou pelo menos o subgênero) do romance grego antigo, assim como desvios específicos de outros textos a partir dele ou elaborações sobre o modelo dado. Mas e *Tom Jones*? A persistência dos cronotopos, mais ou menos fossilizados, durante longos períodos de tempo foi mencionada pelo próprio Bakhtin, bem como por comentadores influentes (FTC, 85; Morson e Emerson, 1990: 371-372; Bemong e Borghart neste volume).

Mas o uso e a adaptação feitos por Fielding do cronotopo da ficção antiga vão muito além da "reciclagem criativa" ou "renascimento" sugeridos por Bakhtin e debatidos explicitamente em outro capítulo deste volume (Bemong e Borghart neste volume; cf. também Borghart e De Temmerman, 2010). Seria vicioso, com toda certeza, insistir em que o cronotopo que define o (sub) gênero de *Tom Jones* seja o mesmo que define o romance grego antigo, já que a maioria dos leitores tem seguido as determinações do próprio Fielding nos capítulos introdutórios de cada livro para ler seu texto diferentemente. É nesse ponto que se encontra o terceiro nível de Bemong e Borghart: o cronotopo "maior" ou "dominante" pode ser especialmente valorizável, pois "serve como um terreno unificador para os cronotopos locais concorrentes num mesmo texto narrativo" (Bemong e Borghart neste volume). Portanto, esquematicamente, pode-se propor que Fielding mais ou menos deliberadamente sobrepõe um cronotopo radicalmente novo, ainda não completamente formado, o do "romance de formação", ao cronotopo herdado que definiu a ficção antiga e, ainda, talvez, seus avatares até o século XVII.

Nesse caso, "a existência simultânea na literatura de fenômenos tomados a partir de períodos de tempo bem distantes" certamente "complica muito [...] o processo histórico-literário" (FTC, 85). Isso me leva à segunda e intimamente relacionada implicação teórica da presente discussão: um cronotopo pode ser "trans-histórico"? Essa foi uma questão debatida de forma produtiva, mas acho que inconclusiva, na conferência que deu origem a este livro. Mesmo no sentido da "existência teimosa" dos cronotopos, muito depois de deixarem de ser "produtivos" (os romances franceses do século XVII tão ridicularizados por Fielding, por exemplo, ou os romances bizantinos e gregos modernos citados por Borghart e De Temmerman, 2010), não é certo, de maneir alguma, que a mesma padronização dos eventos em espaço e tempo, encontrada em textos escritos em momentos históricos muito distantes, represente um *cronotopo* idêntico.

Que o cronotopo, em tais casos, seja o mesmo parece ser sustentado por alguns comentários do próprio Bakhtin ("eles continuam teimando em existir") e, por exemplo, pela intrigante, mas, suspeito, limitadora proposta de Scholz de trazer o cronotopo para o quadro de análise formalista/estruturalista, extrapolando-o como "referindo-se ao princípio gerador do enredo"[18]. Por outro lado, uma rigorosa leitura do ensaio de Bakhtin, e, particularmente, de sua parte final, sugeriria que precisamente o que é mais valioso sobre o conceito de cronotopo é sua *historicidade*. Cronotopos não apenas organizam espaço e tempo dentro de um texto, que depois gozam de uma existência fixa, transcendental e trans-histórica; eles o organizam dentro do processo histórico em que não há dois momentos que possam ser idênticos (cf. Morson e Emerson, 1990: 428-429).

Esse aspecto do cronotopo está claro, de forma caracteristicamente paradoxal, e provavelmente sem qualquer conhecimento de Bakhtin, na ficção frequentemente citada de Borges, *Pierre Menard, autor do Quixote*. Pierre Menard, escrevendo no início do século XX, laboriosamente produz um texto "verbalmente idêntico" ao romance de Cervantes, mas "quase infinitamente mais rico" (Borges, 1970: 69). "O *Quixote* fragmentário de Menard é mais sutil que o de Cervantes" (*ibid*.: 68) justamente porque escrito em uma época diferente, por um escritor cujo contexto histórico, geográfico, linguístico e cultural dificilmente poderia ter sido mais diferente do que o contexto de Cervantes, trezentos anos antes. O que distingue o *Quixote* de Menard da obra real (e nesse ponto deixa de importar que a primeira obra só existe — só *poderia* existir — dentro de um texto ficcional) é justamente seus respectivos cronotopos, como delineado na última parte do ensaio de Bakhtin. Isto é, mesmo que as relações espaciais e temporais *dentro* dos dois textos sejam absolutamente idênticas, o que as torna completamente diferentes, como Borges sustenta que são, é sua respectiva relação espacial e temporal com o mundo em que foram criadas e são (agora ou em qualquer tempo) lidas.

Por isso acredito que, no futuro, poderá ser necessário, e produtivo, distinguir entre o "cronotopo" como estrutura-enredo arquetípica, ou modelo, do "cronotopo" em seu sentido mais fundamentalmente histórico (e até mesmo historicista) como acredito que Bakhtin entendia. O primeiro tem uma evidente existência trans-histórica, e pode ser visto como uma fonte intertextual acessível a escritores de qualquer época, bem como, em alguns

[18] Scholz (2003: 163), *apud* Bemong e Borghart em outras partes deste volume. Observe o assentimento implícito tanto para a gramática transformacional quanto para a teoria do mito de Lévi-Strauss.

momentos específicos, mais ou menos imposta a eles; mas é no segundo sentido que uma verdadeira "poética histórica" teria de se basear.

Neste capítulo, usei o termo em ambos os sentidos. No primeiro sentido (o cronotopo como estrutura-enredo trans-histórica, modelo ou arquétipo), Fielding explora um potencial ainda produtivo que chegou a ele pela longa história do gênero na qual trabalhava. Mas é no segundo sentido (o cronotopo como intersecção não repetível de um mundo ficcional com um dado lugar e tempo na história humana) que o conceito de cronotopo pode proporcionar uma medida, por assim dizer, da distância viajada *ao longo da mesma escala ou eixo* durante os séculos que separam a escrita dos dois romances. *Tom Jones,* segundo essa leitura, não representa uma ruptura radical, mas uma mudança mensurável na poética ao longo de uma escala que pode ser calibrada no tempo histórico.

Esse é justamente o tipo de "medida" que deve ser fornecido por uma "poética histórica", a qual sugiro, por essa razão, que seja vista como uma metodologia valorosa para um novo entendimento do romance como um gênero ao mesmo tempo na e sobre a história.

CAPÍTULO 5

ELOGIO AO REALISMO:

CRONOTOPOS DOCUMENTÁRIOS NA PROSA FICCIONAL DO SÉCULO XIX

PIETER BORGHART E MICHEL DE DOBBELEER

TRADUÇÃO: BELISA NERI

Neste capítulo, tentamos investigar o cronotopo genérico do realismo que, a julgar por sua surpreendente produtividade no século XIX e por seu profundo impacto na evolução e na teoria literárias desde então[1], pode ser designado como nada menos que um marco na história geral da narrativa. Apesar de estarmos primariamente interessados na descrição dos princípios de construção subjacentes ao cronotopo realista, "documentário", também gostaríamos de abordar algumas de suas tão evidentes, mas ainda pouco discutidas, similaridades com o gênero da historiografia. Pois, apesar da abundância do que pode ser chamado de "toques de realismo" numa pletora de textos e gêneros literários (tanto narrativos quanto poéticos) desde o próprio princípio da história literária, o cerne básico do realismo, que se desenvolveu num gênero particular de narrativa, ou *cronotopo genérico,* durante o século XIX, pode situar-se entre os trabalhos historiográficos "pré-científicos", tais como os de Gibbon ou Michelet[2].

---

1 A narratologia estruturalista, por exemplo, tem sido frequentemente criticada por considerar o realismo literário quase como o padrão prevalente de uma variedade de técnicas narrativas. Em relação à evolução literária, fora o impacto do realismo nos desenvolvimentos do século XX, como o modernismo e neorrealismo (ver abaixo), gostaríamos de sugerir que sua importância para a transição gradual — pelo menos na área das Letras — de uma estrutura de enredo teleológica para cronotopos dialógicos dificilmente pode ser subestimada: assim como a assimilação de tempo histórico significantemente confina as esferas de ação do protagonista (ver abaixo), histórias realistas tinham que surgir com outras estratégias (como, por exemplo, grande introspecção psicológica na vida dos personagens principais) para manter o interesse do leitor.

2 A noção de historiografia pré-científica é adotada da obra *Our Knowledge of the Past: A Philosophy of Historiography*, de Aviezer Tucker. De acordo com esse acadêmico, a diferença mais

Bakhtin, como é evidente em FTC e RFHR, parece não ter considerado tal conexão hipotética. Entretanto, é notável que, ao explicar o processo de desenvolvimento de novos gêneros narrativos, ele atribua muito mais importância ao tempo que ao espaço (como em "[...] na literatura, a categoria primária do cronotopo é o tempo", FTC, 85), e o que a historiografia e o realismo têm em comum é precisamente uma concepção de tempo "histórica" — irreversível, linear, orgânica. Por este motivo, consideramos útil evocar alguns paralelos preliminares entre as estratégias de narrativa de nosso assunto principal, o romance realista do século XIX, e vários princípios construtivos subjacentes aos trabalhos historiográficos pré-científicos.

I. A ASSIMILAÇÃO DO TEMPO HISTÓRICO E O CONCEITO DE CRONOTOPO DOCUMENTÁRIO

Em FTC, Bakhtin conclui sua pesquisa histórico-tipológica dos cronotopos genéricos discutindo o idílio. Num primeiro momento, parece ser surpreendente, dada a visão teleológica bakhtiniana da história literária (cf. Bemong e Borghart neste volume): tanto em FTC quanto em RFHR, ele repetidamente aponta para a configuração de tempo-espaço do realismo do século XIX como o critério *par excellence* para avaliar cronotopos genéricos anteriores: "Nosso critério é a assimilação do tempo histórico real e a assimilação do homem histórico que se situa naquele tempo" (RFHR, 19; cf. também RFHR, 21; FTC, 84, 85, 251-252). Entretanto, um olhar mais atento para ambos os ensaios prontamente revela que a aparente ausência de qualquer discussão sobre os elementos cronotópicos característicos do realismo do século XIX é severamente equivocada. No patamar dos cronotopos genéricos, por exemplo, Morson e Emerson acertadamente observaram que, no primeiro capítulo de FTC, "[...] Bakhtin parece não apenas descrever o cronotopo do romance grego, mas também fazer apologia ao seu implícito oposto, o romance do século XIX" (1990: 383-384). Além do mais, disperso na seção central de RFHR intitulada "Tempo e espaço na obra de Goethe" (RFHR, 24-25), o pensador russo menciona uma série de princípios de construção subjacentes às narrativas na tradição realista (cf. abaixo). Finalizando, não

importante entre historiografia científica e pré-científica é o fato de que a primeira "deve abranger tanto a historiografia antiga quanto novas evidências" (2004: 120), enquanto se pode dizer que a segunda conta inteiramente com sua própria construção de mundo (ou cronotopo). Historiadores do século XVIII e XIX como Edward Gibbon, Thomas Macaulay e Jules Michelet, que ainda não haviam tomado conhecimento dos padrões historiográficos de Leopold von Ranke, são considerados os últimos grandes expoentes da historiografia pré-científica (Tucker, 2004: 45).

devemos esquecer que a discussão de Bakhtin sobre cronotopos menores em "Observações finais" em FTC também aborda importantes aspectos do realismo do século XIX (247-248). Nesse sentido, sua definição de cronotopo de sala de espera e salões é emblemática:

> O mais importante de tudo é essa trama de eventos históricos e sociopúblicos, juntamente com o lado pessoal e até mesmo profundamente privado da vida, com os segredos de alcova; o entrelaçamento das intrigas privadas e mesquinhas com as intrigas políticas e financeiras, a interpenetração do estado nos segredos de alcova, das sequências históricas nas sequências biográficas e cotidianas. Aqui, as marcas graficamente visíveis do tempo histórico, tal qual o tempo biográfico e cotidiano, estão concentradas e condensadas; ao mesmo tempo, estão entrelaçadas entre si da maneira mais firme possível, fundidas em marcas unitárias da época. A época torna-se não apenas graficamente visível [espaço], mas também narrativamente visível [tempo] (FTC, 247).

Então, o que são tais elementos cronotópicos identificados por Bakhtin como os denominadores comuns do realismo no século XIX?[3] Geralmente, a construção de tempo, espaço, enredo e personagens no mundo realista constitui uma unidade orgânica, sendo organizada de tal maneira que o cronotopo resultante só pode ser designado como "dinâmico". Sua característica mais importante é a assimilação do *tempo histórico real.*

> A habilidade de *ver o tempo*, de *ler o tempo*, em todo o espaço do mundo e, em contrapartida, perceber o preenchimento do espaço não como um pano de fundo imóvel, algo definitivamente completo, mas como um todo emergente, um acontecimento, — essa é a habilidade de ler *sinais que demonstram o tempo em seu curso* em todas as coisas [...] (RFHR, 25; grifo do autor).

Sendo o eixo organizador desse cronotopo específico, tal concepção de tempo[4] possui implicações de longo alcance também para outras categorias narrativas: o *espaço* deixa de ser mero pano de fundo e torna-se identificável

[3] Embora de um ângulo ligeiramente diferente, esses princípios são mais completamente elaborados por Morson e Emerson (1990: 405-406, 410-412) e Morson (1991: 1083-1086).

[4] Na verdade, esta concepção de tempo já foi explorada (e elogiada) no ensaio *Epos e romance* (doravante ER) de Bakhtin. A respeito do título do ensaio, poder-se-ia chamá-lo de "romancístico", caracterizado por traços típicos do mundo cotidiano, tais quais conflitos, diferenças e contingências. Seu correspondente, a concepção "épica" do tempo, portanto, é tipificada por regularidade, harmonia e universalidade, todas essas características de um mundo ideal(izado) no qual o conflito é neutralizado. A fim de se certificar, no longo curso de seu desenvolvimento, a história da literatura testemunhou estágios nos quais ambas as concepções — como fica evidente em Falconer (1997; cf. também sua contribuição neste volume) — aparecem misturadas de alguma forma.

com uma era histórica particular, a tal ponto que "presente, passado e futuro [estejam] conectados por um genuíno processo de crescimento, o que significa que mudanças não sucedem de maneira arbitrária (não é simplesmente qualquer coisa que pode acontecer)" (Morson e Emerson, 1990: 405). Acontece que, em relação à *estrutura do enredo*, a fusão de tempo e espaço históricos limitam a gama de possibilidades narrativas de maneira significativa: enquanto o mundo ficcional é regrado principalmente por fatores sociais e históricos, o raio de ação dos personagens é fortemente dependente das condições da época sob análise. Além do mais, ao manter uma interação próxima com o mundo ficcional, os *protagonistas* gradualmente passam por uma evolução genuína: "Certos indivíduos desenvolvem-se genuinamente, ou seja, suas mudanças não são simplesmente a revelação de qualidades dadas desde o princípio [...] As pessoas não se desenvolvem da mesma maneira que uma semente se torna uma planta; suas escolhas as remodelam pouco a pouco, a todo momento" (Morson, 1991: 1083). Entretanto, não devemos perder de vista o fato de que tanto o enredo quanto a evolução do personagem no realismo não são completamente dependentes das forças históricas e sociais: os protagonistas, na verdade, retêm certa "capacidade de surpreender" (Morson e Emerson, 1990: 405), o que assegura mudanças, logo, a evolução do mundo ficcional em questão. Resumidamente, "o enredo [...] e os personagens não adentram [o mundo ficcional] de fora, não são inventados para se encaixarem no cenário, mas se desdobram nele como se ali estivessem presentes desde o princípio" (RFHR, 49).

Quando discutimos essa construção de mundo particular, é aconselhável evocar o assim chamado "cronotopo documentário". Admitidamente, a história desse cronotopo é recente e amplamente confinada à escola de Flemish. Embora possamos detectar uma diversidade de cronotopos maiores na obra de Bakhtin (cf. Bemong e Boghart, cap. 1), o termo "cronotopo documentário" nunca ocorre ali. Até onde sabemos, a noção aparece pela primeira vez em 1997, numa conferência de produtores de documentários em Chicago, onde Michael Chanan a introduziu para atribuir um novo e bakhtiniano embasamento a certas observações sobre as diferenças (e semelhanças) entre documentário e espaço ficcional na tela[5]. Uma definição

[5] O espaço ficcional na tela cria a unidade da cena e o enredo. [...] Onde o espaço da narrativa ficcional produz continuidade, o espaço documentário é composto de descontinuidades, tanto espaciais quanto temporais, produzidas por associações dialéticas (e dialógicas) ao longo do tempo e espaço" (2000: 60). A conferência foi intitulada "Evidência visível" (Chicago, 4-7 de setembro de 1997), e o trabalho de Chanan — interessantemente intitulado "*O cronotopo documentário*" — foi publicado três anos depois.

clara, entretanto, não é fornecida no artigo de Chanan (na verdade, o termo em si aparece somente no título).

Num contexto literário mais restrito, o termo foi cunhado autonomamente por Bart Keunen numa monografia a respeito da representação de tempo e espaço em romances ambientados em metrópoles (2000; cf. também 2001: 424-425), em que o termo indica a construção de mundo típica do realismo do século XIX (2000: 88-95). O aspecto documentário reside no fato de que, dentro do paradigma realista, o mundo ficcional é feito para ser percebido como uma construção imediatamente reconhecível ao leitor por sua semelhança próxima, "documentária" com o mundo extraliterário[6]. Portanto, a estrutura narrativa permite descrições extensas de cenas cotidianas. Tais pressupostos descritivos se baseiam em todos os tipos de "documentos" culturais (por exemplo: políticos, econômicos, científicos, religiosos), que funcionem como referências simbólicas dos processos históricos coletivos.

Poucos anos depois, o termo de Keunen foi adotado num estudo sobre o naturalismo do século XIX, de Boghart (2006)[7]. O *corpus* de Boghart não se confina aos romances ambientados em metrópoles, diferentemente do *corpus* de Keunen. Leva também em consideração a ficção naturalista ambientada no campo; assim, o escopo do termo é ampliado de contextos industrializados e urbanos para contextos rurais (2006: 43). Em tais contextos, o adjetivo "documentário" deve ser entendido tanto no sentido ativo quanto passivo: por um lado, cronotopos documentários baseiam-se primariamente em documentos culturais e referências coerentes com a realidade

---

6 Mais especificamente, a escolha do termo "documentário" deve ser conectada ao interesse de Bakhtin pelo conhecimento, indicativo do conceito de tempo "romancístico", ao contrário da memória, indicativa do conceito de tempo "épico" (cf. nota 4). Em suas próprias palavras: "Em literatura antiga é a memória, e não o conhecimento, que serve como fonte e poder para o impulso criativo. É assim que era, é impossível mudar isto: a tradição do passado é sagrada. Ainda não há consciência da possível relatividade do passado" (EN, 15). De fato, o cronotopo documentário não faz uso de tal memória (de um passado transcendente). Em vez disso, usa o conhecimento, firmemente ancorado na realidade cotidiana e que junta passado e presente em um futuro aberto. Desta forma, cronotopos documentários criam uma imanente experiência de duração, de tempo histórico real. Na verdade, nesse cronotopo, pode-se perceber o conceito de *durée* do filósofo francês Henri Bergson — tão essencial para o significado subjetivo de temporariedade — completamente realizado: o tempo é inteiramente indeterminado e aberto, oposto à concepção científica de tempo imóvel (cf. *Essai sur les donneés immédiates de la conscience*, 1888: 54).

7 O termo também apareceu em Singapura (Anthony Guneratne o utilizou no contexto de estudos pós-coloniais em 1997) e na Rússia (Svetlana Sorokina fala de um "dokumetalnyi khronotop" em seu capítulo de 2006 sobre o gênero de *roman à clef* na literatura russa de 1920). Entretanto, ambos os usos são modestos, na verdade, meras menções, e infelizmente não parecem contribuir para nossa discussão. A única menção do termo da narratologista cinematográfica Lily Alexandre, por fim, se refere à menção de Michael Chanan, a qual ela contesta (2007: 61, nota 1).

social ("documentadas"); por outro, também fornecem ao leitor certa soma de conhecimento especializado sobre a sociedade contemporânea ("documentando") (Hamon, 1975). A visão de mundo expressa por cronotopos documentários deriva essencialmente de uma concepção positivista dos seres humanos e da sociedade. O realismo do século XIX enfatiza tipicamente a determinação — ao menos até certo ponto — da agência humana por forças naturais, sociais e históricas, enquanto simultaneamente também propaga uma crença racional no progresso científico e na melhoria social[8].

Nele Bemong, por sua vez, adota o termo ao longo de suas investigações sobre o romance histórico belga. Interessantemente, ela observa "que o *cronotopo documentário* [...] interconecta o romance histórico [do século XIX] ao sistema historiográfico adjacente" (sob revisão, grifo da autora). Diferentemente das abordagens de Keunen e Borghart, esta última afirmação parece ampliar o alcance da noção de ficção para não ficção, escopo que Michael Chanan deveria ter tido em mente quando opôs o tempo-espaço documentário ao tempo-espaço ficcional (em filmes, cf. acima). Logo, o cronotopo documentário pode estar, de fato, "em ação" em textos ficcionais e não ficcionais, como os historiográficos, por exemplo. Não acidentalmente o realismo, em ficção, e a historiografia, em não ficção, vêm a ser gêneros *par excellence* que nos proporcionam trechos "documentários" (ou "temas documentários", cf. nota 17).

De todo modo, os supracitados princípios de construção característicos do cronotopo documentário ainda não fornecem as ferramentas analíticas necessárias para identificar construções de mundo realistas (e/ou historiográficas) com base em simples análise textual. Na verdade, por mais ubíquo que seja o conceito de realismo no discurso crítico ao longo dos últimos 150 anos, surpreendentemente pouca atenção foi dada a sua dimensão retórica em termos das estratégias narrativas utilizadas[9].

---

[8] Em um estudo intitulado *Em defesa do realismo*, Raymond Tallis argumenta que — num nível mais abstrato e filosófico — a validade e atratividade da ficção realista reside em sua capacidade de atender a necessidade humana de genuinamente experimentar e imaginar — ao invés de meramente passar pelo — mundo cotidiano (1988: 206-208). Ele conclui com a seguinte nota: "O homem é a única forma de existência surpreendida por sua própria existência e capaz de conceitualizar sua própria mutabilidade na ideia aterrorizante da morte. A ficção realista, conectando os pequenos fatos que nos engajam com os grandes fatos que nos rodeiam, mediando-os nas verdades da vida diária, é a expressão mais sucinta de tal assombro e terror. Essa é, potencialmente, a maior conquista do homem, o animal explícito" (*ibid.*: 212: grifo do autor).

[9] Isso é aparente a partir de uma amostra representativa de estudos críticos sobre o realismo até o fim de 1980 (Furst, 1992). Uma leitura cuidadosa de trabalhos mais recentes, apesar de valiosa e inovadora em sua abordagem (Herman, 1996; Kearns, 1996; Becker, 2000; Morris, 2003; Brooks, 2005), não altera tal observação.

Por isso, propomos revisitar o bem conhecido capítulo "Un discours contraint" ["Um discurso restringido"] de Philippe Hamon — para datar a mais profunda tentativa de estabelecer a poética do realismo até então — segundo a dicotomia construtivista *representans-representamen* discutida por Bemong e Boghart previamente neste livro. Em seu estudo, Hamon se empenha em descrever, aparentemente em caráter arbitrário, quinze estratégias temáticas e narratológicas (*representans*) divergentes que — sob a expressa condição de suas existências suficientemente coexistirem — ele considera característica do realismo (do século XIX) (*representamen*)[10]. A vantagem da reavaliação sob uma perspectiva bakhtiniana reside no cumprimento de um dos princípios fundamentais da literatura comparativa moderna, a saber, a exigência de não "[...] comparar elementos isolados de textos literários" (estratégias textuais) "já que não sabemos de seu lugar e função em qualquer das subestruturas de tais textos" (cronotopo genérico) (Fokkema, 1974: 55; cf. também Miner, 1987: 137-138).

II. ASPECTOS NARRATOLÓGICOS E TEMÁTICOS DOS CRONOTOPOS DOCUMENTÁRIOS

Mais que enumerar inexpressivamente meras estratégias textuais, preferimos adotar uma abordagem mais vívida. Assim, nos parágrafos seguintes, os aspectos do realismo identificados por Hamon são reconfigurados em perspectiva bakhtiniana, sendo ocasionalmente confrontados com as "técnicas" da historiografia. Servindo como exemplo principal está *A assassina* (1903), de Alexandros Papadiamantis[11]. Esta obra-prima conta a história de Khadoula, ou Frangoyannou, uma idosa de classe baixa que, por conta das árduas condições de vida das mulheres pobres e de posição social inferior na

---

[10] Hamon (1982: 135-168). Além do mais, de uma perspectiva epistemológica, o estudo de Hamon alinha-se diretamente com a abordagem construtivista adotada no presente capítulo: "Portanto, é mais uma questão do tipo: como a literatura copia a realidade?, que é um problema agora, sem interesse, mas considerar o realismo como uma espécie de ato de fala [...] definido por uma postura e uma situação de comunicação específica, de modo a responder a uma pergunta do tipo: como a literatura nos faz acreditar que ela copia a realidade?, quais são os meios estilísticos que ela utiliza — conscientemente ou não — para criar esse estatuto especial de leitor, em suma, quais são as 'estruturas necessárias' [...] do discurso realista?" (*ibid.*: 132).

[11] Sendo que um de nós é basicamente treinado como um neo-helenista, não é surpresa que o caso em estudo derive de sua tradição nacional. Apesar de que o realismo na Grécia moderna tenha começado a se desenvolver gradualmente na metade de século XIX, ele obteve força total apenas de 1890 em diante (cf. Boghart, 2005: 316-318 para uma breve pesquisa de estudos recentes). Entre os especialistas do campo, é geralmente reconhecido que *A assassina* de Papadiamantis condensa as principais conquistas deste período.

Grécia do século XIX, finalmente começa a matar bebês e crianças do sexo feminino por não terem perspectiva de vida.

Para realizar um esquema temporal que reflita o *tempo histórico real*, um primeiro importante princípio da construção — apesar de ser uma ausência notória no estudo de Hamon — é consolidado no uso persistente de uma série coerente de indicadores temporais que permitem ao leitor determinar perfeitamente, a qualquer momento, o progresso temporal da narrativa. Muito embora o autor de *A assassina* opte por uma divisão em dezessete capítulos curtos, a julgar pela agregação de referências temporais, o romance parece se dividir em três unidades maiores, uma que acontece na ilha de Skiathos entre janeiro e maio em algum ponto da segunda metade do século XIX (Farinou-Malamatari, 1987: 48-51). O primeiro episódio (I-VII), que termina com a descoberta da primeira vítima de Frangoyannou, abrange três noites insones de janeiro, nas quais a idosa se senta ao lado do berço de sua recém-nascida e já doente neta, enquanto mentalmente revive toda a miséria de sua vida[12]. A segunda parte (VIII-X), na qual Khadoula comete o segundo e o terceiro infanticídios, compreende um dia anterior e um dia depois da Páscoa. Por fim, o último episódio (XI-XVII) relata a fuga de Frangoyannou das autoridades locais e abrange o período de seis dias inteiros, quatro antes e dois depois de seu crime final. Dentro dessa cronologia global, uma abundância de marcadores temporais estrutura sucessivamente unidades narrativas menores, tais quais dias ou noites particulares.

Mais importante, todavia, que tal análise formal do tempo da história, a concepção de Bakhtin de cronotopo enfatiza acima de tudo a interconectividade entre tempo e *espaço*, sendo que este último deveria se tornar "[...] carregado e responsivo aos movimentos de tempo, enredo e história" (FTC, 84). A assimilação do tempo histórico real implica a habilidade de "*ler o tempo* em todo o espaço do mundo", isto é, "ler em tudo *sinais que demonstrem o tempo em seu curso*" (RFHR, 25; grifo do autor). Nesse sentido, uma característica essencial das narrativas realistas é sua existência encaixada num contexto histórico-cultural — inclusive geográfico — específico

---

[12] De acordo com Farinou Malamatari (1987: 50), os primeiros capítulos de *A assassina* referem-se aos eventos durante a 11ª, 12ª e 13ª ou 14ª noites desde o nascimento da neta de Khadoula. Como já se observou acertadamente, as memórias da velha mulher, que começam e terminam durante a noite do primeiro assassinato, não exibem uma ordem cronologicamente perfeita, mas, em vez disso, parecem apresentar um movimento circular, deste modo fornecendo à narrativa certa indeterminação temporal. Sendo que se ouve o galo cantar três vezes nessa parte do romance, os pensamentos de Frangoyannou podem também ser interpretados de uma perspectiva de traição mais universal.

(Hamon, 1982: nº 3; cf. também Chevrel, 1997: 360-362). Em *A assassina* tal encaixamento é aparente não apenas pela abundância de referências à história grega contemporânea ou recente, todos os tipos de costumes e tradições populares prevalentes durante o século XIX, assim como uma topografia detalhada de Skiathos (Erselman, 1954): alguns trechos também sugerem que, dentro dos limites do tempo-história do romance, a ilha está passando por uma notável transição de uma comunidade tradicional e fechada para uma sociedade mais moderna e aberta. Inevitavelmente, tal processo implica uma série de dificuldades:

> Naquele tempo, com o desenvolvimento do comércio e das comunicações, a moral daquele pequeno lugar remoto começou a declinar gradualmente. Estrangeiros de outras partes 'mais civilizadas' da Grécia, fossem funcionários públicos ou comerciantes, estavam importando novas ideias liberais em todos os assuntos. Segundo eles, era tolice ser modesto e decente e estúpido ser sóbrio e sensato. A depravação e a luxúria eram 'coisas naturais' (1977: 100-101).

Do mesmo modo, as ideias de emancipação ensinadas às jovenzinhas na escola conflitam com a hierarquia social estabelecida, enquanto a medicina tradicional começa a entrar em competição com os médicos especializados do exterior (Rigatos, 1996). Tais trechos ajudam a construir a impressão de um mundo contemporâneo ficcional *em evolução*. Eles devem ser considerados como "[...] uma sinédoque para a soma total dos desenvolvimentos sócio-históricos" (Keunen, 2001: 425)[13]. Desnecessário dizer que textos historiográficos pré-científicos são igualmente enxertados em um contexto geográfico e histórico particular, o qual também é geralmente demonstrado em seu desenvolvimento (contextualizado no enredo, ver abaixo).

Descrições detalhadas do corre-corre diário, que ancoram firmemente os personagens num ambiente socioprofissional específico (Hamon, 1982: nº 7, 12) e são caracterizados pelo uso de um vocabulário técnico transparente (Hamon 1982: nº 11), servem a função similar. De um ponto de vista narratológico, existem duas possibilidades: ou tais passagens são organizadas paradigmaticamente como descrições tradicionais (estáticas ou dinâmicas) que momentaneamente suspendem a sequência narrativa, ou elas estão sintagmaticamente inseridas na estória como eventos genuínos, se não insignificantes,

---

[13] O uso da metonímia como um princípio geral de construção no realismo do século XIX foi primeiro notado por Jakobson em 1921 (1971a) e foi, mais tarde, assumida por outros críticos, incluindo Chevrel que, de acordo, se refere ao mundo fictício na literatura naturalista como "*organismo em movimento*" (1997: 101, grifo do autor).

do enredo (Hamon 1982: nº 15)[14]. Seja lá qual forma narrativa tais descrições assumam, apesar de sua função "documentária" (Hamon, 1982: nº 6), tais cronotopos secundários também se referem a situações sócio-históricas mais abrangentes baseadas em relações metonímicas. A seguinte citação da cena matinal no fim do capítulo 1 é um caso em questão:

> A idosa acabara de acordar e esfregava os olhos e resmungava. Escutou-se um barulho na saleta adjunta. Era Constantis Trakhilis, o pai do bebê, que dormia do outro lado da fina divisória de madeira ao lado de outra filha e de um menininho, que acabara de acordar. Ele estava recolhendo suas ferramentas — martelos, serras, plainas — e se preparando para ir ao quintal e começar seu trabalho diário. [...] O barulho das ferramentas — martelos, serras, verrumas, entre outras — que Constantis estava jogando uma a uma em sua sacola detrás da divisória também acordou sua esposa. 'O que é isso, mãe?' 'O que poderia ser? Constantis está jogando as ferramentas na sacola', disse a idosa, suspirando (1977: 9).

Ao evidenciar repetidamente diferentes aspectos do meio socioprofissional do personagem, o tempo histórico da Grécia do século XIX pode novamente ser vislumbrado através da organização espacial do romance de Papadiamantis.

Além disso, a presença do tempo histórico pode ser percebida pela forma na qual o *enredo* é estruturado. Assim como os textos historiográficos, as narrativas realistas caracterizam tipicamente uma linha de história direta e reta, sem muitas complicações e contendo toda a informação necessária, que evita tanto o suspense quanto a decepção na narrativa (Hamon, 1982: nº 13). Segundo a interação mútua entre mundos ficcionais realistas e os eventos ocorrendo dentro de suas fronteiras, os enredos dos romances do século XIX parecem um tanto quanto estáticos e não combinam facilmente com reviravoltas inesperadas ou espetaculares (Hamon, 1982: nº 9, 14)[15].

---

14 Para uma teoria mais abrangente das formas e funções das descrições em literatura, consultamos dois outros estudos de Hamon (1972, 1981). Para considerações teóricas da natureza paradigmática e sintagmática dos trechos descritivos no naturalismo europeu, ver Boghart (2006: 92-104). Para uma ilustração "historiográfica" de Hamon nº 7, 11 e 12, podemos consultar, de forma bem arbitrária, o vívido trecho ao final de *Declínio e queda do império romano* de Gibbon (capítulo LXVIII), em que o narrador nos conta a fervorosa preparação de um imenso canhão otomano e seu laborioso transporte até Constantinopla (1952: 542).

15 Isso deve ser comparado com a análise narratológica de textos historiográficos no ensaio *Indicadores da ficcionalidade: uma perspectiva narratológica* (1999: 109-131) de Dorris Cohn, no qual se demonstra como os afastamentos [dos historiógrafos] "[...] da cronologia e isocronia tendem a ser funcionais, ditados pela natureza de suas fontes materiais, seus assuntos em questão, e seus argumentos interpretativos em vez de preocupações estéticas ou experimentações formais" (1999: 116).

No caso de *A assassina*, a sequência pode ser apresentada sucintamente da seguinte forma: |pensamentos internos| → |primeiro assassinato| → |confissão secreta| → |segundo assassinato| → |terceiro assassinato| → |fuga das autoridades| → |quarto assassinato| → |morte por afogamento|. Sejam as relações entre tais eventos de natureza casual ou meramente cronológica, a sequência narrativa primária evolui logicamente, sem atrair muita atenção[16]. No contexto historiográfico, o *enredo* ou, mais especificamente, a *contextualização do enredo* é o mecanismo *par excellence* que pode tornar o "tema documentário" um cronotopo documentário genuíno[17]. Dado que a narrativização da historiografia tem sido presumida desde o influente *Meta-história*, de Hayden White, textos históricos acabam sendo não menos contextualizados que as obras de ficção (literária) (White, 1993: 7-11). Sendo a cronotopicidade um de seus pré-requisitos (cf. Bemong e Borghart, cap. 1), essa dimensão narrativa traz "documentações" científicas para a esfera das construções historiográficas (análogas às ficcionais) de mundo.

Por fim, uma concepção histórica de tempo também é sentida no nível dos *personagens* da narrativa. Como vimos na análise do enredo do romance de Papadiamantis, no realismo, o raio de ação dos protagonistas está sujeito ao mundo ficcional que eles habitam, a ponto de eles se evidenciarem menos que os heróis tradicionais dos romances (Hamon, 1982: n° 10). Inversamente, os principais acontecimentos da trama irrevogavelmente deixam sua marca na evolução pessoal dos personagens, "remodelando-os pouco a pouco" (Morson, 1991: 1083). Estratégias textuais que asseguram tal concepção orgânica da evolução do personagem envolvem detalhada descrição de seu *background* pessoal e familiar — frequentemente realizada através de uma série de *flashbacks* (Hamon, 1982: n° 1) — assim como por uma atenção

[16] Exemplos de uma sequência causal são |pensamentos internos| → |primeiro assassinato| → |confissão secreta| ou |terceiro assassinato| → |fuga das autoridades|, enquanto a sequência narrativa |confissão| → |segundo assassinato| → |terceiro assassinato|, que abrange a segunda parte inteira do romance, é um exemplo espetacular de uma série de eventos narrativos estruturados segundo uma ordem meramente cronológica.

[17] Para uma consideração preliminar do *status* de "documentário" em textos não fictícios é provavelmente mais fácil falar de "temas documentários" do que de "cronotopos documentários". Assumidamente, em contextos literários o termo "motivo", não menos do que "cronotopo", aponta para textos fictícios (por exemplo, a colocação de "cronotopos motívicos"), mas o primeiro termo nunca implica a abrangente configuração de tempo-espaço duma narrativa (fictícia), enquanto o segundo termo algumas vezes sim (por exemplo, "cronotopo genérico" ou "maior"). Para citar as famosas palavras de Roland Barthes sobre o realismo em peças de teatro, a diferença entre o tema documentário na ficção e na não ficção é que o primeiro produz uma "ilusão referencial" (Barthes, 1982: 89), enquanto a segunda é referencial. Em outras palavras, a primeira produz um "efeito de real" (*ibid.*) enquanto a segunda — devido à sua mera presença num texto historiográfico — representa a realidade.

meticulosa às origens psicológicas e às consequências de seu comportamento (Hamon, 1982: n° 2). Quanto à evolução (histórica) dos personagens, a historiografia pré-científica exibe estratégias notavelmente semelhantes e é de fato aqui que, também na historiografia, *flashbacks funcionais* podem aparecer[18]. Em *A assassina,* todas essas técnicas narrativas estão intrinsecamente entremeadas. Na primeira parte do romance, o narrador tenta explicar os pensamentos assassinos de Frangoyannou, recontando inteiramente sua vida miserável, enfatizando especialmente a instituição do dote, que ela considera responsável pela maior parte das desgraças que recaíram sobre si[19]. Chegando ao fim de sua introspecção noturna, as memórias de Frangoyannou, quase que despercebidamente, transformam-se em uma série de monólogos interiores que "justificam" psicologicamente sua aversão a bebês do sexo feminino, pavimentando o caminho para o eventual assassinato de sua primeira vítima. Além do mais, perseguida dia e noite pela polícia, os sonhos de Khadoula na última parte do romance refletem um crescente, se não inconsciente, remorso por seus atos. Em resumo, o comportamento assassino da heroína tem tanto origens psicológicas quanto sociais (dote, pensamentos assassinos) e resultam em consequências análogas (expulsão social, pesadelos), de forma que sua morte por afogamento, ao final, não chega a ser exatamente uma surpresa.

Não obstante, a natureza drástica das decisões de Frangoyannou e a crueldade de suas ações subsequentes, em vez de meramente se adequarem à lealdade injusta tradicionalmente reservada às mulheres gregas, a heroína de Papadiamantis na verdade retém uma notável "capacidade de surpreender". Nesse aspecto, ela encarna o passado, o presente e quiçá o futuro da Grécia

---

[18] Entretanto, apesar de tais paralelos, a característica n° 10 de Hamon também revela uma disparidade fundamental entre as construções de mundo realista e pré-científica. Enquanto a primeira tem um enfoque sobre personagens cotidianos incapazes de se manterem sob os holofotes, protagonistas na historiografia mais antiga, como entusiastas de grandes feitos (assim como heróis de romances mais tradicionais), certamente gostam de estar sob os holofotes, uma prática ainda validada nas obras do século XIX, tal qual *Sobre heróis e a veneração de heróis e o heroico na história* (1841) de Thomas Carlyle. Um bom exemplo da preferência entre historiógrafos pré-científicos para retratar personagens de destaque (mesmo que estes não estejam lá) é dado por Ann Rigney em seu capítulo sobre a narrativização de Michelet (em seu *História da Revolução Francesa*) sobre a tomada da Bastilha (1988: 276-277). Apesar de sua crítica a White, Rigney ilustra e demonstra, de forma bastante interessante, as consequências cronotópicas (ela não menciona tal termo) de contextualizar no enredo fatos históricos.

[19] Na Grécia do século XIX, meninas eram amplamente não quistas por causa do fardo material e financeiro que seu dote futuro lançaria sobre suas famílias. Quando os pais casavam suas filhas, eram moral e socialmente obrigados a garantir à noiva não apenas roupas e todos os tipos de apetrechos domésticos, mas também um pedaço de terra e uma quantia considerável em dinheiro. É desnecessário dizer que a maioria das famílias pobres dificilmente poderia arcar com despesas de tal monta.

contemporânea, tornando metonimicamente emblemática uma sociedade inteira que está lutando para se livrar do jugo patriarcal. Ou para citar Bakhtin uma última vez:

> É como se as próprias *fundações* do mundo estivessem mudando, e o homem devesse mudar junto com elas. [...] A imagem do homem emergente começa a superar sua natureza privada [...] e entra numa esfera *espacial* de existência histórica completamente nova. Isso é, afinal, o tipo realista de romance de formação (RFHR, 24; grifo do autor)[20].

Reconhecidamente, o romance de Papadiamantis tem sido lido frequentemente mais como um aviso contra do que como um apelo à reforma social ocidentalizada, visto que o narrador em sua análise final parece "[...] defender a ideia da recorrência e retorno a uma condição pré-social mais pura [...]" (Tziovas, 2003: 98): veja o que acontece se ousarmos repudiar nossas tradições e valores autóctones, acaba sendo a mensagem. Contudo, tal interpretação de *A assassina* não serve como contradição dos resultados da análise cronotópica realizada neste capítulo: a presença de um cronotopo documentário e sua concomitante visão positivista de mundo no romance de Papadiamantis é indiscutível, no entanto com uma conotação semântica axiologicamente negativa[21].

III. EPÍLOGO

Tendo discutido os princípios de construção e das estratégias textuais (tanto narratológicas quanto temáticas) características dos cronotopos documentários, dedicaremos em conclusão algumas palavras à importância do conceito bakhtiniano de realismo para escrever a história literária (e a história da narrativa em geral). De um ponto de vista *sincrônico*, o cronotopo documentário e sua subestrutura narrativa poderiam ser utilizados como ferramenta conceitual para repensar alguns aspectos da história do realismo. Dado que Bakhtin convincentemente argumentou que um cenário contemporâneo por si só não pode ser considerado criterioso o suficiente para classificar um

[20] Alinhado com o princípio geral de construção realista da metonímia, Hamon formula uma semelhante concepção de personagem "o herói sinédoque" (1981: 207), sem considerar, entretanto, a possibilidade de tão vasta implicação temática.

[21] A este respeito, o nome "Frangoyannou" da heroína é particularmente significativo. Literalmente traduzido como "(a esposa de) Yannis, o Sincero", o nome de casada da assassina a iguala com a Europa ocidental, uma sociedade que, de acordo com o conservadorismo nostálgico de Papadiamantis, deve ser renegada a todo custo.

texto como exemplo do realismo do século XIX, historiadores de várias literaturas nacionais iriam indubitavelmente sobrepujar seus predecessores ao levar em consideração tal discernimento fundamental ao delinear o espaço de tempo dessa periodização literária[22]. Similarmente, teóricos do gênero poderiam tirar vantagem da concepção bakhtiniana de realismo literário para auxiliar na determinação do *status* — seja popular, erudito ou a combinação dos dois — de gêneros narrativos menos populares do século XIX, tais quais os romances de mistério (Maxwell, 1977), uma questão ainda em debate. Na esfera do realismo do século XIX, a análise cronotópica também parece ser frutífera para delinear distinções de gênero mais nítidas. Argumenta-se, por exemplo, que as poéticas do naturalismo constituem uma radicalização do realismo, principalmente em relação às técnicas de narrativa utilizadas. Como forma de sociologia prática, o naturalismo foca especialmente a função de documentário do realismo, através de um destaque radical na construção do mundo ficcional ou cronotopo, frequentemente às custas de um enredo elaborado e intrigante (Borghart, 2006: 47-54; 2007: 214-221).

Numa perspectiva *diacrônica* da evolução literária, considerar se cronotopos (específicos) podem ser atribuídos a textos *não* ficcionais (em nosso caso: historiografia pré-científica) requer uma discussão mais aprofundada, mas esperamos ter esclarecido e justificado que diversos aspectos do realismo do século XIX, ao invés de terem surgido do nada, possivelmente tiveram o solo preparado para sua aparição por séculos de historiografia (pré-científica), um gênero ao qual Bakhtin, ao longo de suas variadas obras críticas, lamentavelmente não dedicou um estudo separado. Do outro lado do espectro cronológico, já foi feita uma primeira tentativa de descrever a forma que o modernismo assumiu e, posteriormente, elaborou algumas características cronotópicas do realismo (Keunen, 2001: 424-427), mas cronotopos documentários certamente seriam úteis também para o estudo de diferentes tipos de "neorrealismo" do século XX. A fim de delinear uma comparação com os estágios mais iniciais da história da prosa ficcional ocidental, poderíamos argumentar que a construção de mundo do realismo do século XIX se relaciona com a prosa ficcional contemporânea de maneira semelhante à que o cronotopo de aventura grega inspirou à história do romance europeu

22 Para utilizar novamente como exemplo a história da literatura grega moderna, contrariando inúmeros críticos de literatura tradicional, recentemente argumentou-se que o primeiro romance depois da independência da Grécia, em 1830, não constitui os primeiros frutos do realismo literário — uma afirmação previamente feita baseada em sua configuração contemporânea. Uma análise cronotópica mais detalhada nos leva à conclusão de que elas florescem, ao contrário, da narrativa autóctone tradicional dos romances de aventura (Boghart, 2009; Boghart e De Temmerman, 2010).

subsequente: tanto o romance de aventura romano da vida cotidiana como gênero (FTC, 111-129) quanto romances individuais como *Tom Jones*, de Fielding (cf. Beaton neste volume), introduziram e elaboraram a noção de "tempo de aventura" em contextos totalmente novos, enquanto o cronotopo subjacente ao romance grego antigo provou-se produtivo para um renascimento genuíno tanto na literatura bizantina do século XX quanto no romantismo grego moderno (Borghan e De Temmerman, 2010).

Por fim, no que diz respeito ao conceito de "sedimentação de gêneros" (FTC, 85), até onde se sabe, a recepção da construção de mundo realista na cultura popular, apesar de reconhecida (Tallis 1988: 1-2, 195-196; Brooks 2005: 5), é ainda um campo amplamente inexplorado. É preciso apenas pensar em séries televisivas famosas como *Roma* — cuja ênfase está na vida cotidiana de seus personagens majoritariamente inventados dentro dos limites históricos do tempo-espaço do século I a.C. — para perceber que cooperações interdisciplinares dentro de um âmbito bakhtiniano prometem resultados revigorantes e iluminadores que permitirão aos futuros acadêmicos traçar, determinar e compreender mais profundamente a história geral da narrativa.

QUARTA PARTE

LEITURAS CRONOTÓPICAS

CAPÍTULO 6

O CRONOTOPO DA HUMANICIDADE:

BAKHTIN E DOSTOIÉVSKI

GARY SAUL MORSON

TRADUÇÃO: MARIA CRISTINA MARTINS

Bakhtin e Dostoiévski compartilhavam a convicção de que a vida humana deve ser compreendida em termos de temporalidade. Ambos eram obcecados pela relação do tempo com a vida, na forma como as pessoas o vivenciam. Para cada um deles, um rico sentido de humanidade demandaria um cronotopo de tempo aberto. Em muitos aspectos, as visões de Bakhtin e de Dostoiévski coincidem. Teologicamente falando, ambos poderiam ser chamados de hereges, como veremos. A diferença entre eles reflete seus diferentes pontos de partida. Bakhtin começou pela ética, ao passo que Dostoiévski pensou primeiro sobre a vida e, prioritariamente, em termos psicológicos. Para Bakhtin, qualquer visão viável do mundo teria, antes de tudo, de conferir um sentido profundo à responsabilidade moral. Dostoiévski não poderia aceitar visão alguma em desacordo com sua forma de conceber como a mente humana pensava e sentia.

I. TEMPO E CONCEITOS-CHAVE BAKHTINIANOS

Podemos notar o reflexo do interesse de Bakhtin pelo tempo em seus conceitos-chave. Mais especificamente, o ensaio sobre o cronotopo (FTC), os fragmentos remanescentes do livro sobre Goethe (RFHR), e o ensaio *Epos e romance* (ER), juntos, exploram as formas como a temporalidade humana tem sido representada e compreendida. Para cada cronotopo genérico são essenciais uma "imagem humana" específica e um conceito de agência. Agência, nesse caso, diz respeito a nosso controle sobre o *próximo* momento no tempo.

Vários outros conceitos que associamos a Bakhtin são também essencialmente cronotópicos. A "irrepetibilidade", como o próprio termo sugere, significa que um mesmo evento não pode se dar duas vezes. Não há "recorrência" perfeita, como propuseram os estoicos muito tempo atrás e como sugere o diabo em *Os irmãos Karamazov*. Na teoria bakhtiniana da linguagem, um enunciado se constitui por sua irrepetibilidade. Na verdade, Bakhtin considerava todo acontecimento como algo que se distingue, de algum modo, e até certo ponto, de qualquer outro, o que significa que leis rígidas só podem levar as pessoas longe, particularmente nos mundos biológico e social. Todos os fótons são exatamente iguais, mas cada rim funciona de um jeito.

Se quisermos compreender Darwin corretamente, não há dois indivíduos de uma mesma espécie exatamente iguais, e uma espécie não é nada além de uma coleção de indivíduos. É famosa a referência de Ernst Mayr a essa abordagem darwiniana como "pensamento populacional" (Mayer, 1972: 45--47). Uma espécie não tem essência alguma; é mais uma coleção mutável de indivíduos. Ou poderíamos dizer, cronotopicamente: uma compreensão da origem das espécies depende de se compreender a irrepetibilidade.

As instituições sociais e as pessoas individualmente são obviamente ainda mais irrepetíveis. Ao formular princípios gerais, historiadores têm sempre lidado com a desvantagem de que duas situações só podem, no máximo, ser aproximadamente semelhantes. Isso porque cada cultura, cada momento histórico é constituído de inúmeros fatores contingentes que outras culturas e momentos não repetem. Mesmo um senso desprovido de individualidade como o de Locke, que faz das pessoas nada mais do que recipientes passivos de tantas influências, estabelece a irrepetibilidade de cada pessoa, mesmo que isso se deva ao fato de as influências não poderem ser jamais idênticas. Os romances do século XIX, por sua vez, descrevem uma irrepetibilidade muito mais rica.

A temporalidade também configura o conceito bakhtiniano de diálogo. O que torna um diálogo dialógico, e não monológico, e o que distingue o diálogo do dialético é que o diálogo não segue uma trajetória previamente demarcada. Ou, usando a linguagem de Bakhtin, um diálogo não se "desdobra", mas "vem a ser". Seu resultado não nos é "previamente dado", mas construído no processo de troca. Um mesmo ponto inicial de uma conversação pode levar a múltiplas continuações.

Pela mesma razão, os contrastes que Bakhtin estabelece entre "dado" e "postulado" (*dan* com *zadan*) e entre "dado" e "criado" (*dan* e *sozdan*) são essencialmente temporais. O que é dado já está "pronto" (*uzhe gotov*), ou seja, determinado inteiramente por eventos prévios e leis globais. A criatividade começa onde cessam as leis. Mas as leis cessam *mesmo*? Bakhtin insiste que sim. Para os que acreditam que o tempo é fechado, ou para os "teóricos" que propõem sistemas tão diversos quanto o marxismo, o freudismo, o estruturalismo, o formalismo e o funcionalismo, as leis governam absolutamente tudo. Para Bakhtin, existe algo além do alcance desses teóricos, que ele chama de "excedente" (*uzbytok*). Criatividade e diálogo dependem da existência de um excedente.

Também a "acontecimentalidade" (*sobytiinost'*) depende desse excedente. Nem todos os acontecimentos têm "acontecimentalidade". Um acontecimento tem acontecimentalidade se, e somente se, a presenticidade tiver importância; somente se o momento presente for algo mais do que o resultado automático de momentos anteriores. Só então pode o momento presente ter peso real e constituir, de fato, uma força própria.

Se o presente tem presenticidade, o acontecimento tem acontecimentalidade. Nesse caso, o suspense resulta não do fato de ignorarmos o que já está determinado, mas de uma incerteza genuína. Usando a definição aristotélica de contingência, o acontecimento moldado pela presenticidade pode tanto ser quanto não. A possibilidade de mais de um resultado torna um acontecimento não apenas algo que acontece, mas algo que acontece *embora pudesse não ter acontecido*. É essa qualidade — a de poder não ter sido — que constitui a acontecimentalidade[1].

Acontecimentalidade, criatividade e o excedente criam um mundo que Bakhtin chama de "não finalizabilidade" (*nezavershennost'*). O sentido mais profundo desse termo diz respeito à própria natureza das coisas. Teologicamente, significa que a criação não se encerrou depois de seis dias, mas ainda está em curso. A natureza das coisas está sempre mudando, mesmo que levemente, de momento a momento, de maneiras, *em princípio*, imprevisíveis, até mesmo para a Mente Divina. Eis o porquê de "nada de conclusivo já ter ocorrido no mundo, de a palavra final do mundo e sobre o mundo ainda não ter sido proferida, de o mundo estar aberto e livre, de tudo estar ainda no futuro e de que tudo estará sempre no futuro" (1984: 166). Esses dizeres célebres realmente parecem ser uma descrição da ideia central subjacente

[1] O conceito "aquilo que poderia ter sido", que chamo de "sombra lateral", é a ideia central do meu livro *Narrative and Freedom: the Shadow of Time* (1994).

aos romances de Dostoiévski e constituem ponto de consenso fundamental entre os dois pensadores.

II. A HERESIA DO TEMPO ABERTO

Dostoiévski e Bakhtin também compartilham a crença no valor do pensamento teológico. Isso não significa, no entanto, que seus conceitos devam ser religiosamente compreendidos, menos ainda que as visões de Bakhtin estejam codificadas na ortodoxia russa. Antes, Bakhtin e Dostoiévski perceberam que a teologia oferece um vocabulário útil para a compreensão de muitas questões não teológicas. Afinal, por dois mil anos, a Europa Cristã discutiu todas as questões importantes num quadro religioso. Se pudéssemos traduzir a sabedoria daqueles séculos, poderíamos adicioná-la ao vocabulário relativamente escasso sobre a humanidade e a sociedade oferecido pela era científica.

Frequentemente, tal tradução é relativamente fácil. Ivan Karamazov compreende muito bem, por exemplo, que descrever o mundo como mau, o que é perfeitamente plausível para um ateu, equivale a acusar a moralidade de seu Criador. Pelo contrário, perceber a bondade essencial das coisas é, como Zossima reconhece, apreciar o amor de Deus pelo mundo que Ele criou. As formas seculares e religiosas de formular cada julgamento expressam o mesmo significado central. Pode ser vantajoso pensar sobre uma questão das duas maneiras, de forma que um vocabulário possa iluminar o que o outro sugere.

Bakhtin e Dostoiévski alimentavam uma visão do tempo contrária *tanto* ao determinismo científico (ou pseudocientífico) *quanto* à tradição dominante da teologia cristã. Eles consideravam que ambas as tradições compartilhavam um cronotopo equivocado e desafiavam ambas com um cronotopo alternativo. O que os levou a não se sentirem iluminados pela perspectiva do determinismo materialista e os tornou hereges em relação à perspectiva da teologia cristã tradicional foi o mesmo conjunto de conceitos que acabamos de descrever[2]. Como poderia um mundo ter acontecimentalidade ou não finalizabilidade se fosse governado por leis deterministas? Ou apresentando o mesmo ponto teologicamente, como poderia haver acontecimentalidade se Deus é onisciente? Bakhtin e Dostoiévski acreditavam que o tempo é genuinamente aberto, o que implica que, em qualquer momento dado, mais de uma coisa pode acontecer. Há mais possibilidades do que fatos. Se uma

[2] Para outra visão sobre Dostoiévski como herege, ver o livro notável de Susan McReynolds, *Redemption and the Merchant God: Dostoievsky's Economy of Salvation and Antisemitism* (2008).

mesma situação fosse repetida, *algo* mais poderia ter acontecido. É preciso somente *esperar e ver* o que acontece. O próprio Deus não sabe antecipadamente o que sucederá.

Laplace imaginou que um demônio que conhecesse a posição de todas as partículas e de todas as leis que governam seu movimento poderia calcular tudo o que aconteceria ou que teria acontecido. O presente estado do universo, insistiu ele, é inteiramente efeito de seu passado e a causa completa de seu futuro. Um demônio que soubesse tudo sobre o presente e sobre o que o controla saberia também sobre qualquer outro momento do tempo. O demônio hipotético de Laplace se assemelha ao Deus Cristão que, na tradição teológica dominante, criou o mundo sabendo de antemão tudo o que viria a acontecer.

Em suma, tanto o determinismo materialista quanto a teologia cristã insistem num cronotopo no qual, a qualquer momento, uma e somente uma única coisa pode acontecer. Nosso senso de possibilidades alternativas reflete simplesmente nossa falta de conhecimento das causas. Podemos não saber o suficiente para ver o que exatamente acontecerá e, então, podemos imaginar que mais de uma coisa poderia acontecer, mas quanto mais sabemos, mais as possibilidades se reduzem. De fato, só há uma possibilidade. Se não fosse assim, Deus não teria como saber o futuro, porque qualquer futuro dependeria de contingências anteriores que poderiam ou não ter acontecido. Significaria também que a ciência, não importa o quanto avançasse, não teria jamais como determinar o que aconteceria. No entanto, fazendo uso de uma imagem teológica comum, Deus, que existe fora do tempo, vê todo o tempo simultaneamente, como uma imagem refletida em um espelho. Em ambas as tradições, o futuro é tão irrevogável quanto o passado. Presenticidade é uma ilusão.

Não por acaso as duas visões coincidem. Historicamente, uma gerou a outra. A longa tradição da "teologia natural" presumia que Deus teria escrito dois livros, a Bíblia e a natureza, ambos reflexos da mente divina. Estudar a natureza, portanto, seria um ato piedoso. Deus fez o mundo funcionar segundo leis perfeitas, e "filósofos naturais" — o termo "cientista" não era empregado até o século XIX — descobrem essas leis. Ao fazê-lo, revelam a Mente Divina, que tudo sabe. Deveria ser evidente quão fácil seria transformar esse modelo no modelo materialista moderno. Elimine Deus e mantenha tudo o mais do mesmo jeito. Em vez de dizer que Deus conhece todos os eventos, diga que os eventos são, em princípio, cognoscíveis. Ou diga que, se houvesse um demônio calculista, ele saberia o que acontece em todos os momentos. Nos dois casos, temos um mundo governado inteiramente por leis naturais, desvelando-se no tempo fechado.

Conta-se que Laplace estaria, uma vez, explicando astronomia a Napoleão, que teria questionado onde Deus entraria em sua teoria: "Não preciso dessa hipótese", Laplace teria respondido. De fato, uma vez que temos o modelo de um mundo governado por leis, a adição do Criador dessas leis nada acrescenta ao poder preditivo do modelo. Spinoza, convém recordar, fez repetidas referências a *Deus sive Natura* ("Deus, ou seja, a natureza"), como se ambos fossem idênticos, pois, para ele, os dois não seriam mais do que dois nomes para designar a mesma coisa. Para o racionalismo do século XVII e seus herdeiros, todo o poder pertenceria às leis gerais. Nenhum momento individual poderia fazer mais diferença do que qualquer outra partícula individual poderia exercer iniciativa genuína.

Em tal racionalismo, conhecimento, portanto, significa descobrir as leis gerais que governam tudo. É precisamente este modelo que Bakhtin tem em mente quando escreve: "É um triste mal-entendido, o legado do racionalismo, de que a verdade só pode ser o tipo de verdade criada a partir de momentos gerais; que a verdade de uma proposição é precisamente o que é repetível nela" (Bakhtin, 1986: 87). Essa é a visão que Bakhtin chamou de "teorismo", e contra a qual devotou sua vida. Ele desejava que os momentos tivessem presenticidade e que as pessoas tivessem iniciativa. Para ele, a totalidade do mundo poderia modelar profundamente, mas não poderia especificar exaustivamente, cada parte em cada momento. Em suma, Bakhtin defendia um cronotopo no qual o tempo é aberto e a liberdade individual existe.

III. A ÉTICA E O ROMANCE

A visão cronotópica de Bakhtin e seu interesse geral pela temporalidade não eram meramente literários, nem mesmo de raiz teológica e metafísica. Há muito penso que, para apreender por que Bakhtin argumenta dessa maneira e para chegar ao que anima seu trabalho, devemos lembrar que suas principais preocupações eram *éticas*. Bakhtin formulou seus principais conceitos de modo a demonstrar por que a responsabilidade moral, na acepção mais forte, existe. Sua primeira publicação, *Arte e responsabilidade*, trata de ética, assim como seu tratado anterior, *Para uma filosofia do ato responsável*. Se tivéssemos de julgar, a partir de seus primeiros escritos, consideraríamos Bakhtin um tipo de eticista existencialista.

E ele o foi. Embora não tenha escrito quaisquer outros tratados similares a *Para uma filosofia do ato responsável*, ele não abandonou a filosofia ética. Ao contrário, escolheu refinar sua compreensão sobre ela, transmitindo suas convicções para — entrando em diálogo com — outros campos, especialmente o da literatura. Várias considerações importantes tornam compreensível essa forma de trabalhar. Por um lado, o contexto soviético impossibilitou expressar a ênfase de Bakhtin no indivíduo, e não na classe social ou no "papel condutor do Partido". Por outro, a tradição russa ofereceu muitos exemplos de pensadores que desenvolviam ideias éticas, psicológicas e sociais, por meio da literatura ou da crítica literária. Escritores tão diferentes quanto Chernyshevsky e Dostoiévski participaram dessa tradição. Por último, as próprias teorias de Bakhtin sugerem por que os romances são o melhor lugar para buscar orientação ética.

Por que os romances deveriam ser superiores aos tratados filosóficos na elucidação de problemas morais? Por um motivo, os romances modernos como gênero são fundamentalmente *casuísticos*[3]. Por casuística, não me refiro ao raciocínio torturado em prol de um resultado pré-dado — o tipo de coisa que Pascal acusara os jesuítas de fazerem —, mas ao raciocínio por meio de *casos*. A ideia central remonta a Aristóteles, que defende, na *Ética a Nicômaco,* que se definirmos "justiça" como julgamento oriundo do seguimento de regras, então haveria casos nos quais a justiça, assim definida, estaria manifestamente incorreta. Isso porque regras são criadas tendo-se em mente o caso geral, mas ninguém pode prever cada caso particular que possa surgir. Quando a justiça dá errado, deve-se corrigi-la com o que Aristóteles chama de "equidade". E, por definição, a equidade não pode ser transformada em um conjunto de regras. Ela depende da sabedoria moral que só uma longa experiência de reflexão sobre muitos casos diferentes pode oferecer. A razão pela qual os jovens são capazes de grandes descobertas, no âmbito da matemática, mas não conseguem ser eticamente sábios é porque a matemática depende da manipulação de regras, algo para o que a mera inteligência é suficiente, enquanto a ética depende de experiência. Aristóteles compara a pessoa eticamente sábia a um bom navegador, que não conhece apenas a teoria geral de navegação, mas que também já explorou este ou aquele determinado porto.

Em termos bakhtinianos, diríamos que precisamos da casuística na extensão em que o teorismo é inadequado. Precisamos dela quando o caso particular contém um excedente que extrapola as regras. *Para uma filosofia do*

---

3 Sobre a casuística e sua relação com a ética e o romance, cf. *Defoe and Casuistry* (1971), de G. A. Starr, e *The Abuse of Casuistry: a History of Moral Reasoning*, de Albert R. Jonsen e Stephen Toulmin (1988).

ato responsável insiste em que a teoria jamais poderia exaurir a situação particular. O ato ou acontecimento concreto, escreve Bakhtin, "não pode ser transcrito em termos que não o façam perder o próprio sentido de sua acontecimentalidade, aquele algo que se conhece responsavelmente e para o qual o ato se orienta" (Bakhtin, 1986: 104).

Uma forma de narrar a ascensão do romance realista é como uma reação ao "racionalismo". Os racionalistas do século XVII e seus herdeiros redefiniram a filosofia de modo a excluir o particular, o temporal, o contingente, o prático e qualquer coisa que dependa de uma sabedoria não formalizável (Toulmin, 1992). Em seu próprio tempo, Montaigne e Erasmo teriam sido considerados filósofos, mas no tempo de Kant, já eram, há um bom tempo, considerados meramente homens de letras.

Banida da filosofia, a casuística encontrou guarida na literatura. Daniel Defoe, frequentemente considerado o primeiro romancista realista, escrevia colunas de aconselhamento para o *The Athenian Mercury,* exercícios de casuística. Os leitores, supostamente, enviavam histórias — geralmente, Defoe as criava — que levantavam um problema moral complexo. Para solucioná-lo, Defoe aplicava os princípios do raciocínio a partir de casos. Se considerarmos romances como *Moll Flanders* ou *Roxana, the Fortunate Mistress*, veremos que cada um deles consiste numa série de tais casos acontecendo com a mesma pessoa. A heroína sempre oferece uma justificativa para algo terrível que teria feito, do tipo que sempre usamos para nos justificar. E, contudo, ela é manifestamente imoral. Como pode isso?

O leitor tem de decifrar esse enigma. Deve determinar o que há de errado na justificativa da heroína, e então aprender a raciocinar melhor sobre questões éticas. O problema não pode ser solucionado por meio da invocação de uma regra. Frequentemente, a resposta envolve algo não mencionado na autojustificação da heroína. Típicas de *Moll Flanders* e *Roxana, the Fortunate Mistress* são as explicações que, enquanto funcionam bem em seus próprios termos, omitem o fato de que cada uma delas teria abandonado seus filhos.

O romance realista preservou o senso de que a ética é mais complexa do que qualquer teoria e de que somente uma história ricamente detalhada pode possivelmente ser adequada aos problemas reais que encaramos. Como os romances de Defoe, romances posteriores tratam de autojustificação. Jane Austen explora os modos como "orgulho e preconceito" condicionam os próprios fatos que observamos. Em *Middlemarch*, George Eliot descreve como Bulstrode e Lydgate encontram formas de se endireitarem. *Anna Karenina*, de Tolstói, é, talvez, sobretudo, uma história de autoengano moral. Na parte VIII, Tolstói explicita as premissas casuísticas do livro. Quando Levin, que se opõe ao envolvimento militar nos Bálcãs, é questionado sobre se mataria um turco prestes a torturar um bebê diante de seus próprios olhos, responde que não sabe, que teria de decidir no momento. O irmão de Levin, filósofo, considera essa resposta absurda, porque ela não oferece um princípio, só um momento. Mas, para Tolstói, a resposta de Levin seria a correta. As complexidades de tal caso não podem ser previstas e as consequências de uma ação equivocada seriam, de qualquer maneira, terríveis. Para decidir é necessário se apoiar na sensibilidade ética adquirida durante a vida, juntamente com a atenção a particulares imprevisíveis, desenvolvida por meio de experiências prévias. Certamente, regra alguma adiantaria também. Levin, aqui, expressa não somente sua abordagem da ética, e não somente as ideias de Tolstói, mas também as pressuposições de todo o gênero do romance realista.

Os heróis de Dostoiévski aprendem a inadequação da teoria para pessoas reais. Em *Crime e castigo*, Razumikin argumenta que os teóricos socialistas ignoram tudo o que é particular aos indivíduos.

> Eles não gostam do processo *de viver* a vida; eles não querem uma alma viva. A alma viva requer vida, a alma não obedece às regras da mecânica [...] Você não pode ignorar a natureza por meio da lógica. A lógica pressupõe três possibilidades, mas há milhões! (Dostoiévski, 1950: 251-252; grifo nosso).

Raskólnikov acredita não apenas em suas teorias, mas na teoria em si. Quando uma teoria falha, ele muda para outra. É essa estrutura de mente teórica que o leva ao crime. A decência comum das pessoas comuns não tem como detê-lo. O detetive Porfírio Petrovich vence Raskólnikov precisamente por não se basear em teoria alguma. Razumikin explica que Petrovich segue "o velho método circunstancial" (Dostoiévski, 1950: 241), enquanto ri daqueles que se valem de teorias. Tais pessoas, o detetive diz a Raskólnikov, se assemelham ao general austríaco Mack, que derrota os franceses no papel, mas que, na verdade, perde todo o seu exército[4]. Raskólnikov dá os primeiros passos para a regeneração quando abre completamente mão de sua mentalidade teórica: "A vida adentrou o lugar da teoria e algo bem diferente foi construído em sua mente" (*ibid.*: 531).

---

[4] Porfírio Petrovich está evidentemente aludindo à cena que envolve o general Mack em *Guerra e paz*. Ambos os romances estavam sendo publicados em fascículos no mesmo jornal, na mesma época.

IV. DOIS TIPOS DE ÁLIBI

Para Bakhtin, a tendência mental teórica não somente simplifica demasiadamente o mundo, e não apenas leva a matar, mas também implica outro erro moral. Protegidas por uma teoria, as pessoas tentam criar o que Bakhtin chama de um "álibi" para a responsabilidade ética. Transferimos a responsabilidade para alguém, ou para algo, e nos comportamos *como se não estivéssemos ali* — como se tivéssemos um *álibi* e, assim, não pudéssemos ser responsabilizados. Não estamos agindo, mas sim a teoria. Ou, não estamos agindo, o Partido, sim; a Igreja, sim; ou a Nação.

Além desse álibi positivo, às vezes, também construímos um álibi negativo. Nosso crime consiste naquilo que *não* fazemos, que estamos certos de ser incapazes de fazer ou que nos esquecemos de fazer. Tendo em vista que nosso crime é negativo, podemos prontamente dizer a nós mesmos que não fizemos nada de errado, porque não fizemos nada. Esses dois tipos de álibi configuram o romance de ideias realista. O álibi negativo é bastante comum. Somos informados de que Stiva Oblonsky, de Tolstói, por exemplo, desejava ser um bom marido e pai, mas nunca conseguia se lembrar de que tinha esposa e filhos. Em *Romola*, de George Eliot, o acadêmico Tito Melema comete seus piores crimes pelo que não faz (resgatar seu pai adotivo). Os heróis intelectuais de Turguêniev sempre têm uma razão aparentemente nobre para não agirem. Dostoiévski usa ambos os tipos de álibi. Raskólnikov comete dois assassinatos numa espécie de devaneio. Ele mata como se não fosse ele, como se somente seu corpo estivesse agindo. E se comporta "quase que completamente de forma mecânica, como se alguém o tivesse levado pela mão e o puxado irresistivelmente, cegamente, com força antinatural [...] como se um pedaço de sua vestimenta tivesse se prendido nas engrenagens de uma máquina, arrastando-o para dentro dela" (Dostoiévski, 1992: 70). O machado desce como se estivesse agindo por si mesmo. Ivan Karamazov realmente não está lá quando o crime acontece. Ele literalmente comete seu crime *por não estar lá*. Legal, mas não moralmente, ele tem o álibi perfeito e sofre de uma culpa por não ter antecipado o acontecimento.

Tanto no álibi positivo quanto no negativo, o erro moral está na negação da presenticidade. Fatalismo e determinismo facilmente fornecem o mesmo tipo de álibi. Não eu, mas as leis da natureza agindo em mim fizeram isso. Ou, na versão desprezada de Dostoiévski, não eu, mas as condições sociais fizeram isso. Para Bakhtin, não há álibi para o "acontecimento de ser" (*sobytie bytiia*, um tipo de trocadilho em russo). Vivemos num estado de "não álibi". A verdade ética fundamental que devo escolher aqui e agora: "Aquilo que pode ser realizado por mim [agora] não pode jamais ser realizado por outrem" (Bakhtin, 1986: 112)[5].

V. CRONOTOPO E AGÊNCIA

FTC explica, por contraste, o que a escolha ética implica. Cada cronotopo genérico descrito contrasta implicitamente de forma significativa com o cronotopo do romance realista. Se construirmos, a partir desses contrastes, o que o romance realista é, e então somarmos a isso as caracterizações do romance que Bakhtin nos oferece alhures, veremos o que, segundo ele, um rico senso de escolha requer. Acima de tudo, requer que compreendamos o caráter aberto do tempo. Cronotopos maiores, que representam o tempo como fechado, enfrentam uma dificuldade resolvida de diversas maneiras. Se o tempo é fechado, então o mundo é certo. Contrariamente, a certeza tende a sugerir que o tempo é fechado. Em ambos os casos, nada de essencial pode mudar. Contudo, para haver uma história, algo tem de acontecer. Como, então, pode haver uma história que expresse a certeza das coisas?

Na utopia, nada pode acontecer, porque qualquer alteração da perfeição representaria uma piora. A literatura utópica, portanto, restringe o enredo à viagem para o mundo perfeito e a partir dele[6]. O romance grego representa a certeza essencial das coisas de modo diferente. Acontecimentos ocorrem, na verdade, se multiplicam uns sobre os outros, como se não pudesse haver um número suficiente deles, mas, no entanto, não deixam rastros. A mudança não muda nada. Não importa em quantas aventuras o herói e a heroína embarquem, eles acabam exatamente como se tivessem se casado na primeira. O enredo descreve "um hiato extratemporal entre dois momentos de tempo biográfico" (FTC, 90), um tempo de pura digressão. O mundo também permanece o mesmo. Ele nunca é mais do que um espaço estranho no qual as aventuras podem acontecer, e a história não descreve lugar algum com um histórico. O sentido desse gênero é: vivemos em um mundo de catástrofes constantes, mas o próprio mundo nunca muda.

---

[5] Comparar com a famosa frase de Rabi Hilel, O Ancião (c. 60 a.C.-c. 9 d.C): "Se não sou por mim, quem será por mim? E, sendo para mim mesmo, o que eu sou? Se não agora, quando?" (Knowles, 2004: 388). Esta frase, às vezes, é citada da seguinte forma: "E se não eu, quem? E se não agora, quando?"

[6] Discuto os enredos da utopia e da antiutopia em *The Boundaries of Genre: Dostoiévski's "Diary of a Writer" and the Tradition of Literary Utopia* (1981).

Falta agência aos personagens do romance grego, no qual acontecimentos acontecem por si mesmos, não fazem coisas acontecerem. Destino e acaso dão as cartas, e o que as pessoas fazem é suportar. Provações testam sua habilidade de permanecerem fiéis, mas o resultado bem-sucedido do teste é dado de antemão. Onde o romance grego expressa certeza, o cronotopo do romance realista depende da incerteza. Nos romances realistas, cada escolha do herói ou da heroína o(a) torna uma pessoa, de algum modo, diferente. A soma total de tais mudanças constitui crescimento. Num romance grego, a sequência de aventuras poderia ser facilmente alterada porque não há crescimento, mas num romance realista, uma escolha feita em determinado momento poderia ser diferente em outro, pois o personagem se modificou nesse ínterim.

Heróis e heroínas realistas escolhem uma coisa, quando poderiam ter optado por outra. Caso escolham erradamente, podem experimentar arrependimento, e o arrependimento pressupõe que algo mais poderia ter sido feito. Pela mesma lógica, o leitor pode censurar o personagem e, então, essa reação também significa que o herói ou heroína poderiam ter agido diversamente. Para ter certeza de algo, as escolhas no romance são ainda drasticamente limitadas. Os personagens têm uma margem de liberdade, mas essa margem tem limites definidos pelas circunstâncias sociais. Essas circunstâncias não apenas reduzem as opções, como moldam a própria pessoa que faz as escolhas. A sociedade modela a personalidade. Dorothea Brooke não poderia ser russa por nenhuma outra razão que não fosse sua sensibilidade protestante. O período histórico também deixa sua marca em cada pessoa. Talvez de forma muito mais contundente do que George Eliot, Turguêniev demonstra como os interesses, os preconceitos e os medos de uma época penetram em cada consciência. Algumas restrições em relação às escolhas de um personagem são criadas pela sociedade; outras, pela própria história de escolhas do personagem. Finalmente, cada personagem é afetado pelas escolhas feitas pelos demais. O que Anna faz, na verdade, reduz as opções de Karenin. Assim como a sociedade molda os indivíduos, também por eles é modelada.

Examinar cada cronotopo genérico descrito por Bakhtin nos afastaria bastante do nosso assunto central. No entanto, podemos enumerar alguns aspectos chave do cronotopo do romance moderno. Ele reflete um forte senso de privacidade e o mundo interior de cada eu. Atribui um alto valor às ações comuns e à vida cotidiana e narra eventos para enfatizar a complexidade das decisões éticas, sem apresentar resposta inequivocamente correta.

Todas essas qualidades e outras mais definem as pessoas ao torná-las essencialmente indefinidas. Em ER, Bakhtin observa:

> Um indivíduo não pode estar completamente encarnado no corpo das categorias sócio-históricas existentes. Não há uma única forma na qual pudessem se encarnar, de uma vez por todas, todas as suas necessidades e possibilidades humanas, nenhuma forma na qual ele pudesse se exaurir até a última palavra [...] Sempre resta um excedente de humanicidade não realizado [...] A realidade, como a temos no romance, é somente uma das muitas realidades possíveis [...] ela carrega em si outras possibilidades (ER, 37).

A realidade tem "outras possibilidades", e nós excedemos todas as categorias sociais que nos modelam. Não importa o que escolhamos, poderíamos ter optado por algo distinto e, assim, poderíamos ter nos tornado outra pessoa. Essa outra pessoa que poderíamos ter sido e todas as demais que sempre poderíamos ser constituem nosso excedente de humanicidade. Todas essas ideias pressupõem um mundo no qual a incerteza se reflete mais do que a ignorância das pessoas em relação às causas. Ou melhor, a incerteza caracteriza a própria natureza das coisas. Em *Problemas da poética de Dostoiévski*, Bakhtin enuncia uma antidefinição similar de humanidade:

> Um homem nunca coincide consigo mesmo [...] No pensamento artístico de Dostoiévski, a verdadeira vida da personalidade acontece no ponto de não coincidência entre um homem e ele mesmo, no ponto de sua partida para além dos limites de tudo o que ele é como ser material, um ser que pode ser espionado, definido, previsto, independentemente de sua própria vontade, "em segunda mão" (1984: 59).

Aqui, a visão cronotópica de Bakhtin o capacita a expressar um ponto ético fundamental. É imoral tratar outra pessoa como se ela fosse inteiramente conhecida e previsível. Se Bakhtin tivesse um equivalente para o imperativo categórico kantiano, ele seria: trate sempre outra pessoa como "infinalizável", como excedendo não apenas o que você, de fato, sabe sobre ela, mas também o que qualquer outro poderia saber.

VI. CRONOTOPO DA GUILHOTINA DE DOSTOIÉVSKI

Dostoiévski teria certamente concordado com todas essas ideias e, na verdade, Bakhtin parece derivar muitas delas de Dostoiévski. Acredito, no entanto, que escapa a Bakhtin uma das formas mais profundas de Dostoiévski vincular incerteza à humanicidade. Para Bakhtin, os "repentinamente" de Dostoiévski sugerem uma inabilidade de apreender "o devir histórico real".

Talvez sim, mas Dostoiévski faz uso de crises intensificadas, não apenas para representar como as mudanças ocorrem, mas também para oferecer "experiências mentais" sobre a psicologia humana. Momentos extremos servem para evidenciar os processos mentais em evidência.

No restante deste ensaio, gostaria de explorar o modo como Dostoiévski associa abertura com psicologia humana. Para tanto, voltemos ao cronotopo menor da guilhotina. Dostoiévski contava com a familiaridade de seus leitores com o incidente mais notável de sua vida. Depois de ter ficado preso meses por acusação de atividades radicais, Dostoiévski e outros foram abruptamente informados de que seriam executados naquele dia. Foram levados à Praça do Senado para serem fuzilados. Observados os ritos finais, e tendo sido oferecidas a eles vendas, já estavam inteiramente convencidos de que iam mesmo morrer. No último momento, um mensageiro imperial, a galope, anunciou que, em sua infinita misericórdia, o czar Nicolau permutara a execução por uma sentença de prisão e de exílio interno. Toda a cena fora planejada previamente, como parte da punição[7].

Quem já leu Dostoiévski sabe com que frequência ele alude a essa experiência. A caminho do assassinato, Raskólnikov nota que, apesar da necessidade da presença de espírito, ele repetidamente se perde em devaneios a respeito de "assuntos sem importância". Reflete: "'Então, provavelmente os homens levados à execução se agarram mentalmente a todo objeto com que topam pelo caminho [...] ele se apressou a se desfazer desse pensamento" (Dostoiévski, 1950: 74). Todo leitor dessa passagem saberia que Dostoiévski não estava conjeturando quando escreveu sobre a psicologia de um homem condenado. Mais memorável ainda, na parte I de *O idiota*, o príncipe Míchkin descreve três vezes a psicologia de um homem prestes a ser executado. *O idiota* discute, com frequência, a relação tempo-humanicidade. A longa confissão de Hipólito, as crises epiléticas de Míchkin e muitas outras passagens, todas tratam da natureza do tempo. As histórias de execução são simplesmente a forma mais marcante de o romance ilustrar por que a vida humana depende psicologicamente da indeterminação. A primeira cena de execução de *O idiota* começa com Míchkin estabelecendo uma conversa imprópria com o criado do general Epantchin. A discussão se volta, como frequentemente parece ocorrer no caso de Míchkin, para uma execução presenciada por ele em Lyons. Míchkin descreve sua surpresa ao ver um criminoso tão terrível e corajoso chorando de medo. O criado observa que pelo menos é bom que

7 Essa punição era reutilizada, embora não tão frequentemente, na Rússia czarista.

"não haja muita dor [...] quando a cabeça cair", mas Míchkin responde com o que ele chama de "uma ideia absurda e selvagem" (Dostoiévski, 1962: 20): talvez fosse melhor se houvesse torturas físicas para distrair a pessoa do horror psicológico.

E o que exatamente seria aquele horror? A resposta de Míchkin vai ao cerne do sentido da existência humana de Dostoiévski:

> Mas a principal e pior dor não deve estar no sofrimento corporal, mas em se saber, *com certeza*, que em uma hora, e então em dez minutos, e então em meio minuto, e então agora, precisamente neste momento, a alma deixará o corpo, o corpo deixará de ser um homem, e isso acontecerá obrigatoriamente; a pior parte é isso ser *certeza* (*ibid.*: 20; grifo nosso).

Míchkin insiste: a pior parte da execução não é a dor, nem mesmo a morte, mas a *certeza* da morte. Se, por exemplo, a morte fosse simplesmente provável, mas não certa, se houvesse uma chance, mesmo que ínfima, de escapar, a situação seria, psicologicamente, bem diferente. Para Míchkin, essa diferença explica por que a pena capital é pior do que o assassinato:

> Qualquer pessoa assassinada por bandidos, cuja garganta é cortada, à noite, em uma mata, ou algo desse tipo, deve certamente ter esperança de escapar até o último instante. Tem havido casos em que um homem ainda esperava escapar, correndo ou clamando por misericórdia, mesmo depois de sua garganta ter sido cortada. Mas no outro caso, toda aquela última esperança, que faz a morte ser dez vezes mais fácil, é afastada, *com certeza*. Há a sentença, e toda a terrível tortura está no fato de certamente não haver como escapar, e não há, no mundo, tortura mais terrível (*ibid.*; grifo nosso).

Leve um soldado a enfrentar canhões, e ele ainda terá esperança, mas esse mesmo soldado pode perder a cabeça, caso uma sentença de morte seja proferida contra ele.

Seria possível para o restante de nós saber o terror de tais últimos momentos? "Talvez", conclui Míchkin, "haja um homem sentenciado à morte, exposto a essa tortura, e a quem tenha sido dito 'você pode ir, está perdoado'. Talvez tal homem pudesse nos contar" (*ibid.*: 20-21). Como todo leitor sabe, esse homem existiu, e ele é quem estava contando.

Mas, por que a *certeza* deveria ser tão importante? Por que uma sentença de morte é tão pior do que a morte em mãos de bandidos? Para Dostoiévski, a resposta a essa pergunta ilumina o que a vida humana é em sua essência.

Ser humano significa viver em um mundo onde o futuro não existe, até que o construamos. Não é como se fôssemos personagens de um romance com enredo previamente planejado e nossos destinos já escritos e, em certo sentido, já *passados*. Dostoiévski tinha consciência de que determinismo e onipotência divina implicam um cronotopo de certeza e procurou refutar esse cronotopo *psicologicamente*.

Na visão de Dostoiévski, pode-se afirmar o tempo como algo fechado, filosófica ou teologicamente falando, mas não se pode, na verdade, viver por ele. Pode-se aplicá-lo somente aos outros, mas sempre com uma brecha implícita para si mesmo. *Seus* pontos de vista são determinados por forças sociológicas ou psicológicas, mas os *meus*, incluindo minha crença em tais forças, derivam de reflexões sóbrias, baseadas nas evidências. Sem tal brecha, a vida seria insuportável.

Para que a vida tenha sentido, nossos esforços fazem diferença. O mundo deve depender, em parte, do que escolhemos fazer. Para serem genuínas, tais escolhas não podem ser dadas de antemão. Como muitos filósofos ainda argumentam, não pode ser que as mesmas leis da natureza, que agem através de nós, também nos deem a sensação de escolha. Nós, "livremente" (ou seja, sem pressão externa) escolhemos, mas as leis inquestionavelmente determinam previamente o que escolhemos. Para Dostoiévski, esse tipo de liberdade é insuficiente. Nossas escolhas devem ser somente isto: nossas.

O tempo deve ser aberto no sentido segundo o qual se uma situação idêntica fosse repetida teria outro resultado. Essa é a definição mínima de tempo aberto. Em seu *Diário de um escritor*, Dostoiévski relata o julgamento de uma mulher acusada de tentativa de assassinato. Solicitou-se ao júri que decidisse se ela teria cometido o crime, caso sua mão não se detivesse. Dostoiévski responde que tal questão é impossível de ser respondida, porque, no momento em questão, o resultado era ainda imprevisto e a coisa poderia ter se dado de muitas formas diferentes. Repita a situação, ele explica, e cada vez você obterá um desfecho distinto. Uma vez, a ré poderia cometer o crime; outra, desistir antes que fosse tarde demais; e numa terceira, voltar a arma contra si mesma. Todos esses resultados "poderiam ter acontecido à mesma mulher e terem sido originados na mesma alma, no mesmo estado de ânimo e sob as mesmas circunstâncias" (1993: 474). Se situações idênticas podem levar a desdobramentos diferentes, então, por definição, o tempo é aberto. Não há razão suficiente que determine um resultado específico.

Para que a vida seja significativa, o mundo deve realmente ser incerto nesse sentido *e* devemos vivê-lo como tal. O determinismo destrói a incerteza, enquanto a pena capital destrói a sensação de incerteza. O horror da certeza absoluta explica a imagem memorável do homem implorando por misericórdia, mesmo depois de sua garganta ter sido cortada: a vítima pode ter certeza de que vai morrer, mas tal conhecimento é tão inaceitável que ela age como se sua garganta estivesse prestes a ser cortada. Ela fabrica suspense.

O antiutopismo político de Dostoiévski deriva de considerações semelhantes. Dois aspectos do pensamento utópico podem ser distinguidos, e qualquer um deles seria suficiente para condenar a vida à falta de sentido. Primeiro, a maior parte do utopismo depende do determinismo, a alegada descoberta de leis sociais tão rígidas quanto as leis físicas. O homem subterrâneo de Dostoiévski argumenta vigorosamente contra essa visão. Mas mesmo além do determinismo, que geralmente o acompanha, o utopismo é contrário ao cronotopo da humanicidade e, portanto, destrói a significatividade. Isso se deve ao fato de as utopias eliminarem o sofrimento por meio da eliminação do conflito e do imprevisto. Mas, ao fazê-lo, as utopias eliminam a própria vida.

Em um esboço, em seu *Diário de um escritor*, Dostoiévski imagina o que aconteceria em um mundo utópico, no qual todas as necessidades fossem imediatamente satisfeitas "exatamente como sonham nossos socialistas russos" (1993: 335). Só agora o verdadeiro potencial humano pode ser revelado!, pensam as pessoas. Mas tal arrebatamento não duraria muito tempo. As pessoas logo compreenderiam que um mundo no qual os desejos são satisfeitos instantaneamente é um mundo no qual o esforço não faz o menor sentido. Sem incerteza, e sem a possibilidade de fracasso, não haveria necessidade de lutar. Significatividade requer não apenas objetivos, mas também um processo de verdadeiramente alcançá-los por meio de nossos próprios esforços. Com tudo planejado e certo, a utopia se transformaria em um inferno:

> As pessoas, de repente, perceberiam que não lhes restava mais vida alguma, que não tinham liberdade de espírito, nem vontade, nem personalidade [...] perceberiam que sua imagem humana desaparecera [...] As pessoas compreenderiam que não há felicidade na inatividade, que a mente que não trabalha definhará, que não é possível amar o próximo sem sacrificar algo a ele, de seu próprio trabalho; que é odioso viver à custa de outro; e que *a felicidade está não na felicidade em si, mas na tentativa de alcançá-la* (*ibid.*; grifo nosso).

A "imagem humana" demanda que a vida seja um *processo*, no sentido de uma série de passos que levam a um resultado incerto. Não é um produto dado desde toda a eternidade.

Utopismo e socialismo violam o que viria a ser o "paradoxo processual", a verdade estranha, cronotópica de que a temporalidade na qual conseguimos algo é essencial para seu valor e, em última instância, para todo valor. Esse paradoxo reaparece constantemente em Dostoiévski. O homem subterrâneo atribui ao homem uma propensão a destruir — muito semelhante ao que Freud chamaria, mais tarde, de pulsão de morte — e explica essa propensão como resistência a metas finais, que finalizam o processo de atingi-las. Ele compara o homem a um jogador de xadrez que aprecia somente o processo do jogo. Pessoas não são formigas, ele explica, que se contentam com seu formigueiro para sempre. O formigueiro se manteve como a imagem favorita de Dostoiévski para se referir ao socialismo e a sua equivocada definição das necessidades humanas.

O homem subterrâneo, então, aguça o seu paradoxo. O homem, diz ele, "gosta do processo de conseguir algo, mas não de ter conseguido, e isso, certamente, é terrivelmente engraçado [...] parece haver um tipo de jogo de palavras em tudo isso" (Dostoiévski, 1960: 30). A razão pela qual o resultado é engraçado é que, para lutar, é preciso acreditar em uma meta que, se atingida, seria inútil. Mas, uma vez que se esteja ciente de que a meta é inútil, como se pode lutar por ela? Compreender que o valor está na luta impede a luta.

O idiota, de fato, tenta encontrar uma solução para esse problema. A frase mais famosa do livro está na parte III, quando Hipólito, morrendo de tuberculose, imagina a certeza de morte iminente como um tipo de execução e exclama:

> Oh, você pode estar certo de que Colombo ficou feliz, não quando descobriu a América, mas enquanto a descobria [...] É a vida que importa, nada além da vida — o processo de descobrir, o processo perpétuo e infindável, não a descoberta em si mesma, em última instância (Dostoiévski, 1962: 375).

O romance sugere uma resposta para o paradoxo processual: lutar por metas que, quando alcançadas, tornam-se pontos médios de outro processo *ad infinitum*. Não lute, mesmo em princípio, por metas que garantam ou eliminem a incerteza.

VII. EXECUÇÃO Nº 2: O QUE A MENTE FAZ COM O TEMPO

A solução de lutar por metas intermediárias não funciona no caso dos condenados a uma morte iminente. Como, então, o condenado vivencia o tempo fechado? A segunda descrição que Míchkin faz de uma execução aborda essa questão:

> Este homem fora levado, junto com outros, a um patíbulo, e foi lida sua sentença de morte [...]. Vinte minutos depois, um indulto foi anunciado a eles, e foram condenados a outra forma de punição. No entanto, o intervalo entre as duas sentenças, vinte minutos, ou pelo menos quinze, ele o passou em plena convicção de que morreria em poucos minutos (Dostoiévski, 1962: 54-55).

Os leitores sabiam que essa história era a do próprio autor.

O homem perdoado relata que a mente se recusa a aceitar o fim iminente. Ela excogita que vive os poucos minutos restantes como bastante longos, como se meses ou anos de vida pudessem acontecer em poucos minutos. Esse período de tempo permite espaço suficiente para o processo, a luta e a incerteza. Consequentemente, até cinco minutos antes da execução, o fim parece muito distante:

> Ele só tinha cinco minutos a mais de vida. Ele me disse que aqueles cinco minutos pareciam, para ele, um tempo infinito, uma vasta riqueza; sentiu que tinha tantas vidas de sobra naqueles cinco minutos, que ainda não havia necessidade de pensar sobre o último momento, tanto que ele dividiu o seu tempo (*ibid.*: 55).

Se um vão de cinco minutos parece agora "muitas vidas", então, certamente, podem-se realizar muitas coisas e, desse modo, metas intermediárias tornam-se possíveis.

O prisioneiro se permite dois minutos para se despedir de seus companheiros, mais dois minutos somente "para pensar pela última vez" e um minuto "para olhar ao seu redor pela última vez" (*ibid.*). Ao se despedir de seus companheiros, "se recorda de ter feito uma pergunta irrelevante a um deles e de ter sido particularmente tocado pela resposta" (*ibid.*). "Perguntas irrelevantes" só têm importância se alguém tacitamente supõe que viverá para ver suas consequências ou significado. O interesse por elas, assim como o desejo de distribuir o tempo, portanto, expressa uma recusa de aceitar a morte iminente. Simula-se incerteza.

Nos dois minutos que reserva para "pensar", o homem condenado espera solucionar o mistério final, "como pode ser que agora ele exista e esteja existindo e em três minutos seria *alguma coisa*. Mas o quê? Onde? Ele desejava decidir tudo aquilo naqueles dois minutos!" (*ibid.*). E por que não, se o tempo vivenciado ainda pode ser medido em vidas?

Ainda mais estranhamente, como os momentos parecem se alongar, o prisioneiro tem a sensação de ainda ter *muito* tempo. Ao refletir sobre o fato de que vivencia um minuto como se fosse uma era, ele reconhece quão significativa a vida poderia ser se pudesse retomar a vida cotidiana, com a capacidade de vivenciar o tempo dessa nova maneira. Se cinco minutos contêm vidas, o que seriam quarenta anos? "Que eternidade?", ele reflete, "Eu faria de cada minuto uma era; não perderia nada; contaria cada minuto que passasse, não perderia um só!" Mas isso é impossível! Tão pavoroso era esse pensamento — e ele parecia se prolongar por tanto tempo — que, "por fim, ele desejou ser fuzilado [mais] rapidamente" (*ibid.*).

Acho que só Dostoiévski poderia ter escrito essa última frase. A mente intensifica e prolonga tanto cada momento que o fim parece *muito distante*! O modo como a mente resiste à certeza, por fim, ganha vida, de forma que se deseja escapar dela.

VIII. O RÁPIDO E O MORTO. A TERCEIRA CENA DE EXECUÇÃO

Adelaida Epantchina procura um tema para uma pintura, e Míchkin imediatamente lhe sugere o rosto de um homem que ele viu ser executado. Aquele rosto, explica ele, revelaria a intensificação do tempo, ainda mais do que a segunda descrição de execução que ele apresentara. Míchkin imagina que o prisioneiro sente a própria mente acelerando, como se estivesse tentando condensar décadas em minutos:

> Acho que ele também deve ter pensado que tinha um tempo infinito de sobra para viver, enquanto estava sendo levado pela cidade. Ele deve ter pensado durante o caminho: "Ainda resta um longo tempo, mais três ruas. Devo passar por esta, então, pela próxima, e ainda há aquela, à esquerda, onde há uma padaria, à direita [...] Levará bastante tempo até chegarmos à padaria" (Dostoiévski, 1962: 59).

Enquanto o tempo diminui, a mente acelera proporcionalmente, de forma que até mesmo quando restam somente alguns momentos, ela ainda tenta condensar uma vida dentro desse ínterim antes do fim. Como cada minuto que se vai representa uma grande porcentagem da vida restante, a mente acelera ainda mais rapidamente. Poder-se-ia pensar que as pessoas perderiam a consciência quando o momento final se aproximasse, mas isso raramente acontece, precisamente porque, "ao contrário, o cérebro encontra-se extraordinariamente ativo e deve estar operando numa velocidade tremenda, como uma máquina a todo vapor" (*ibid.*: 60).

Esse prisioneiro também nota coisas irrelevantes — um homem com uma verruga na testa, o botão enferrujado no casaco do carrasco — mas fica claro que, ao se distrair, jamais perde de vista aquilo de que está desviando a atenção. Os botões enferrujam-se vagarosamente, durante muito tempo, por exemplo, e o enferrujar-se sugere temporalidade estendida e não abreviada. O cronotopo da ferrugem nega o cronotopo do "repentino". A própria necessidade de pensar um processo lento, contínuo, demonstra implicitamente haver "um ponto que nunca pode ser esquecido, e não se pode perder a consciência, e tudo se move e se dirige para esse ponto", que é a certeza e a proximidade da morte.

Em inglês, a palavra "*quick*" pode significar tanto "rápido" quanto "vivo". Como substantivo, "*the quick*" significa o vivente ou a parte vital e mais importante. Daí termos a expressão idiomática "o vivo e o morto". Remontando ao indo-europeu, "quick" tem relação com *vivus*, do latim, *bios*, do grego, e *zhivoi* (vivo), do russo. Em russo, *zhivo* também pode significar rapidamente ou imediatamente e *zhivei*, apresse-se! (ou "ande rápido com isso!"). A pessoa se apega à velocidade porque é o oposto da morte e, quanto mais próximo da morte alguém chega, com mais rapidez a mente funciona. Essa etimologia compartilhada dá testemunho da cronotopicidade da própria vida.

IX. O CRONOTOPO DO ÚLTIMO DÉCIMO DE SEGUNDO, E DEPOIS

No momento em que o prisioneiro coloca sua cabeça no bloco, seu pensamento lampeja tão rapidamente que toda uma vida pode acontecer em um "quarto de segundo". Imagine o que seria esse quarto de segundo

> quando a cabeça dele jaz no bloco, ele espera e [...] *sabe*, e, de repente, ouve acima de si o tinido do ferro! Ele tem de ouvir isso! Se eu estivesse lá, deveria escutar de propósito e ouvir. Pode durar somente uma décima parte de um segundo, mas alguém certamente ouviria isso (Dostoiévski, 1962: 60; grifo nosso).

A pessoa escutaria o som porque seria o seu último. Dentro daquele décimo de segundo, a mente se esforça tanto quanto fez em um quarto de segundo e, antes disso, tanto quanto fez em vários minutos, e antes disso, quanto fez nas poucas últimas horas: intensidade inimaginável.

Agora encontramos outro pensamento que somente Dostoiévski poderia ter formulado: "E somente imagine, ainda se discute se, quando a cabeça é cortada, ela saberia, um segundo depois, que o foi! Que ideia!" (*ibid.*). Em caso positivo, então "a cabeça — ou melhor, a mente que se dá conta disso, agora não pertence a uma pessoa, mas somente à cabeça — vivencia aquele segundo no ritmo do décimo de segundo prévio, ou seja, como o equivalente a dez vidas inteiras! Míchkin vai um pouco adiante e pergunta: "E se o soubesse por cinco segundos?" (*ibid.*). Não teríamos como apreender aqueles cinco segundos imediatamente posteriores à decapitação, precisamente porque, para nós, seriam apenas cinco segundos. A lacuna entre a perspectiva interna e a externa permanece intransponível.

Visto que ninguém mais pode remotamente compreender sua experiência, o prisioneiro sofre uma solidão dolorosa. Será que alguém que o compreendesse lhe ofereceria um café da manhã especial? "Isso não é uma zombaria? Pense apenas quão cruel é isso! Mas, por outro lado, você acreditaria nisto, que essas pessoas inocentes agem de boa fé e estão convencidas de que isso seria um ato de humanidade" (*ibid.*: 59). O café parece um ato de bondade para as "pessoas inocentes", porque elas imaginam a refeição sendo consumida no tempo comum, mas é cruel para o prisioneiro que vivencia cada prazer *como se fosse o último* e, portanto, como uma zombaria em si mesma.

No caminho até o patíbulo, o prisioneiro não consegue esquecer sua diferença em relação a todos os outros, nem o fato de somente ele se dar conta dessa diferença dobrada, que implica uma solidão igualmente dobrada:

> Havia multidões de pessoas, havia barulho e gritaria; dez mil rostos, dez mil olhos — tudo o que ele tinha de suportar e, pior de tudo, o pensamento, "Eles são dez mil, mas nenhum deles está sendo executado; eu é que serei" (*ibid.*).

As multidões voyeurísticas olham para ele através de um pequeno espaço, que representa um universo temporal completamente diferente. Essa é a forma como *o espaço se funde com o tempo* no cronotopo menor da guilhotina ou do patíbulo. A separação em relação aos demais não pode ser maior do que o é para a existência em um tipo de tempo diferente, e nenhum espaço pode ser mais impossível de se cruzar do que aquele que separa essas duas temporalidades. Morremos como vivemos, cronotopicamente.

X. PROCESSO

Bakhtin e Dostoiévski concordavam: enquanto continuarmos humanos, a vida requer tempo aberto. Bakhtin chegou a essa conclusão por meio da ética. Somente se mais de um resultado para um dado momento puder ocorrer é que o que fazemos pode ter importância. Porque somos fundamentalmente seres éticos, devemos vivenciar um mundo no qual as possibilidades excedem as realidades. Dostoiévski tinha visões éticas bastante parecidas, mas propôs também um argumento de caráter psicológico. Não apenas a escolha ética, mas toda a experiência psicológica depende de tempo aberto. Humanicidade requer seres incertos num mundo incerto; imprevisibilidade dentro e fora. Se é para a vida ter sentido, seu resultado não pode ser dado de antemão. No momento em que lutar não importar mais, experimentaremos um desespero tão profundo que a mente fará qualquer coisa para fabricar incertezas.

O que as execuções evidenciam é uma verdade eterna sobre a mente. Ela demanda a possibilidade de possibilidades. A vida não pode ser um produto final. Devemos vivê-la como um processo. A vida como produto é morte-em-vida. Pouco importa o que transforma a vida, de processo, em mero produto. Pena capital, socialismo utópico, determinismo materialista e onisciência divina, tudo implica um cronotopo no qual o tempo é fechado. Humanicidade demanda um cronotopo que permita agenciamento efetivo e garanta que, a cada momento, o seguinte possa ser mais do que uma coisa. É a vida que importa, nada além da vida — o processo de descoberta, o processo eterno e perene, e não a descoberta em si, afinal.

CAPÍTULO 7

REPRESENTAÇÕES HETEROCRÔNICAS DA QUEDA:

BAKHTIN, MILTON, DELILLO

RACHEL FALCONER

TRADUÇÃO: SAMUEL COSTA

O cronotopo de um texto muda toda vez que ele é lido, e isso não é diferente quando lemos os próprios textos de Bakhtin. Na primeira década do novo milênio, no contexto de uma série de ataques terroristas, como também de outras crises globais, o texto *Formas de tempo e de cronotopo no romance,* de Mikhail Bakhtin, me surpreende por ser mais pertinente e atual do que nunca. Em FTC, Bakhtin demonstra como dois conceitos, liberdade e responsabilidade, permeiam toda a sua abordagem da linguagem, literatura, política e vida espiritual (FTC, 84-258; Morson e Emerson, 1990: 369; Morson, 1994). Ao reler Bakhtin após o 11 de setembro, encontro novos pontos de conexão entre minha vida acadêmica e a sociedade democrática que possibilita uma existência relativamente livre.

Em FTC, Bakhtin propõe demonstrar como imagens do sujeito humano na literatura gradualmente adquirem um senso de historicidade, por estarem encaixadas em tempos e lugares específicos. Na história antiga do romance, Bakhtin traça não apenas como esse sujeito humano vem a ser representado através do tempo como um agente livre, orientado para a abertura de um futuro próximo, com a capacidade de exercer escolhas. Na sua forma mais desenvolvida (para Bakhtin, o realismo do século XIX), o romance viria a representar o sujeito humano na sua cronotópica mais densa e complexa: completamente voltado para um momento histórico particular e responsável por responder a ele, radicalmente livre para agir, ainda que dentro daqueles parâmetros.

Uma característica peculiar de FTC, no entanto, é que ele nunca analisa diretamente o cronotopo do realismo do século XIX, embora se trate dum gênero que representa claramente o tempo, o espaço e o sujeito humano, nas formas que Bakhtin mais valoriza. Embora ele realmente discuta o cronotopo realista noutro lugar, especialmente em *Problemas da poética de Dostoiévski*, parece estranho que passe tanto tempo analisando os cronotopos do tempo de romance e aventura na Grécia antiga e na literatura medieval, às custas do romance do século XIX, que mais completamente incorpora os conceitos de liberdade e responsabilidade que o ensaio celebra (Bakhtin, 1984).

Uma possível explicação para o foco de Bakhtin na literatura antiga é que se entende melhor o cronotopo como uma teoria do tornar-se e não do ser. Se o romance do século XIX nos apresenta o cronotopo mais rico e mais completamente histórico, então Bakhtin sugere que podemos aprender mais estudando o drama de sua emergência do que estudando o cronotopo na sua forma mais perfeita e acabada.

Em outras palavras, Bakhtin deliberadamente realiza uma *busca* pela historicidade; e este senso de busca pelo endereçamento histórico é particularmente expressivo no início do século XXI. Em *As fontes do self — a construção da identidade moderna*, Charles Taylor argumentou que ser moderno é encontrar-se na busca pelo ser (Taylor, 1989: 17; cf. MacIntyre, 1985). Mas, muito frequentemente, essa busca implica descobrir o solo (espacial e temporal) no qual moldar a identidade. Nesse sentido, a cronotopicidade não é uma característica dada da existência nos tempos modernos, mas algo que temos que criar ativamente.

Bakhtin argumenta que cada gênero literário codifica uma visão de mundo particular, parcialmente definida pelo seu cronotopo (FTC, 85). Isto é, as configurações espacial e temporal de cada gênero determinam em grande parte os tipos de ação que um personagem ficcional pode empreender nesse mundo (sem ser iconoclasta, um herói realista não pode matar feras míticas, um cavaleiro andante não pode filosofar sobre drinques em um café). Ampliações recentes da teoria de Bakhtin têm buscado definir os cronotopos de gêneros novos e emergentes como o filme de estrada, o romance gráfico e a ficção hipertextual. Outros têm desafiado a caracterização de certos cronotopos dada por Bakhtin, como aqueles da poesia épica e lírica, argumentando que esses gêneros (e seus cronotopos) são bem mais dinâmicos e dialógicos do que a análise bakhtiniana permite ver inicialmente (Falconer, 1997: 254-272).

Em vez de discordar da caracterização bakhtiniana de certos gêneros, neste capítulo, argumento que deveríamos prestar detida atenção à heterocronia, ou à interação de diferentes cronotopos, em textos individuais e seus gêneros. Como o próprio ensaio de Bakhtin demonstra, o que faz qualquer cronotopo literário dinâmico é o seu conflito e interação com cronotopos e visões de mundo alternativos. Heterocronia (*raznovremennost*) é o equivalente espaçotemporal da heteroglossia linguística. Se examinarmos atentamente qualquer leitura bakhtiniana de cronotopos particulares, encontraremos evidência de conflito heterocrônico. O choque de configurações espaçotemporais em um texto ou família de textos provê a oportunidade da interiluminação dialógica de visões de mundo opostas.

Temos exemplo desta interiluminação na análise de Bakhtin sobre o cronotopo visionário na *Divina comédia* de Dante, que mostra duas visões de mundo conflitantes, a histórica e a extratemporal (Dante, 1989; FTC, 156-157). Se a visão extratemporal vencer no final, é realmente a presença do impulso histórico que anima a ação, ao menos no relato de Bakhtin. Segundo suas leituras (e podem-se incluir leituras de Erich Auerbach), as almas amaldiçoadas no poema de Dante são imagens plenamente historicizadas que se esforçam para se libertar de limites impostos pelo cronotopo visionário (cf. Auerbach, 1975: 151-176). Bakhtin escreve:

> Para "sincronizar a diacronia", substituir todas as divisões e ligações temporais e históricas por outras puramente interpretativas, extratemporais e hierarquizadas — tal era o impulso gerador de Dante, definido por uma imagem do mundo, estruturado segundo uma pura verticalidade (FTC, 157).

Ao final de sua análise, Bakhtin descobre uma ponte inesperada, ligando o cronotopo visionário da *Divina comédia* de Dante ao cronotopo realista que governa os enredos minimalistas de Dostoiévski (*ibid.*: 156). Este é apenas um exemplo de como um estudo do conflito cronotópico em textos individuais pode gerar leituras produtivas e matizadas, em vez de análises voltadas à identificação num dado texto de um único cronotopo dominante, definidor de um gênero.

Epos e romance de Bakhtin fornece um exemplo importante da heterocronia dinâmica que ocorre em uma escala macro porque, mesmo estando claro que Bakhtin considera o cronotopo romanesco superior ao épico, também está claro que o romance não poderia ter evoluído para sua forma atual sem o épico como seu adversário explícito (ER, 3-40). É o exemplo negativo da épica que estimula a caracterização bakhtiniana do romance. Não há uma única qualidade do discurso romanesco que não exista em oposição vital ao discurso épico. Se o herói épico é elevado acima do plano do leitor, o herói romanesco existe no mesmo plano; se a épica se orienta pelo passado distante, o romance é orientado para o futuro próximo; se não há começos e fechamentos intensos no eterno ciclo do tempo épico, o romance se torna obsessivamente voltado para começos e finais; se o épico se preocupa com feitos gloriosos e destinos heroicos, o romance se preocupa com o detalhe prosaico do dia a dia. No conflito dramático dos gêneros apresentado por Bakhtin nesse ensaio, é a presença do épico que obriga o romance a tornar-se insistentemente mais e mais em si mesmo.

Alguns críticos têm discordado do retrato negativo da épica em *Epos e romance*, enquanto outros têm tentado usar partes de sua análise comparativa ao deixar de lado o óbvio viés em favor do romance. No entanto, ler seletivamente dessa maneira é arriscar reduzir a polêmica revalorização de Bakhtin do então *status quo* a uma descrição inertemente formalista, a ser corrigida e reaplicada silenciosamente. Para mim, não é necessário concordar com as conclusões de Bakhtin; é necessário se envolver no processo de avaliação. Ler Bakhtin sem formar qualquer juízo seria como fazer turismo no inferno sem pensar na justiça. O retrato dramático do relacionamento entre o épico e o romance demonstra que valores fundamentais estão em jogo no conflito dos gêneros e que a forma de justificar suas diferenças deveria revelar os valores que mais prezamos.

Mais uma vez, eu argumentaria que ER tem adquirido uma nova importância e topicidade na primeira década do século XXI. Não são apenas textos literários que têm cronotopos, mas também as opiniões particulares e públicas, a retórica governamental, a representação midiática e as campanhas militares que, retrospectivamente, moldam eventos históricos em narrativa com características cronotópicas distintas. Depois do 11 de setembro de 2001, a administração Bush optou por relançar um dia de horror e derramamento de sangue numa cena inicial de uma guerra épica ao terror. Pelo menos no nível político, a possibilidade de um entendimento romanesco deste evento foi impedida assim que a retaliação militar "Operação Justiça Infinita" teve início. (Em 19 de setembro de 2001, mais de cem aeronaves americanas de combate e apoio e uma força tarefa naval foram enviadas ao Oriente Médio e ao Oceano Índico. A esta operação militar foi dado o codinome "Operação Justiça Infinita", remetendo à famosa inscrição no pórtico do *Inferno* de Dante: "Moveu justiça o Autor meu sempiterno", *Inferno* 3,4).

Mas, se o título dantesco dessa campanha militar pareceu grotesco a muitos (e a vergonhosa mudança para "Operação Liberdade Duradoura" não foi um grande avanço), a alteração de perspectiva, de romanesca para épica, pode ser encontrada em respostas variadas e menos nacionalistas. Vivemos uma década na qual visões de mundo romanescas e épicas estão mais uma vez se conflitando, e a maneira como fazemos uso da estrutura dessas narrativas para interpretar eventos recentes poderia ajudar a moldar o futuro. Os textos que refletem inteligente e persuasivamente sobre o conflito entre essas perspectivas cronotópicas opostas são mais significantes do que nunca nesses nossos tempos de crise.

Os dois conceitos-chave de Bakhtin, responsabilidade e liberdade, podem ser respectivamente associados a dois gêneros maiores: a épica e o romance. Para Bakhtin, sem dúvida, o romance era o veículo mais apropriado para transmitir o sentido de liberdade do sujeito humano. Como Bracht Branham (2002) argumenta, a tarefa central do romancista é restaurar o senso de abertura e futuridade a eventos já ocorridos. Como Gary Saul Morson argumenta aqui, no capítulo 6, se ser humano significa viver em um mundo onde o tempo é aberto, então os romances são praticamente tão indispensáveis para nossas mentes quanto o oxigênio para nossos pulmões. Função vital do cronotopo romanesco é criar o sentido de um futuro aberto e, junto a isso, transmitir a proximidade da experiência, do tempo e do espaço em sua cotidianidade comum.

Entretanto, o contrário também é verdadeiro. Ser humano é viver em um mundo onde o tempo é fechado. E frequentemente é o sentido de finitude que nos compele a atingir certos objetivos ou (impossivelmente, numa perspectiva becketiana) a "viver o momento". Pode-se argumentar: se a força do romance é transmitir um senso aberto de futuridade, então a força da épica é carregar o sentido de tempo como finito. Dado que (como Bakhtin argumenta) seu senso de tempo é cíclico, mítico, ritualizado e distanciado do mundo do narrador ou do leitor, o épico não escapa de representar a vida humana como já escrita. Sem hesitar, ele impõe uma estrutura finalizante e revela uma simetria formal para as vidas de indivíduos e gerações. Enquanto responsabilidade é um conceito desenvolvido em ambos os gêneros, o senso de respondibilidade a uma tarefa específica do herói épico emerge da consciência de finitude temporal mais pronunciada do que no romance. Não podemos viver sem um senso de tempo aberto, nem podemos escapar do senso do tempo como finito. Textos que justapõem cronotopos épicos e romanescos conflitam apenas com esse paradoxo.

Resultado imediato da justaposição desses dois cronotopos é revelar a construtividade desses dois sentidos de tempo. As condições de tempo diário, comum, podem parecer naturais, mas elas são construções, não menos do que as maiores simetrias épicas que parecem ligar-nos a uma trajetória fatal ou a outra (vingança, justiça infinita etc.). Um resultado do choque entre os cronotopos épicos e os romanescos, então, é um senso de estar desancorado de certezas temporais, tanto as grandes certezas épicas de fé, história, tecnologia ou a mais cotidiana certeza de esperar caminhar em paz e segurança por um parque. Aberto ou fechado, comum ou sublime, o senso humano de tempo se demonstra uma construção, uma ficção e, portanto, o resultado de uma escolha. Leitores desancorados de um híbrido romance-épico heterocrônico não só têm de escolher entre construções conflituosas de tempo; eles também têm de pesar e integrar (ou tentar reintegrar) as exigências concorrentes de liberdade e responsabilidade.

É possível achar esse conflito entre cronotopos na ficção contemporânea, especialmente após 11 de setembro de 2001, mas também em narrativas antecedentes, que tratavam de crises e eventos históricos de grande importância. A fim de atingir alguma perspectiva épica na situação presente, eu gostaria de comparar dois textos que justapõem dinamicamente os cronotopos épico e romanesco. Em cada caso, o texto está respondendo a um desastre histórico de tal magnitude que uma nação parece ter se desviado de seu caminho prévio de desenvolvimento, e seu povo parece ter sido impelido a uma crise extrema de identidade. O primeiro texto é *Paraíso perdido,* de Milton, escrito — por um poeta republicano — durante o período em que a República Inglesa faliu. Foi publicado em 1667, sétimo ano de uma monarquia cuja restauração Milton nunca deixou de referir como um desastre espiritual e nacional. O segundo texto é *Homem em queda* (2007), de Don DeLillo, um entre inúmeros outros romances contemporâneos que representam os eventos de 11 de setembro de 2001[1].

Duas observações gerais devem ser feitas, antes de embarcarmos numa leitura detalhada dos textos. Primeira, ambos os autores escreveram sob uma grande expectativa do público leitor de que a voz *deles* a capturaria o evento epocal na literatura, e ambos os autores desapontaram muito essas

---

1 Outras narrativas sobre 11 de setembro incluem: Martin Amis, *The Last Days of Muhammad Atta*, um ensaio de ficção publicado no *The Observer* (3 set. 2006); Frederic Beigbeder, *Windows on the World* (2003); Paul Greengrass, diretor do filme, *United 93* (2006); Jay McInerney, *The Good Life* (2006); Jonathan Safran Foer, *Extremamente alto e incrivelmente perto* (2005) e o romance gráfico de Art Spiegelman, *A sombra das torres ausentes* (2004). Como Mars-Jones (2007) aponta, o título de DeLillo também nos lembra o de Saul Bellow, *The Dangling Man*.

expectativas. O público de Milton esperava um poema épico sobre os eventos políticos da década anterior ou, pelo menos, um poema sobre a história britânica; a escolha de uma narrativa bíblica foi um alívio para os inimigos de Milton e um desapontamento para alguns de seus amigos. Isso foi visto por muitos como um sinal do afastamento do poeta de seu antigo engajamento no discurso público nacional (Milton fora secretário de Oliver Cromwell). Nesse recolhimento de assuntos claramente tópicos, Milton pode ser visto escolhendo uma narrativa épica na sua forma mais tradicional, pois, como Bakhtin relata, o épico clássico tipicamente retrata eventos do passado distante da nação. Mas, como muitos estudiosos apontaram, Milton foi inovador por posicionar o casamento, não a guerra, no centro do conflito épico. Por sua ênfase tão insistente nos acontecimentos domésticos, alguns estudiosos têm alegado que *Paraíso perdido* foi o primeiro romance na tradição da literatura inglesa (cf. Keeble, 2001: 139).

Por sua vez, Don DeLillo vinha escrevendo romances sobre terrorismo nos EUA por mais de duas décadas antes do 11 de setembro. Em *Players* (1977), ele cria um personagem que trabalha na Torre Norte do World Trade Center, numa empresa chamada Grief Management Council, ali localizada porque "onde mais você poderia colocar todo esse pesar?". O romance se inicia com personagens em um avião, assistindo ao filme de um massacre terrorista. Em *Ruído branco* (1985), DeLillo imagina um apocalipse depois de algo a que ele obliquamente se refere como um "evento tóxico suspenso no ar". E em *Mao II* (1991), ele transporta seus leitores de um casamento comunitário no estádio Yankee em Nova York para atrocidades terroristas em Beirute. Mas não é apenas a escolha do tema de DeLillo que o celebrizou como *o* romancista destinado a narrar o 11 de setembro. Em *Libra* (1989) e *Submundo* (1997), ele também demonstrou seu domínio da prosa épica. No tamanho das obras, no escopo ambicioso, na extensa lista de personagens e, acima de tudo, no seu estilo encantatório rítmico, esses romances demonstram muitas das características da épica clássica. Então, se leitores norte-americanos estivessem esperando encontrar o 11 de setembro recontado em prosa como uma grande épica narrativa, DeLillo pareceu ser o escritor mais capaz de cumprir essa tarefa. Mas *Homem em queda*, decididamente, não é essa obra. Certamente, *Homem em queda* parece totalmente relutante em representar o evento diretamente. O World Trade Center é referido como "as torres" e o 11 de setembro como "o(s) evento(s)". No romance quase todo, o protagonista, Keith Neudecker, não consegue se lembrar do que lhe aconteceu no dia dos ataques e, nos dias e anos subsequentes, parece viver uma vida em suspensão. Como Adam Mars-Jones observa, os personagens expressam "o sentimento de estarem descentrados, na periferia de si mesmos", enquanto o romance como um todo "dá [...] a impressão de não ter um núcleo dentro de suas várias cascas" (2007).

Desse modo, tanto Milton quanto DeLillo têm sido descritos como mestres da narrativa épica (embora em sentidos diferentes). Ainda que *Paraíso perdido* e *Homem em queda* sejam inesperadamente heterocrônicos, ou seja, eles justapõem o cronotopo épico contra o romanesco ou, já que se trata de Milton, o protorromanesco. As razões para isso, em minha opinião, são surpreendentemente similares. Ambos os textos representam narradores e personagens desancorados do tempo e do espaço por um evento cataclísmico. Separados de sua referência temporal normal, não encontram ponto de ancoragem a partir do qual reagir ao desastre ocorrido. Para reconquistar um sentido de agência, eles precisam combinar a perspectiva temporal do romance, na qual o futuro imediato parece indefinido e aberto à intervenção, com a da épica, na qual suas ações suportam todo o peso do sentido e consequência históricos.

Milton e DeLillo escreveram em tempos aproximadamente equidistantes do que Bakhtin identifica como o epicentro da escrita dialógica. Os romances de Dostoiévski foram produzidos entre 1840 e 1880, quase duzentos anos depois de Milton e duzentos antes de DeLillo. Todos os três exemplificam um engajamento com o fator central de tudo o que Bakhtin escreve sobre tempo e espaço na literatura: como representar uma imagem de um ser humano finalmente vivo para as forças da história e capaz de reagir a essas forças livremente, embora elas pareçam imutáveis e ingentes.

A busca por cronotopicidade histórica não é apenas um desafio ontológico para o personagem, o escritor e o leitor. Para o escritor também é um problema de representação. Que forma narrativa, gênero, ou cronotopo um indivíduo escolhe para evitar estetizar desastres históricos, redobrando a alienação dos personagens da realidade? Esse problema de representação se torna parte do conflito de *Paraíso perdido* e *Homem em queda*, visto que um cronotopo é desafiado e desfeito pelo outro. Na análise a seguir, eu gostaria de focar em dois movimentos opostos, que categorizo como um conflito dramatizado de cronotopos opostos. No primeiro movimento, o evento cataclísmico é representado. Os cronotopos da épica e do romance, anteriormente unificados, separam-se violentamente; a visão de mundo épica predomina, mas resulta na diminuição dos personagens. No segundo movimento, que ocorre simultaneamente e contra o primeiro, a visão de mundo romanesca se reafirma, forçosamente em *Paraíso perdido*, suave e lentamente em

Homem em queda. O resultado não é uma síntese das visões de mundo épica e romanesca, como se deu anteriormente, mas sim uma perspectiva bifocal de um cronotopo romanesco, cujas extremidades escurecem rumo a um sentido épico de perda irreparável.

Paraíso perdido e *Homem em queda* são obras elegíacas. Ambas lamentam a perda de um completo estado de ser anterior a um evento histórico cataclísmico. Milton reconta a história bíblica da queda de Adão e Eva como uma alegoria e como uma *explicação* teológica para a falha da Commonwealth inglesa. Desde a Queda, a razão humana vem se tornando toldada e duvidosa; apenas esse fato pode ajudar a explicar por que um povo livre, nas palavras de Milton, "elegeria um capitão para o Egito" (1953-, vol. 7, 463)[2]. Como Milton escreveu alhures, "a razão é escolha", e o que *Paraíso perdido* relata não é tanto a perda da inocência, mas a perda da habilidade humana de fazer escolhas (1953-, vol. 2: 527). Extraordinariamente, na representação de Milton, o Jardim do Éden não é um estado de perfeição, embora tenha uma semelhança limitada com a descrição bakhtiniana do tempo edênico como "denso e perfumado como mel, um tempo de íntimas cenas amorosas e de transbordamentos líricos" (FTC, 103). A Eva de Milton tem pesadelos, Adão enfrenta a rejeição e ambos enfrentam um depressivo trabalho de jardinagem todo dia. Eles discutem sobre quem fará o quê, e nenhum deles tem certeza de quem deveria prover à família. O tempo não parece ser infinito para eles, mas é sempre reparador. Ao amanhecer, seus pesadelos se dissipam e suas perdas são restauradas. E isso não porque a vida edênica seja inevitavelmente cíclica, e sim porque Adão e Eva estão continuamente fazendo as escolhas certas.

Para DeLillo, Nova York também era um paraíso, no sentido miltoniano de que ela representava diversidade de escolha. Entrando agressivamente no futuro tecnológico, Nova York tinha, no entanto, uma capacidade aparentemente infinita de absorver e acomodar a diferença. Em um ensaio intitulado "In the Ruins of the Future", publicado no *The Guardian* (publicado originalmente na *Harper's Magazine*), DeLillo se recorda de caminhar ao entardecer e de ver...

> Multidões de pessoas, o enxame pan-étnico de compradores, comerciantes, moradores e transeuntes, com uns poucos turistas, e o homem no meio-fio fazendo acupuntura e o garoto de *dreadlocks* andando de bicicleta na calçada.

---

2 Ao final de *The Readie and Easie Way to Establish a Free Commonwealth (1660)*, Milton escreve: "Confio ter falado de persuasão a muitos homens sensatos e ingênuos: para alguns, aqueles a que Deus levantou das pedras para se tornarem crianças cuja liberdade foi recuperada; e podem reivindicar, embora agora pareçam estar escolhendo um capitão para o *Egito*, e refletir um pouco se não estão se apressando" (Milton, 1953-, vol. 7, 463).

> Esse era o espírito de Canal Street [...] Ali havia pechinchas de *hardware*, som para carro, espuma de borracha e plásticos industriais, o estúdio de tatuagem e a pizzaria. Então, vi a mulher no tapete de oração. Eu tinha virado a esquina, rumo sul, para encontrar alguns amigos, e lá estava ela, jovem e magra, com um lenço de seda brilhante. Era a hora da oração vespertina, e ela estava ajoelhada, com o tronco situado na borda do tapete [...] Alguns tapetes de oração incluem um *mihrab* em seu desenho, um elemento em arco representando o nicho de orações em uma mesquita que indica a direção de Meca. O único ponto de localização de que a jovem precisava era a grade de Manhattan. Eu a olhei em oração e ficou clara como nunca a grandeza cotidiana e subestimada de Nova York. A cidade acomodará toda língua, ritual, crença e opinião (DeLillo, 2001).

Para Milton e Delillo, o estado anterior à Queda combina harmoniosamente as qualidades dos cronotopos épico e romanesco, como Bakhtin os descreve em *Epos e romance*. Para Milton, os tempos edênicos combinam ciclos épicos e um senso da sucessão dos dias (cf. também Rosenblatt, 1972: 31-41). Na descrição de DeLillo sobre "a grandeza cotidiana e subestimada" da cidade de Nova York, há tanto especificidade romanesca quanto grandeza épica.

Mas, no meio da épica miltoniana, esse senso de completude existencial e de equilíbrio é interrompido. Adão e Eva comem da Árvore do Conhecimento e são punidos com a sentença de exílio e morte. Ao final do Livro Dez, eles esperam a execução do juízo divino em um estado de apreensão e suspense. Eles sabem que a morte está a caminho, mas ainda não entendem o que isso significa. Nos dois livros finais, Milton pinta um mundo que tem encolhido e endurecido em volta deles. Isso é mais distintamente hierarquizado: Deus, que lhes falou no jardim, está agora distante e invisível; Adão já não dialoga com anjos sociáveis, mas recebe repreensões de anjos vingativos; Eva, evidentemente, está excluída de todo discurso racional.

Adão quer entender o que é a morte e como seu ato de desobediência afetará o futuro da raça. Miguel o leva ao topo de uma colina e lhe mostra uma visão da história bíblica que se desenrola num tempo muito acelerado e se conclui com uma visão do Apocalipse. Na mudança para uma narrativa escatológica nos dois livros finais de *Paraíso perdido*, o que parece estar perdido é o mínimo espaço para Adão exercer sua razão ou arbítrio. Ele vê o mundo de sofrimento se desenrolando sem poder intervir. Na narrativa profética de Miguel, poucos personagens parecem exercer o direito de escolha, a maior parte é anônima e poucos são ouvidos. Este é o cronotopo épico em seu aspecto mais negativo. No topo de sua montanha, Adão se levanta muito acima de seus descendentes para ir ter com eles, e nós, os leitores de Milton, estamos bem abaixo e muito distantes para entrar em suas consciências.

Se o tempo parece ter-se contraído numa espiral cadente de "dias maus", então o ritmo do poema nos livros 11 e 12 também mudou. Dos parágrafos de versos expansivos dos três primeiros livros, descobrimos agora que as sentenças do narrador épico diminuíram, sua linguagem figurativa foi cortada, seus pentâmetros têm mais frequentemente pausas no final. Se os encavalgamentos do primeiro livro são um sinal de reafirmação da "liberdade antiga" do poema heróico por parte de Milton, aqui a liberdade foi restringida. Na última seção de *Paraíso perdido*, Adão está preso no limbo — assim como Eva, sonhando na sua gruta subterrânea. Eles não estão vivendo no sentido amplo, como se deu antes da Queda, mas ainda não estão mortos.

Homem em queda se inicia precisamente nesse ponto em que o equilíbrio entre os cronotopos épico e romanesco se inverteu. O romance se inicia com a sentença: "Não era mais uma rua e sim um mundo, um tempo e espaço de cinzas caindo e quase noite" (DeLillo, 2007: 3). Essa mudança cronotópica de "rua" para "mundo" sinaliza uma mudança do romanesco para o épico, especificamente o cronotopo épico pós-vida no inferno. Nesse "tempo e espaço de cinzas caindo", não há trajetória para diante, nem espacial, nem temporalmente. A rua se tornou um mundo em si mesma, e não parece haver outra realidade além dessa. A descrição remete ao *Inferno* de Dante, em que o tempo está preso, em que a única forma de viajar é para baixo. A cena que DeLillo continua a descrever poderia perfeitamente ocorrer na entrada do Inferno de Dante. As pessoas são jogadas como entulhos e roladas para baixo como almas sem corpos: "Corriam e caíam, alguns confusos e desajeitados [...] Fumaça e cinzas [...] marés sísmicas de fumaça [...] com papel de escritório em voo rasante [...] deslizando em disparada, coisas sobrenaturais na escuridão matinal" (*ibid.*). Na frase reiterada de DeLillo, "o mundo era assim agora" (*ibid.*), pode-se perceber, entre outras coisas, a grande contradição do espaço e tempo e visão de mundo, como se toda aquela diversidade de ser e atividade se dirigissem para um único movimento e propósito: queda ou voo desde as torres.

Em "Ruins", DeLillo argumenta que os ataques mudaram Nova York de uma cidade orientada para o futuro para uma que olha para trás, para um passado arcaico: "Sejam quais forem as grandes desordens tecnológicas reservadas para o futuro, cada vez mais complexas, conjuntivas, precisas, microfracionadas, por ora, o futuro já sucumbiu à assassina conveniência medieval, às antigas fúrias lentas da religião". Como resultado do martírio dos terroristas, os nova-iorquinos "voltaram no tempo e no espaço", e a cidade modernista se contraiu em "céu e inferno". Esse sentido de mitificação da história certamente sugere que, cronotopicamente falando, passamos de uma visão romanesca de mundo para uma visão mais especificamente épica. Mas, como os escritos de DeLillo acomodaram anteriormente um sentido positivo da épica, eu argumentaria que a mudança aqui é mais especificamente para o cronotopo da épica *visionária*, como Bakhtin o define em relação ao *Inferno* de Dante. No capítulo que abre *Homem em queda*, como em *Inferno*, vemos personagens históricos sendo esmagados numa moldura de referência extratemporal (como DeLillo escreve, um mundo de "céu e inferno"). E, claro, em *Homem em queda* isto é mais chocante ainda porque o cronotopo épico visionário está sendo imposto a pessoas *reais*. DeLillo está representando um acontecimento verdadeiro, não uma visão da vida pós-morte.

Mas também está claro, desde o primeiro capítulo, que *Homem em queda* não é apenas um relato do que aconteceu, nem simplesmente uma exploração do que suas ramificações podem ser para a realidade presente. O romance é também uma polêmica (claro, uma polêmica branda) contra o novo pós-11 de setembro, uma ordem mundial medieval, voltada para o passado. É significativo, por exemplo, que entre toda a massa de humanidade e de inumanidade caindo das torres no capítulo 1, DeLillo reapresente seu protagonista, Keith Neudecker, caminhando na direção oposta, *rumo* às torres, *de volta* à cena de destruição. Nesse momento, Keith está com um ferimento na cabeça e não percebe que está indo na contramão da multidão; não sabe que está carregando a pasta de outra pessoa e certamente não está agindo heroicamente de maneira deliberada. No entanto, sua ação pode ser interpretada como uma metáfora visual pela maneira como o romance reflete sobre o dia dos ataques. Começando numa névoa de choque e incompreensão, o romance adquire firmemente um foco mais incisivo e estrito, finalmente se situando no ângulo de um momento crucial de escolha pelo qual passam vários personagens durante ou depois dos ataques. Qual poderia ser o propósito dessa técnica narrativa? Em termos cronotópicos, poder-se-ia explicar que esta é uma tentativa de penetrar no núcleo de um evento épico, para pontuar o sentido do futuro romanesco. Em termos miltonianos, poderíamos ver isso como uma tentativa de redescobrir o sentido de autonomia e agência num mundo que assoma como fatalmente predeterminado.

O título do romance de DeLillo evoca uma fotografia de Richard Drew: um homem caindo da Torre Norte do World Trade Center. A publicação da fotografia em vários jornais causou uma onda de protestos, e ela foi rapidamente tirada de circulação. O jornalista Tom Junod se propôs a identificar o homem em queda na fotografia. A rede de tevê ABC fez um documentário sobre essa investigação. No romance de DeLillo, entretanto, *Homem em queda* se refere a um artista performático que, nos dias subsequentes aos ataques, encenou quedas de prédios públicos em toda a cidade. Adotando a mesma pose do homem na fotografia de Drew (vestindo terno e gravata, cabeça para baixo, braços ao longo do corpo, uma perna levemente dobrada), o artista provoca a indignação pública no romance tanto quanto a própria fotografia o fizera na realidade. Por que fazer da visão da morte de um homem um espetáculo público?

Na sua crítica ao romance, Tom Junod critica DeLillo por obscurecer a verdadeira história do homem em queda por trás da história do artista fictício em queda, David Janiak (Junod, 2007). Mas DeLillo também deve ser elogiado por lidar com o material histórico na perspectiva apropriada. Também, como Mars-Jones sugere, o artista Janiak deve servir como exemplo negativo do romancista que DeLillo não quer ser, aquele que cria arte explorando desastres reais. Mars-Jones escreve:

> Em primeiro lugar, o livro parece ser uma peça de estética terrorista, provocação de uma cidade em luto, como se o autor estivesse oferecendo um modelo do que ele queria evitar, em termos de apropriação da morte de estranhos [...] a história do homem, como finalmente aparece, é muito mais interessante, um caso genuíno de compulsão à repetição com um aspecto sacrifical (2007).

Em outro sentido, no entanto, o método de Janiak pode ser entendido como um reflexo positivo de DeLillo. Certos gestos ou frases são repetidos sem explicação ou análise, por ambos; mas, no fim, essas atuações ritualizadas começam a assumir padrões que ecoam e respondem ao momento original de perda. Talvez, esta seja a maneira de DeLillo nos ajudar a sobreviver aos fantasmas. Pois, como Derrida escreve em *Espectros de Marx*, "é necessário falar do fantasma, de fato para o fantasma e com ele" (1994: XIX), pois se "aprender a viver — é algo a ser feito, isso só pode acontecer entre vida e morte. Nem na vida nem na morte isoladamente" (1994: XVIII).

Após o abrasador capítulo inicial de *Homem em queda*, DeLillo acompanha seus personagens rumo a um limbo escuro de meias memórias e conexões parciais. Apesar do título do romance, DeLillo gasta um longo tempo *sem* discutir os eventos de 11 de setembro. Keith rastreia o dono da pasta que misteriosamente surge em suas mãos durante sua descida da torre. Ele tem um caso amoroso com a dona, Florence, mas o que eles realmente tentam compartilhar é a memória daquele dia na torre. A esposa de Keith, Lianne, encoraja um grupo de pacientes com Alzheimer a escrever e compartilhar suas memórias dos ataques, mas todos estão conscientes de que trabalham num processo de "retornos decrescentes". A mãe de Lianne, Nina, uma culta historiadora da arte, discute com seu amante europeu, Martin, o significado dos ataques. Mas a inteligência de Nina parece inadequada à tarefa de entender os motivos dos terroristas, enquanto a de Martin parece muito comprometida por seu próprio envolvimento com atividades terroristas na Alemanha nos anos 1960. Lianne luta contra uma crescente intolerância às coisas do "Oriente Médio", como a música vinda do apartamento de seu vizinho. E Keith se retrai numa existência ritualizada, jogando pôquer, sem pensar em nada que não seja jogo.

Os personagens de DeLillo vagam, dia após dia, numa bruma de incerteza e confusão. Todos parecem inundados por uma terrível experiência que não conseguiram entender no momento e de que agora não conseguem se lembrar especificamente. O diálogo é fragmentado, frequentemente raso e sem cor, portanto sem marcadores de fala ("ele disse, ela disse"), com a voz de um personagem se inserindo indistintamente na de outro. Não é que a paisagem urbana transformada pareça irreal e as pessoas que a observam pareçam menos vivas. O narrador relata as reflexões de Keith da seguinte maneira:

> As coisas não pareciam ter a densidade normal, a rua de paralelepípedos, os edifícios de ferro fundido. Algo fundamental estava faltando nas coisas a seu redor. Elas estavam inacabadas, seja lá o que isso for. Não estavam sendo vistas, seja lá o que isso for, as vitrines, as plataformas de carga, muros pichados. Talvez as coisas sejam assim quando não há ninguém para vê-las (2007: 5).

Para um leitor com tendência ao devaneio, não seriam exatamente as "coisas" que parecem se tornar menos certas do que antes, mas sim a presença do próprio Keith. Seu entendimento da língua falha ("seja lá o que isso for") e seu olhar é como o de um fantasma, alguém olhando sem realmente estar presente. Para expressar isso em termos bakhtinianos, um personagem de romance parece de estar preso num cronotopo épico visionário. Tempo e espaço têm enormes consequências, mas não para o indivíduo encaixado neles. Minimizado pela escala e magnitude dos eventos, o personagem parece incapaz de ação. Sua linguagem e consciência se desprenderam levemente e, para ele, o tempo cessou de avançar.

Embora não seja tão evidente nas construções verbais de *Paraíso perdido*, o mesmo sentimento de suspensão, no entanto, perpassa a narrativa da

Queda em Milton. No final do livro IX, Adão e Eva esperam apreensivos o julgamento divino cair sobre si, mas, de certa maneira, este é o estado de espírito que ambos, leitor e narrador, compartilham desde o princípio do poema. Assim como Satã, nos envolvemos com a narrativa do Gênesis em uma posição tardia. Para os leitores republicanos de Milton, assim como para o anjo decaído, é tarde demais para fazer a escolha certa. Temos de encarar o fato da Queda. O cronotopo motívico de uma figura caindo do céu ressoa na extensão e na respiração da épica miltoniana, não menos que no romance de DeLillo. A queda de Satã, precursora da queda de Adão e Eva, é narrada pelo menos quatro vezes no épico, cada vez com uma ênfase diferente. O narrador de Milton inicia o reconto do Gênesis descrevendo Satã sendo expulso do céu:

> Do Onipotente contra o Império e trono
> Fez audaz e ímpio guerra, deu batalhas.
> Mas da altura da abóbada celeste
> Deus, co'a mão cheia de fulmíneos dardos,
> O arrojou de cabeça ao fundo Abismo,
> Mas lúgubre de ruínas insondável,
> A fim de que atormentado ali vivesse
> Com grilhões de diamante e intenso fogo
> O que ousou desafiar em campo o Eterno.
>
> Pelo espaço que abrange no orbe humano
> Nove vezes o dia e nove a noite
> Ele com sua multidão horrenda
> A cair estiveram derrotados
> Apesar de imortais, e confundidos
> Rolaram nos cachões de um mar de fogo (*Paradise Lost*, 1. 44-53).

Além de prover a causa primária do conflito épico que se segue, a queda de Satã é também um exemplo para Adão, Eva e o leitor de um possível destino à espera dos inimigos de Deus. Nesta descrição, o narrador está firmemente do lado de Deus, e se posiciona acima, olhando para baixo, de onde vê uma figura sendo "arrojada de cabeça" para a perdição.

Mas, na próxima vez em que encontramos o anjo em queda, o foco mudou curiosamente, de maneira que o narrador parece estar olhando para cima, como se estivesse em um cometa ou estrela cadente. Aqui ele descreve Múlciber, o deus greco-romano da arquitetura, mas o anjo cadente é claramente sósia de Satã, sendo punido (novamente) por ambicionar demais:

Sendo atirado pelo iroso Jove
Por cima das muralhas cristalinas
De um remessão — e que a cair esteve
De um dia estivo pelo inteiro espaço.
Té que ao sol posto, despenhado a prumo
Como vagante estrela, em Lemnos ara.
Mas foi tal crença errônea, que muito antes
Com seus sócios revéis fora ele expulso,
Sem que lhe aproveitasse haver no Empíreo
Soberbíssimas torres fabricado,
E no infortúnio nem valer-lhe pôde
Tudo que tinha em si de engenho e arte:
Lá foi arremessado de cabeça
Com todo o bando seu, fértil de indústrias,
Para erguer torres no profundo Inferno (*Paradise Lost*, 1. 742-51).

Como muitos críticos têm discutido, Milton, em princípio, estetiza a imagem do deus em queda, traçando uma lenta e bela trajetória através do céu, e então, como que para desfazer essa suspensão de juízo, condena duramente ambos os deuses e sua própria descrição temporalmente lânguida. Por que se demorar tão insistentemente nesse motivo? Stanley Fish argumenta que este é o método utilizado por Milton para treinar o leitor em uma estética puritana. Nós temos de entender quão facilmente o julgamento de uma pessoa pode ser desviado e quão frequentemente isso deve ser corrigido (Fish, 1967: 88-99). Eu argumentaria diferentemente: Milton está focando a atenção do leitor no momento da perda da liberdade e responsabilidade, o ponto após o qual tudo se torna tarde demais para sofrer mudança. Este momento está preso na visão, "de um dia estivo pelo inteiro espaço". Ao alongar o momento, Milton não nos convida tanto ao erro, quanto abre espaço para exercer novo julgamento. Ao reapresentar esta cena vez após vez, Milton reintroduz, ou, se quisermos, cria a ilusão de estar reintroduzindo, o direito à escolha. Isto é crucial para Adão e Eva e, ainda mais, para o leitor, pressionado a exercer seu livre-arbítrio numa situação na qual agência e autodeterminação não mais parecem ser possíveis. Pode-se comparar ao relato de Gary Saul Morson sobre Dostoiévski: "Para tornar palpável o ato de escolha, Dostoiévski foca tudo no momento em que as escolhas são feitas" (1994: 105).

De certo ponto de vista, a decisão de se demorar na imagem constitui um erro de julgamento artístico. De fato, para Milton, o erro é também teológico, porque cria um espaço no qual o leitor do poema pode decidir simpatizar com Satã, o que, teologicamente, não deveria fazer. Para DeLillo, o perigo é que, por reproduzir o senso de irrealidade que muitos sentiram e ainda sentem após o 11 de setembro, seu romance não magnificará as distâncias já abertas, tanto por falhar em se conectar com os leitores (e muitos têm criticado *Homem em queda* por sua falta de "calor") quanto por captá-los com imagens estéticas mais suportáveis de olhar do que os traços históricos do próprio desastre. A partir do ponto de vista oposto (do qual compartilho), a imagem congelada é um passo necessário na construção de uma resposta romanesca à tragédia épica. Isso força o sujeito (personagem ou leitor) a deixar de lado o senso de atraso do observador ou do sobrevivente, para se concentrar num momento particular e nos limites temporais que o tocam: o futuro e o passado imediatos.

Milton se dedica às descrições da queda de Satã em parte por querer que seus leitores parem e pensem em como seu futuro deveria se diferenciar do dele. Seu reconto final acontece no epicentro do poema. Aqui, Rafael descreve o acontecimento a Adão, e o tom é, mais uma vez, destemidamente julgador:

> Da queda se levantou, e [...]
> Conduzidos diante dele e golpeado pelo trovão
> Com terrores e com fúrias aos limites
> E a parede de cristal do céu se abriu,
> Espaço amplo aberto
> No profundo, a visão monstruosa
> Congelados de horror, mas muito pior
> Forçados, eles atiraram-se de cabeça
> Baixando da beira do Céu,
> Queimando até o abismo (*Paradise Lost,* 6 856-66).

Textos literários ressoam à frente de seu tempo bem como para trás e, como comentei, o cronotopo de um texto muda toda vez que ele é lido. Após 11 de setembro de 2011, para mim, esses versos têm se apropriado da ressonância sinistra da arte antecipando a história. Incapaz de enfrentar o terror atrás deles, os seguidores de Satã escolhem o pulo monstruoso rumo ao espaço aberto. A diferença entre esse e os outros relatos no poema é que aqui vemos o momento de escolha de Satã. A escolha entre o fogo e a queda podem não parecer muito, mas da perspectiva do protagonista situado naquele tempo e espaço, significa tudo. Sendo esta a primeira vez que Milton representa a consciência dos anjos no momento da queda, a versão de Rafael aqui atribui às ações de Satã uma dignidade quase humana. Como Viktor Frankl escreveu sobre a escolha nos campos de concentração, "a capacidade de escolher a própria atitude em determinado conjunto de circunstâncias" é "a última das liberdades humanas" (1964: 86). Ou Como Tzvetan Todorov mais recentemente o expressou, "o importante é agir de acordo com sua força de vontade, exercer através de uma iniciativa alguma influência, ainda que mínima, em seu arredor" (1999: 61).

O Deus de Milton está disposto a enfatizar que todas as suas criaturas, humanas e angélicas, têm a liberdade de determinar seu próprio futuro. No caso de Satã, Deus faz este ponto principalmente para se isentar da culpa de amaldiçoar um terço da sua hoste angelical:

> autores para si mesmos em tudo
> Tanto no que julgam quanto no que escolhem, porque assim
> Formei-os livres e livres devem permanecer,
> Até que eles próprios se escravizem (*Paradise Lost*, 3. 122-124).

Depois de caídos, os anjos continuarão a escolher escravidão em vez de liberdade, mas os leitores de Milton não precisam compartilhar o mesmo destino. Se até os anjos caídos a quem Deus não estende nenhuma graça (porque caíram em "autotentação, autodepravação"; *Paradise Lost*, 3. 130) tiveram uma escolha, quanto mais não as teriam Adão e Eva em seu poder de reverter ou mitigar um desastre que poderia parecer tão completamente avassalador? Em termos teológicos, o poema miltoniano está engajado no grande debate das religiões do século XVII: se Deus tem conhecimento prévio de tudo, isso significa que todas as nossas ações estão também predestinadas? A maioria dos estudiosos concorda que a posição de Milton sobre esse tema era o da igreja armênia, ou algo similar. Ou seja, ele acreditava que a presciência divina não implica predestinação (Keeble, 2001: 135; Loewenstein, 2001: 361). Ao prolongar e recontar a queda de Satã, Milton nos prepara para Adão e Eva, que não apenas escolhem cair, como também escolhem se recuperar e seguir com suas vidas. Dessa maneira, para os leitores de Milton, o poema abre a possibilidade de revogar escolhas já feitas, e que parecem acabar com a possibilidade de uma mudança futura.

Segundo os jornais, cerca de duzentas pessoas pularam das torres no dia 11 de setembro. Não se sabe de sobrevivente. O Instituto Médico-Legal de Nova York registrou essas mortes como "acidentais", não como "suicídio", certamente para evitar o estigma da frase presa à mente de Lianne: "Morto pelas próprias mãos" (DeLillo, 2007: 169). Em *Homem em queda*, Lianne aparece por acaso numa das *performances* de David Janiak. Enquanto o observa esperando na plataforma de um trem, ela começa a entender suas intenções: "Ele não estava aqui para se apresentar àqueles que estão no nível da rua ou nas janelas altas. Estava situado onde estava [...] esperando o trem vir, sentido norte, isto é o que ele queria, um público em movimento, passando a escassos metros de sua figura em pé" (*ibid.*: 164). Janiak quer ser visto por espectadores "em movimento" para que seu gesto se espelhasse no deles. Por um segundo, ambos parecerão estar em queda livre. Enquanto o trem se aproxima, ele não apenas imita o limiar que atravessa rumo ao espaço vazio, ele o revive:

> O trem atravessa com estrondo e ele vira a cabeça e olha para ele (na sua morte pelo fogo) e, em seguida, traz a cabeça para trás ao redor e salta. Salta ou cai (*ibid.*: 167-168).

À medida que o dia dos ataques recua no passado, talvez se torne necessária uma *performance* tão violenta para forçar o observador a sentir certa ligação visceral com as imagens meio esquecidas daquele dia. Mas, parece claro nessa descrição que a *performance* é "autêntica", no sentido de Janiak não estar simplesmente imitando as quedas reais. Ele as está reproduzindo na tentativa de entender seu significado, como a escolha e a decisão eram vividos interiormente pelas vítimas.

DeLillo também leva seus leitores para dentro da mente de um dos terroristas, o personagem Hammad, embora eu o considere menos convincentemente interiorizado do que os demais personagens. Em certa medida, Hammad ocupa posição análoga à de Satã em *Paraíso perdido* — não no sentido de sua figura ser demonizada (não é), mas no sentido de ele ser o Outro inimigo, através de quem Keith se torna um ser. Hammad é o personagem cuja visão de mundo épica é toda limitada. Ele representa a mitificação da história. E ele se distancia, um herói desindividualizado que esse cronotopo épico particularmente frágil acomoda:

> Ele e seus irmãos [...] sentiram o efeito magnético do enredo. O enredo os puxou com mais força do que nunca. Enredo fechado numa visão delgada, em que tudo converge para um ponto. Houve a alegação do destino, de que eles nasceram para isso. Houve a alegação de terem sido escolhidos lá fora, no vento e céu do Islã. Houve a declaração de morte, a reivindicação mais forte de todas, a maior *jihad* (*ibid.*: 174).

Hammad é uma versão da pessoa em que Keith poderia se transformar. Temos breve visão desse provável futuro enquanto Keith joga para se vingar dos perdedores no pôquer e escolhe uma vida entre estranhos.

Contra a convergência de Hammad, enredo inflexível, DeLillo contrapõe fragmentos de histórias, meias memórias e premonições misteriosas, narrativas fantasmagóricas incertas para o terrorista, mas que, todavia, se acumulam em número e força ao longo do romance. Em "Ruins", DeLillo esclarece por que vê isso como uma resposta necessária:

> Cabe a nós criar uma contranarrativa [...] Há 100.000 histórias entrecruzando Nova York, Washington e o mundo. Onde estávamos, quem conhecemos, o que vimos ou ouvimos. Há consultas médicas que salvaram vidas, os celulares usados para relatar os sequestros. Histórias gerando outras e pessoas correndo para o norte, em meio à fumaça retumbante e às cinzas [...] Há histórias que carregam em torno de suas bordas o anel luminoso da coincidência, do destino ou da premonição. Elas nos levam para além dos duros números de mortos e desaparecidos e nos dão um vislumbre de transcendência (DeLillo, 2001).

Impressionantemente, DeLillo não está apenas coletando evidências documentais e relatos de testemunhas oculares. Não está apenas interessado nos detalhes prosaicos, mas também no senso épico de "destino" e de "transcendência". Portanto, ele não está concedendo aos terroristas o direito de criar narrativas épicas. Também está procurando "configurações" e "simetria, triste e comovente" que expressariam o peso de uma "desolada tragédia épica". *Homem em queda* não é uma narrativa dessas, mas dramatiza o processo lento e duro de se tornar uma. O romance expressa o esforço de acumular a contranarrativa do estilhaço, os "pequenos objetos e histórias marginais [...] se opõem ao espetáculo massivo aparentemente incontrolável", como ele afirma em "Ruins".

Perto do fim de *Homem em queda*, Lianne descobre que o artista performático morreu, possivelmente em uma de suas perigosas quedas livres controladas apenas por uma corda e um arreio. Enquanto lê seu obituário, ela encontra um repórter especulando sobre as intenções de Janiak, se o artista quis relembrar seu público do homem na fotografia de Drew. "Queda livre", continua o narrador, possivelmente ecoando algum pormenor do obituário, "é o movimento cadente ideal de um corpo submetido apenas ao campo gravitacional da Terra". Após essa alusão estranhamente desconexa a um movimento "livre" e "ideal" do corpo através do espaço, retornamos à focalização por meio de Lianne:

> Ela ainda não tinha lido muito, mas soube imediatamente a que fotografia o relato se referia. Foi fortemente atingida quando viu a fotografia pela primeira vez, no dia seguinte, no jornal. O homem de cabeça para baixo, as torres atrás dele. A massa das torres encheu o quadro da imagem. O homem caindo,

> as torres contíguas, ela pensou, atrás dele. As enormes linhas crescentes, as listras na coluna vertical. O homem com sangue em sua camisa, ela pensou, ou marcas de queimadura e o efeito das colunas atrás dele, a composição, ela pensou, listras mais escuras para a torre mais próxima, a norte, mais leves para a outra, e a massa, sua imensidão, e o homem posto quase exatamente entre as fileiras de listras mais escuras e mais claras. De cabeça, queda livre, ela pensou, e esta imagem queimou em sua mente e coração, meu Deus, ele era um anjo caindo e sua beleza era horrível (2007: 221-222).

Como na descrição que Milton faz de Múlciber caindo durante um dia de verão, a imagem que Lianne invoca mentalmente é, não se pode negar, uma "composição", uma obra de arte, e não um encontro direto com a realidade. Lianne se recorda dele como um anjo, lindo, perfeitamente enquadrado por faixas de luz e escuridão. A pequena figura postada contra as "enormes linhas crescentes" transmite precisamente a imensidão épica da tragédia. Nesse ponto, no entanto, ela não está mais pensando no artista, mas na fotografia, e em seguida, por meio da fotografia, na figura em sua mente que, finalmente, "abre um buraco em sua mente e coração". Dessa forma, há uma moldura dentro de uma moldura dentro de outra moldura, que nos impede de confundir a imagem com a realidade. Mas a tríplice moldura nos conduz à reflexão com Lianne, de um senso épico de imensidão para uma insistência romanesca em especificidades: "Sangue em sua camisa, ela pensou, ou marcas de queimadura". Embora Janiak não esteja mais vivo, sua *performance* cumpre seu objetivo em Lianne nesse momento, pois sua vaga memória é conduzida a um foco específico pela primeira vez.

O Deus de Milton distingue cuidadosamente Satã, cuja Queda é merecida e fatal, de Adão e Eva, cuja desgraça será temporária ("homem cai enganado [...] o homem, portanto, deve encontrar a graça" (*Paradise Lost,* 3. 131). No entanto, no romance de DeLillo, como em muitos textos modernos, o Inferno não é mais expressão da justiça divina. É, pelo contrário, expressão da injustiça da humanidade (sobre essa forma moderna de entender o Inferno, cf. Falconer, 2005: 63 e outras partes do texto). Como alguém responde a essas insuportáveis imagens de pessoas inocentes morrendo? Keith, Lianne e membros do Grupo de Alzheimer querem vingança, em algum nível obscuro, em diferentes momentos da narrativa. Mas seus desejos não se resumem a esse único propósito, em parte porque o cronotopo habitado por eles não é apenas épico, mas também romanesco.

Como em *Paraíso perdido*, Adão e Eva retomam seus velhos hábitos, mesmo antes de saberem que Deus não pretende destruí-los (*Paradise Lost,* 10.

1086-1105). Eles resistem à reação mais fácil de desespero, para se tornarem satânicos. Adão tem uma visão sombria do longo sofrimento nos anos por vir, mas a outra parte dessa visão é o *leitmotiv* recorrente de um dissidente solitário que cai, fazendo um esforço isolado e sobrevivendo[3]. Assim como o exemplo de Moisés cinde a espiral cadente da história humana no livro 12 (211-215), o exemplo de Noé ilumina o fim do livro 11: "Portanto, tudo deve se degenerar, todos depravados, / Justiça e temperança, verdade e fé esquecidas; / Com exceção de um homem, o único filho da luz / Na idade das trevas" (*Paradise Lost,* 11, 806-809). Ondas de escuridão voltam a cobrir os descendentes dessas figuras bíblicas, enquanto a vitória final, claro, pertence a Cristo no final dos tempos. Milton compartilha com outros pensadores puritanos a ideia de que a história da injustiça humana representa apenas uma fase de transição no divino plano de Deus. Mas, diferentemente de outros pensadores escatológicos, criticados por Bakhtin por esvaziarem de significado o tempo humano, esse quadro puritano, na verdade, dá força ao senso miltoniano de futuro imediato. Adão cai do alto da colina, animado e inspirado — nem tanto pela visão do Paraíso restaurado ("Para além tudo é abismo, / Eternidade cujo fim nenhum olho pode alcançar"; *Paradise Lost,* 12, 555-556), ou pelo pensamento de que vale a pena lutar pelo futuro próximo: "Com bondade / Ainda a vencer o mal, e através de pequenas / realizar grandes coisas" (*Paradise Lost,* 12, 565-556)[4]. Os últimos capítulos proféticos de *Paraíso perdido* têm dupla função. Por um lado, o cronotopo romanesco, que nos aproxima de Adão e Eva nos seus assuntos domésticos, cotidianos, abdica de um cronotopo épico que nos lança velozmente por um longo trajeto, percorrendo centenas de anos de história bíblica. Por outro lado, os ciclos constantes desse cronotopo épico são continuamente invadidos por atos singulares de resistência e momentos de suspensão de juízo. Através dessas fissuras, o cronotopo romanesco inunda a narrativa bíblica, resistindo a seu fim.

O poema se encerra com uma nota doméstica. Adão e Eva, que se soltaram as mãos antes da queda, deixam o Éden de "mãos dadas" (*Paradise Lost,* 12, 648). Olham para trás e veem sua casa em chamas, acompanham o anjo relutantemente até a beira do abismo. Mas, ao caírem no tempo histórico,

---

3 Para uma discussão persuasiva sobre a simpatia de Milton com protestantes puritanos, perseguidos sob Carlos II, cf. Keeble (2001: 130). O exemplo proeminente em *Paraíso perdido* de um rebelde desafiando a ameaça de perseguição é Abdiel (*Paradise Lost,* 5. 897-903).

4 Compare Bakhtin: "A escatologia sempre vê um segmento do futuro, separando o passado do fim, com pouco valor; esse segmento de tempo perde sua significância e interesse, é meramente uma continuação não necessária de um presente indefinidamente prolongado" (FTC, 148).

descobrem não haver relação entre esse tempo horrível e o mundo que Adão acabou de imaginar. O futuro imediato de repente se mostra vasto:

> O mundo estava todo diante deles, onde escolher
> Seu lugar de descanso e providenciar seu guia (*Paradise Lost*, 12. 646-647).

Adão e Eva já sabem que são os responsáveis pelo doentio futuro da raça, mas agora também sabem que estão *livres.*

Em "Ruins", DeLillo faz eco à imagem miltoniana quando alude às pessoas que deram as mãos ao pularem das janelas (embora eu não esteja certa de se o eco de *Paraíso perdido* que meus ouvidos não deixam de perceber era intenção de DeLillo ou não): "Pessoas caindo das torres de mãos dadas. Isso faz parte da contranarrativa, as mãos e os espíritos se juntam, beleza humana esmagando-se na malha de aço" (DeLillo, 2001). Em *Homem em queda*, os membros do grupo com Alzheimer fazem referência a essas cenas, embora o romance não os represente diretamente. Mas uma união metafórica de mãos ocorre no capítulo final.

Inesperadamente, o primeiro toque unificador se dá entre Hammad e Keith. O capítulo nos faz recuar no tempo para o dia dos ataques e focaliza a cena através de Hammad, quando ele se senta no avião sequestrado, esperando pela colisão que irá matá-lo. Após a colisão, a focalização vai de Hammad (agora presumivelmente morto) para Keith, sentado do outro lado da parede: "Uma onda de choque passou pela estrutura e arremessou Keith Neudecker para fora de sua cadeira contra uma parede" (2007: 239). Novamente, é a Outridade de Hammad que "faz" Keith. E nessa renarração dos eventos do capítulo primeiro, a morte de Hammad parece devolver a vida a um Keith diferente, visto aqui pela primeira vez assumindo responsabilidade, agindo até mesmo heroicamente. Ele tenta salvar a vida de seu amigo moribundo (um ex-colega de pôquer, que retrospectivamente explica o vício em jogo de Keith). Ele ajuda pessoas a descerem a escada e cuida de objetos perdidos, responsabilizando-se pela maleta sem dono.

Aqui também, pela primeira vez, vemos Keith em um foco mais fechado, movendo-se através da especificidade particular daquele dia em particular, dirigindo-se a estranhos e vendo estranhos dirigindo-se a si. Ao descer as escadas rumo à rua, seu entorno já não se parece com um "mundo de céu e inferno". Portanto, de certa maneira, o cronotopo se reconverteu de épico em romanesco. Mas esse Keith comunicativo parece ter retornado à vida diretamente pelo toque de Hammad morrendo, através da parede da torre.

Em *Libra*, DeLillo escreveu sobre o assassinato de Kennedy em termos similares. Aquela foi uma tragédia que "fez" muitos americanos. Sobre *Libra*, DeLillo comentou: "A ficção resgata a história de suas confusões" (cf. Mehren, 1988).

De certa forma, o capítulo final de *Homem em queda* liberta Keith e os leitores de DeLillo da opressão de estarem desconectados e à parte dos eventos de 11 de setembro. Finalmente, Keith está realmente *lá*, e nós estamos lá com ele, vendo tudo com riqueza de detalhes através de seus olhos. Acaba-se por sentir que finalmente o tempo está seguindo em frente e, tendo revivido o passado, ou talvez vivendo-o aqui pela primeira vez, Keith será capaz de superá-lo (sobre "superar" o trauma, cf. Freud 1958: 147-156). Noutro sentido, no entanto, o fim se percebe cíclico e não sequencial. DeLillo nos devolve à mesma cena descrita no capítulo primeiro. Uma camisa vazia — reminiscência sinistra de um corpo em queda — flutua no céu, como também ocorreu no capítulo primeiro. Parece que as memórias vão continuar a ressoar. Talvez o propósito do romance não seja "superar" essas memórias. Ao contrário, talvez seu propósito seja dar-lhes permanência, encerradas na câmara de eco do romance.

A contranarrativa de 11 de setembro é heteroglóssica. Em vez de uma trama convergente, ela consiste de centenas e milhares de histórias, filmes, romances e documentários. Mas é também heterocrônica ao acomodar tanto o cronotopo romanesco quanto o cronotopo épico *recém*-criado. Ouve-se o tom épico emergindo no último capítulo, no momento em que Keith ouve pessoas trocando palavras na escadaria acima dele:

> Havia vozes acima dele, na escada, uma e depois outra no eco próximo, vozes em fuga, vozes musicais nos ritmos da fala natural.
> Este vai para baixo.
> Este vai para baixo.
> Passe-o para baixo (2007: 245).

Homem em queda reproduz os "ritmos da fala natural" como a base para uma contranarrativa romanesca do 11 de setembro. Mas esses ritmos são também diminuídos gradualmente e reformulados para ecoarem uns contra os outros na voz cantada pela épica.

CAPÍTULO 8

"NÃO ERA A MORTE":

A CARREIRA POÉTICA DO CRONOTOPO

JOY LADIN

TRADUÇÃO: NIVALDO FÁVERO NETO

Para Caryl Emerson

Quando nos referimos ao que Bakhtin chama de "cronotopos artístico-literários", tendemos a falar de narrativas, particularmente das narrativas em prosa[1]. Bakhtin desenvolveu o conceito do cronotopo por meio de um estudo histórico, transcultural e teleológico do romance, e como Morson e Emerson observam, "o ensaio do cronotopo e os escritos correlatos faziam parte do grande projeto do seu terceiro período, elucidar e exaltar o gênero do romance" (1990: 372). Apesar de Bakhtin ter afirmado que toda língua é inerentemente cronotópica, tanto ele quanto historiadores da vida do cronotopo descobriram que narrativas em prosa exemplificam mais prontamente as "fusões de indicadores [espaciais e temporais]" através dos quais "o tempo [literário] se adensa, se encarna, torna-se artisticamente visível" e o "espaço [literário] se torna carregado e responsivo aos movimentos do tempo, do enredo e da história" (FTC, 84). As forças centrípetas da sintaxe, do personagem, da cena e do enredo fazem da maioria das narrativas "artístico-literárias" em prosa solo fértil para a emergência do que chamei de cronotopos "acidentais", "locais" e "maiores", com densas redes de relações de afinidade entre si[2].

1 É claro, naturalmente, que trabalhos consideráveis também foram feitos na literatura dramática e nas memórias; também houve análises cronotópicas de poesias, embora por razões que irei explorar a seguir, o cronotopo, até agora, tem encontrado aplicação muito mais limitada na análise poética.

2 Cf. "Fleshing out the Chronotope", no qual ofereço uma taxonomia de cronotopos textuais (em oposição aos genéricos). Neste volume, o que refiro como cronotopos "locais" são chamados cronotopos "menores" (cf. Bemong e Borghart).

Durante a graduação, encantei-me pelo potencial do cronotopo em desvelar os mistérios da ontologia literária. Em uma série de epifanias pré-doutorais, culminando com meu ensaio "Fleshing out the Chronotope" (1999), eu via cronotopos e relações cronotópicas em todo canto, dos romances de Jane Austen aos filmes de Hitchcock, de *shopping centers* a caixas de cereais. Como poeta, achei inconcebível os cronotopos não exercerem um papel de igual destaque no meio artístico-literário em que atuo. Se toda língua é cronotópica, como poderia a poesia não o ser? Assim, "Fleshing out the Chronotope" sugere, em vez de demonstrar, que os cronotopos artístico-literários funcionam na poesia — até na poesia concisa, fragmentária e centrífuga, como os quartetos de Emily Dickinson — assim como funcionam na prosa narrativa, fornecendo a maior parte dos exemplos que considero neste ensaio.

Desde a publicação de minha obra *Critical Essays on Mikhail Bakhtin*, "Fleshing out the Chronotope" tem sido frequentemente citado em trabalhos cujo foco é a análise cronotópica. Entretanto, quando me formei, comecei a evitar o termo "cronotopo". No ensino de literatura para graduandos, eu procurava maneiras menos intimidantes para falar do espaço e do tempo literários. Visto que experiências no mercado de trabalho sugeriram que Bakhtin, em geral, e o cronotopo, em particular, não eram muito "vendáveis", também me desviei do uso da palavra que começa com 'c' em ensaios críticos e entrevistas de trabalho, e logo me tornei adepta de encontrar outras formas de me referir à temporalidade e à espacialidade e à textuais.

Contudo, eufemismos têm seu preço. Tendo renegado uma linguagem consistente e precisa crítica para a análise cronotópica, fui incapaz de conduzir exames fundamentais do tempo e espaço literários. Passei do estado de ver cronotopos em caixas de cereal ao de desviar meus olhos deles, até mesmo em análises textuais. Mesmo quando escrevia poesia narrativa, nunca me voltei para as taxonomias elaboradas em "Fleshing out the Chronotope" de maneira a elaborar minha própria construção artístico-literária de tempo e espaço. Quando escrevi poesia não narrativa, de forma alguma, pensei em cronotopos.

Se o cronotopo era central na literatura como eu pensava, por que nunca achei necessário aplicar o conceito como poeta? Consegui evitar essas questões até o outono de 2007, quando passei a dar aulas para minha primeira turma de graduação sobre o ofício da poesia para poetas no respeitado programa de mestrado em Escrita Criativa do Sarah Lawrence College. Os alunos ficaram fascinados com o conceito de cronotopo, inspirados pela ideia de que eles vinham inconscientemente modelando tempo e espaço literários — e completamente perplexos com a ideia de como aplicar seu novo entendimento do cronotopo ao processo de escrita e revisão de sua própria poesia. Sem reler o meu ensaio, distribuí cópias de "Fleshing out the Chronotope", confiante de que ele responderia a todas as perguntas. Para meu desalento, entretanto, as definições e demonstrações do ensaio só fizera confundi-los ainda mais — e quando tentei direcioná-los às passagens de "Fleshing out the Chronotope" que esclareceriam suas confusões, descobri que o ensaio supõe em vez de explicar a aplicabilidade do cronotopo à poesia.

Enquanto eu lutava para explicar o papel dos cronotopos na escrita de poemas, comecei a questionar minha suposição de que o conceito de cronotopo é tão aplicável à poesia, particularmente à poesia não narrativa, quanto à prosa narrativa. Conforme Bakhtin observou, os cronotopos emergem da densidade e fusão de indicadores temporais e espaciais. Em prosa narrativa, a densidade dos indicadores temporais e espaciais emergem com consequência natural de definições de cenário e explicação da ação, e esses indicadores são fundidos pela força centrípeta de enredo, personagem e afins, nos encorajando a ler os vários elementos do texto como aspectos de uma história e de um mundo coerentes. Na poesia não narrativa, todavia, não há história dirigindo as definições de cena ou geração de personagem; talvez não haja nem cenário ou personagem. Como resultado, indicadores espaciais e temporais podem ser um tanto raros e pode haver pouca força centrípeta para motivar sua fusão. Em um ambiente textual, desprovido de personagem, enredo e cenário, no qual até mesmo as forças centrípetas da sintaxe são desgastadas por quebras de linha e outras estratégias poéticas, como os cronotopos podem se formar e funcionar? Comecei a pensar em algo que, para mim, foi por muito tempo impensável: poesia — pelo menos em suas formas menos narrativas, mais centrífugas, pode não ser cronotópica de maneira alguma. Talvez o cronotopo, tão vital para a vida da prosa narrativa, tenha sido, no caso de poesia não narrativa, nada mais do que um jargão morto e tedioso, porque em tais ambientes centrífugos, cronotopos não podem nascer.

Se meu desespero tivesse fundamento, este seria um capítulo muito curto. Mas, quando reexaminei a hipótese de "Fleshing out the Chronotope" de que cronotopos funcionam da mesma forma tanto em poesia quanto em prosa, me vi caminhando na direção de um entendimento diferente do cronotopo, quando comparado ao entendimento desenvolvido em minhas análises de prosa narrativa. No ambiente centrípeto proporcionado pela prosa narrativa, os cronotopos estáveis e as relações entre eles definem consciência, mundo e valores. No ambiente centrífugo da poesia não narrativa, os cronotopos tiritam e fluem numa série de sugestões, hipóteses, vislumbres e dissoluções, definindo consciência, mundo e valores mais por apagamento do que por estabilidade. Entretanto, como espero demonstrar adiante, o apagamento dos cronotopos na poesia não narrativa pode ser tão central para a vitalidade e o sentido desses textos quanto a estabilidade dos cronotopos para a vitalidade e o sentido da prosa narrativa.

Meu novo entendimento do papel do cronotopo na poesia começou com a reabertura da questão sobre cronotopos e poesia antecipados por "Fleshing out the Chronotope". As partes relevantes de "Fleshing out the Chronotope", são mostradas abaixo:

> Embora as implicações cronotópicas de palavras individuais e fragmentos de frases sejam, nos usos comuns da língua, absorvidos por uma estrutura sintática mais ampla, as energias cronotópicas ainda estão presentes. Alterando o equilíbrio entre as forças centrípetas e centrífugas, textos literários podem aproveitar essa energia e permitir implicações cronotópicas normalmente invisíveis para assumir densidade e significado, gerando os chamados "microcronotopos", exteriores às unidades de fala, e menores do que uma frase. Microcronotopos são indiscutivelmente, mais proeminentes na poesia lírica [...] do que em outras formas literárias [...] Na poesia lírica, as forças centrípetas linguísticas sofrem interferência de rima, métrica, encavalgamento e outros dispositivos, conferindo maior destaque às forças centrífugas de palavras individuais e frases (1999: 216).

Este argumento se baseia na afirmação de Bakhtin de que a linguagem é permeada pela energia cronotópica. Palavras não podem deixar de implicar "microcronotopos". Em contextos não literários, as forças centrípetas da língua tendem a reduzir ou a apagar essas implicações cronotópicas, reduzindo-as ao equivalente verbal da estática. A linguagem literária é inerentemente mais centrífuga do que os "usos comuns da linguagem", apenas porque é separada dos imperativos práticos que exigem da linguagem cotidiana adequação contextual, compreendendo clareza, ou, ao menos, funcionalidade. Se as forças centrípetas tendem a eliminar implicações cronotópicas, a centrifugacidade deve nutri-las — e no solo centrífugo da linguagem literária, as energias cronotópicas devem, mais ou menos automaticamente, dar frutos[3].

---

[3] Embora eu não tenha percebido isso na época, essa suposição reflete o tipo de ideologia moralizante que muitas vezes contamina o uso crítico do binário centrípeta/centrífuga. Bakhtin, é claro, afirma explicitamente: centripeticidade e centrifugacidade são interdependentes, forças ideologicamente neutras, igualmente inerentes e essenciais à vida da linguagem e às individualidades e coletividades cujo intermédio é fornecido pela linguagem. Na minha visão, a centripeticidade é implicitamente retratada como uma força repressiva e centrifugacidade como libertária.

Posto que a poesia lírica está entre as formas literárias mais centrífugas, me pareceu óbvio que a poesia deve ser, no mínimo, tão favorável ao cronotopo quanto a prosa narrativa. De fato, sugeri, por meio de um breve exemplo, que poemas geram cronotopos muito mais facilmente do que a prosa.

> A abertura de um dos mais famosos poemas de Emily Dickinson, "Minha Vida permaneceu — Uma Arma Carregada" cria uma relação única de tempo-espaço (microcronotopo) que literaliza a distância entre a vida e o "eu". Esse processo se inicia com o uso de maiúscula "Vida", que confere à palavra igual peso visual com "Minha", e chama a atenção para a autonomia de "Vida" como substantivo. A próxima palavra, "permaneceu", introduz o tempo no espaço metafísico, no qual o falante possui sua "Vida" [...] e assim, torna o poema uma narrativa. Essa narrativa poderia, claro, permanecer como uma relação abstrata e não cronotópica de tempo sem espaço [...] Entretanto, a palavra "permaneceu" consolida o microcronotopo emergente ao oferecer um indicador espacial concreto. "Permanecer" oferece uma qualidade literal e espacial à distância entre o falante e "Vida"; "Vida" é agora não somente algo a ser possuído, mas algo situado em lugar e tempo singulares e percebidos pelo falante por uma distância tanto temporal quanto espacial. [...] Em outras palavras, Dickinson fez rebentarem as tendências centrípetas da língua. Assim, as convenções que asseguram que a frase "Minha Vida" seja abordada idiomaticamente, e não como um cronotopo em pleno funcionamento, não são mais dominantes. Portanto, pela junção das energias cronotópicas latentes de sete simples palavras, ela cria um microcronotopo no qual a vida do falante se torna [...] um objeto com propriedades físicos e potenciais letais (*ibid.*: 216-217).

O problema dessa demonstração é que ela retifica em vez de testar minhas hipóteses sobre a gênese dos cronotopos artístico-literários. Ao passo que é verdadeiro que a desfamiliarização centrífuga de Dickinson acerca do clichê "minha vida" é essencial para o surgimento de suas peculiares implicações cronotópicas, apenas a centrifugacidade não gera — e não pode gerar — a densidade e fusão de indicadores espaciais e temporais necessários para o surgimento de cronotopos. Como professora de redação, li vários ensaios com pouco entendimento de convenções centrípetas, nenhum conseguiu materializar o tempo ou fazer o espaço se mover pela respiração da história. Claramente, o comprometimento da centripeticidade não faz um cronotopo artístico-literário. A "interseção de eixos e fusão de indicadores [espaciais e temporais]" (FTC, 84) necessários para gerar um cronotopo não poderia ser conseguido através de forças centrífugas difusivas. Dickinson e a linguagem lírica aqui representada por ela, certamente liberam energias cronotópicas pela interrupção de certas forças centrípetas, mas se essas energias cronotópicas, de fato, se aglutinam em cronotopos, como sugeri, também deve haver forças centrípetas em ação. Na verdade, como enfatiza Bakhtin, as forças centrípetas e centrífugas são interdependentes. Por não identificar as forças centrípetas, minha análise fez um relato profundamente equivocado da gênese dos cronotopos artístico-literários em geral e de seus caminhos poéticos em particular, contornando as mesmas questões que simulei responder.

Mesmo agora, minha leitura de "Minha Vida permaneceu — uma Arma Carregada" não me parece errada. No entanto, embora o poema, de fato, expanda as implicações do clichê "Minha Vida" em um cronotopo em funcionamento, na linha de abertura a expansão mal começou; o cronotopo não surge completamente até o final da primeira estrofe, quando a voz do "falante" inicial é substituída pela voz da "Arma", oferecida como uma metáfora para "Minha Vida":

> A Minha Vida permaneceu — uma Arma Carregada —
> Deixada pelos Cantos — até que um Dia
> O Dono passou — identificou-me —
> E levou-me consigo
>
> E agora Nós vagamos pelos Bosques Soberanos
> E agora Nós caçamos a Corça
> E todas as vezes que falo em Seu Nome
> As Montanhas de imediato respondem — (Dickison, 1998, 764: 722)[4].

Minha afirmação de que as implicações espaciais da palavra "permaneceu" fundiu as coordenadas temporais e espaciais em um cronotopo em funcionamento erroneamente projetou minha leitura sincrônica do poema como um todo de volta para suas linhas de abertura[5]. Nesse processo, camuflei o processo real pelo qual esse cronotopo toma forma — e, ao fazer isso,

---

[4] Doravante, referirei os poemas de Emily Dickinson seguindo as convenções da própria autora, ou seja, o número do fragmento, seguido do número de página da edição oficial de Franklin (1998).

[5] Apressar-se em fazer uma leitura sincrônica é particularmente perigoso na análise da poesia porque ela geralmente é moldada pela força centrífuga das quebras de linha — mais especificamente, a sua atenuação da força sincrônica da sintaxe, o que nos leva a ler frases como pensamentos inteiros compostos de elementos temporalmente sincrônicos, em um processo diacrônico no qual o desdobramento da linguagem, frase por frase, gera uma série de leituras preliminares que deslocam e revisam uma a outra. Como já discutido em outro trabalho (1994), Dickinson tende a aumentar os efeitos centrífugos de quebras de linha através de seu uso idiossincrático de travessões.

simplifiquei drasticamente o próprio cronotopo. Se lermos a estrofe de abertura diacrônica e não sincronicamente, vemos que embora a palavra "permaneceu" de fato dê inicialmente qualidades espaciais à abstração temporal em "Minha Vida", a fusão do espaço literalizado e do tempo abstrato é protelada pelo símile implícito, "Minha vida permaneceu [como] uma Arma Carregada". É bastante comum os símiles e metáforas iluminarem as abstrações temporais ao mapeá-las em equivalentes espaciais concretos. Embora o mapeamento metafórico estimulado por esses movimentos retóricos sugiram a fusão cronotópica de conceitos temporais e espaciais, eles também adiam a fusão ao nos encorajar a pensar no tempo em termos de espaço, em vez de conceber um tempo-espaço.

Entretanto, com o desenrolar da estrofe, torna-se cada vez mais difícil ler o espaço descrito metaforicamente e, assim, entender o tempo — "Minha Vida" — como um elemento distinto dele. No segundo verso, a frase "Em Cantos" amplia drasticamente as implicações espaciais de "permaneceu". A metáfora "Arma Carregada", que suporta "Minha Vida", não se posiciona mais em um espaço abstrato, mas em um espaço em que há "Cantos", um espaço estreito, interior, doméstico, definido pela junção das paredes. O plural "Cantos" também carrega um sopro de temporalidade — tecnicamente, uma arma só pode permanecer num canto, em dado momento, se tiver permanecido em múltiplos "Cantos", provavelmente realocada com o passar do tempo. Esse sopro de temporalidade começa a desabrochar em um tempo diegético pleno na frase seguinte, "até que um Dia", a qual insere a "Arma" metafórica no domínio narrativo do antes e do depois. O próximo verso, "O Dono passou — identificou-me" povoa esse domínio metafórico narrativo com um personagem de história própria — ele está apenas passando por essa ríspida interioridade doméstica — e até mesmo de perspectiva própria: por um instante, nós o vislumbramos "identificando" a "arma". No verso final da estrofe, o falante é completamente deslocado por sua própria metáfora. Agora, até o fim do poema, os pronomes de 1ª pessoa se referem não à pessoa cuja vida permaneceu como uma arma carregada, mas à arma mesma, que perambula pelo venturoso mundo limítrofe (assim como Susan Howe apontou) nas mãos do "Dono" que ela adora[6].

Em outras palavras, no decorrer da estrofe, a metáfora espacial se expande em uma narrativa metafórica, desabrochando em uma narrativa que funde

---

6 *My Emily Dickinson* (1985), de Susan Howe, é um trabalho central da crítica dickinsoniana e oferece uma extensa exploração da ressonância intertextual e cultural de "My Life had stood — A Loaded Gun", que moldou profundamente a minha leitura do poema.

tempo e espaço, uma história de libertação, vitalidade e ansiedade que segue uma vida de permanência pelos cantos, esperando por identificação e identidade. Essa narrativa incorpora e impulsiona extremos absurdos no cronotopo que descrevo em "Fleshing out the Chronotope", no qual "Vida" se torna algo a ser possuído e entendido, diferindo de seu "Dono". Posto que o cronotopo é sugerido pela atenuação centrífuga feita por Dickinson e pelas convenções que minimizam as implicações ontológicas de figuras de linguagem no primeiro verso, como a análise acima sugere, o cronotopo é constituído e tornado funcional pelas forças centrípetas introduzidas nos versos subsequentes. Só entramos realmente num tempo-espaço no qual "Vida" tem vida própria quando as implicações espaciais e temporais mantidas separadas pela estrutura metafórica maior forem fundidas pelas forças centrípetas de personagem, enredo e perspectiva.

Se se tratasse de prosa narrativa dos tipos a partir do quais "Fleshing out the Chronotope" concebe a maioria de seus exemplos, o cronotopo "Minha Vida" seria o "cronotopo maior" a definir o tempo-espaço total da narrativa e as relações entre os cronotopos menores que a compõem, como o que aparece no final da segunda estrofe, no qual "Arma" se torna o ponto de encontro entre a voz do "Dono" e a "voz" da natureza. No entanto, mesmo um exame superficial do poema como um todo revela que não é isso que acontece:

> A Minha Vida permaneceu — Uma Arma Carregada —
> Deixada pelos Cantos — até que um Dia
> O Dono passou — identificou-me —
> E levou-me consigo —
>
> E agora Nós vagueamos pelos Bosques Soberanos —
> E agora Nós caçamos a Corça —
> E todas as vezes que falo em Seu Nome —
> As Montanhas de imediato respondem —
>
> E então sorrio, uma luz tão amistosa —
> Sobre o Vale resplandece —
> Como se a face de um Fósforo
> Seu prazer irradiado tivesse —
>
> E quando à Noite — Nosso belo Dia acabado —
> Guardo a cabeça do Meu Senhor —
> É melhor do que as Penas de Pato
> Da funda Almofada — ter partilhado —

Para o Seu inimigo — sou inimigo mortal —
Não se move duas vezes —
Aquele a quem lanço um Olho Amarelo
Ou um Polegar decidido —

Embora mais do que Ele — possa eu mais tempo viver
Ele — mais do que eu — viverá
Porque tenho apenas o poder de matar,
Sem ter o poder de morrer —
(Dickinson, 1998 764: 722-723)

Em algum lugar durante as aventuras da "Arma" e seu emocionalmente distante, mas fatalmente atraente Dono, o cronotopo "Minha Vida" desaparece — e, com ele, desaparece qualquer possibilidade de haver um falante além da "Arma", ou que as ações, reflexões e anseios de "Arma" sejam apenas uma alegoria para a vida "real" de algum falante. De fato, essa narrativa não se define pela consolidação de um cronotopo maior em meio a uma teia de relações cronotópicas, mas sim pela dissolução do cronotopo maior (e o personagem cuja consciência devia ser manifestada por meio dele) e a ausência de quaisquer relações estáveis entre os cronotopos que emergem em cada estrofe.

Com relação às definições oferecidas em "Fleshing out the Chronotope", este, de maneira alguma, é uma narrativa, mas um tipo de antinarrativa, uma negação perversa do funcionamento cronotópico normal das narrativas. Porém, uma vez aceito que os cronotopos levam a vidas muito diferentes no ambiente mais centrífugo da poesia, podemos ver que o tratamento dado pelo poema aos cronotopos como transitórios, em vez de estáveis, não é de forma alguma perverso, mas típico da poesia, uma consequência inevitável da ênfase da poesia nos aspectos centrífugos da simbiose centrífuga/centrípeta, inerente a todo uso da linguagem.

Contrariamente às minhas afirmações em "Fleshing out the Chronotope", os cronotopos não surgem da centrifugacidade ou da linguagem *per se*. Eles surgem a partir do papel da linguagem na mediação da relação entre subjetividade e intersubjetividade, na transformação recíproca da percepção individual, idiossincrática em relatos comunicáveis do mundo, e de termos partilhados, mas abstratos, em modelos que dão forma inteligível à percepção privada[7]. A centripeticidade pura, se tal coisa fosse possível, produziria uma

[7] É claro que a linguagem não desempenha um papel idêntico ou igual na mediação entre subjetividade e intersubjetividade. Como Whorf e Sapir argumentaram, a percepção individual pode ser moldada pela linguagem — testemunham isso os experimentos que mostram que os falantes

linguagem de esterilidade platônica e estase; a centrifugacidade pura seria um conflito narrado por um idiota, sem o menor significado. As qualidades centrífugas dos cronotopos — baseadas nos mistérios da percepção individual e no fluxo de consciência — eram óbvias para mim quando escrevi "Fleshing out the Chronotope". No entanto, negligenciei o papel crucial das forças centrípetas de fazer percepção e consciência inteligíveis a outros e, assim, ampliando a linguagem para fora do meio das subjetividades pessoais, para uma maneira intersubjetiva de partilhar o mundo com os outros.

Cronotopos literários representam a alternância de equilíbrio entre as forças centrífugas, que conotam a idiossincrática e, em última instância, incomunicável natureza da percepção, e as forças centrípetas que subsumem percepções puramente pessoais em termos estabelecidos. Quanto mais o equilíbrio em determinado cronotopo favorecer a centripeticidade, mais estável o cronotopo parecerá. Quanto maior sua eficácia intersubjetiva na estruturação da experiência individual dos leitores, mais difusamente irá estruturar os elementos do texto e a experiência de lê-lo — e mais se aproximará da impassibilidade trans-histórica, santo graal das estruturas cronotópicas, segundo Bakhtin. Quanto mais o equilíbrio favorece a centrifugacidade, mais fugaz, fragmentário e espectral o cronotopo parecerá, mais difícil de reconhecer ou definir — e mais ele refletirá a natureza idiossincrática e transitória da percepção individual. Se o equilíbrio pender demasiadamente para a centripeticidade, o cronotopo colapsará de um tempo-espaço substancial e responsivo ao enredo, se transformará em convenção ou clichê, língua cuja previsibilidade desgastada atesta sua incapacidade de refletir ou mesmo de reconhecer a misteriosa riqueza da experiência individual. Mas se um cronotopo é insuficientemente definido por forças centrípetas, não será, de maneira alguma, um cronotopo distinto, funcional, mas sim um traço oculto de uma experiência privada incomunicável.

Na maioria das narrativas literárias em prosa, as forças centrípetas de gênero, personagem, enredo, sintaxe etc. facilitam o aparecimento de cronotopos relativamente estáveis e o bestiário de relações cronotópicas parcialmente taxonomizado em "Fleshing out the Chronotope". É pertinente dizer:

---

nativos da língua aborígene australiana dividem um espectro de cores de maneira muito diferente do que os falantes de inglês o fazem. No entanto, qualquer um que tenha passado algum tempo com crianças pré-verbais sabe que a percepção subjetiva não depende de mediação linguística, os seres humanos percebem situações que não temos linguagem para expressar. Em contrapartida, a intersubjetividade *realmente* depende da linguagem. Sem linguagem, não há maneira de comunicar a percepção individual, não há maneira de exteriorizar ou generalizar a subjetividade, não há maneira de fazê-la entrar em diálogo com as percepções, as subjetividades e a vida dos outros.

cronotopos, falhos ou não, são um aspecto inerente de todas as narrativas, literárias ou não. Mesmo em tão breve e fragmentária narrativa como "Minha Vida permaneceu — uma Arma Carregada", as forças centrípetas evocadas pela narrativa são suficientes para dar forma e eficácia cronotópica às fugazes implicações do tempo-espaço de "Minha Vida". Mas a poesia não precisa ser narrativa. Alguns poemas, como o seguinte borrão fonêmico de Clark Coolidge, nem sequer incluem palavras:

> listene
> secting
> erences
> miliari
> ontempt
> opposit
> compani
> bilitie
> pontane
> nerously
> ercussi
> ndition
> aluable
> rievable
> fluence
> berness
> ionalis
> deliber
> (Gach, 1998: 113)[8]

Apesar de este ser um exemplo extremo de centrifugacidade poética, até mesmo poemas mais tradicionais muitas vezes não possuem as forças centrípetas necessárias para consolidar as implicações cronotópicas em cronotopos[9]. Poesias bem-sucedidas têm sido criadas a partir do argumento puro, retórica abstrata e partículas de linguagem expressionistas, sem sequer um

---

[8] O poema não apresenta tradução em língua portuguesa, sendo seu efeito de sentido condicionado somente à interpretação feita em língua inglesa, na qual foi originalmente escrito.

[9] Muitos poemas, muitas vezes autoconscientemente, exploram a habilidade da linguagem poética de lidar com os mundos da pura abstração e da vitalidade carnal cronotópica. Por exemplo, quando Shakespeare faz a célebre pergunta: "Devo te comparar a um dia de verão?", as respostas do soneto geram um cronotopo unicamente com a finalidade de delinear a transcendência não cronotópica do amado. Como o poema enfatiza o cronotopo de "um dia de verão", ele não somente o faz para definir o amado como aquele existe além desse tempo-espaço definível, pois não importa quão "justo" seja, todo tempo-espaço deve "declinar" o justo.

cronotopo funcional em vista. Em poesia não narrativa, o cronotopo é uma opção, não uma necessidade — e até em poemas narrativos, como "Minha Vida permaneceu...", os cronotopos podem exercer funções diferentes daquelas encontradas em prosa narrativa.

Pelo fato de os cronotopos serem considerados uma opção, e não uma necessidade, na linguagem poética, os poemas podem fazer experimentos, com equilíbrio altamente instável de forças centrífugas e centrípetas, criando uma linguagem que nos leva às fronteiras entre subjetividade e da intersubjetividade. Assim como David Porter notou, refletindo sobre as primeiras observações de Archibald Macleish, Dickinson estava muito em tais experimentos:

> "Recordação ametista", "expiação Polar". [Nada] disso existe na retina. [Nada] pode ser trazido para o foco pelos músculos dos olhos. O "erro azul e dourado" do verão indiano parece existir em algum lugar do visível — ou seria se alguém pudesse apenas se livrar desse "erro" [...] Mas quem pode descrever a forma gráfica de "que sustento branco/Desespero"? E, no entanto tudo isso se apresenta como imagens, não é verdade? — *Agem* como imagens? Onde pode a lembrança ser ametista? Onde senão no olho? (Porter, 1981: 26-7, grifo do autor).

Em tais "imagens drenadas", como Porter as chama, Dickinson justapõe referências sensoriais ("azul e dourado", "ametista", "Polar", "branco") e abstrações sem sensação ("memória", "expiação", "erro", "sustento", "Desespero") — palavras "conceito" e palavras de "percepção" — de maneira a sugerir simultaneamente a especificidade hermética da percepção individual e a generalidade intersubjetiva da fenomenologia. Nessas frases, a força centrípeta da sintaxe (especificamente, a relação entre adjetivos e substantivos) é forte o suficiente para nos estimular a tentar construir um cronotopo, mas não forte o suficiente para realmente definir um. Por exemplo, uma frase como "recordação ametista" combina as implicações espaciais de "ametista" (não há a cor sem um espaço no qual ela possa se manifestar) e as implicações temporais da "recordação" (não há memória sem tempo), porém não exerce força centrípeta suficiente para fundir essas implicações em um tempo-espaço funcional através do qual noções de mundo ou consciência possam ser concretamente imaginadas. (Dickinson cuidadosamente atenua a força centrípeta usando um substantivo atemporal para a palavra que conota tempo neste par, em vez de um verbo como "recordar", o qual carrega implicações mais fortes de duração de tempo vivido e caráter.) O resultado é sugestivo, mas enlouquecedouramente efêmero. A abstração "recordação" quase se torna visível, enquanto a translucidez violeta cristalina evocada por "ametista" parece brilhar com perspicácia sobre a natureza da memória ("Eu segurei uma joia nos meus dedos"; Dickinson, 1998: 261). Tais imagens drenadas acarretam percepções indizíveis em direção, mas não diretamente, à luz intersubjetiva do dia — e ao tentar construí-las, encontramo-las puxando-nos de volta para as profundezas fenomênicas de onde surgiram.

Por serem tão radicais os experimentos de "imagem drenada" de Dickinson, as fronteiras cronotópicas por ela exploradas eram observadas já pelos poetas metafísicos ingleses, como George Herbert. Por exemplo, no poema *Oração(I)*:

> Oração ao banquete das Igrejas, era de Anjos,
> O sopro de Deus no homem, retornando à origem,
> A alma em paráfrase, coração em peregrinação,
> O despencar cristão ressoando no céu e na terra
> O Mecanismo contra o Todo-Poderoso, a torre do pecador,
> Trovão invertido, o lado de Cristo perfurado pela lança,
> O mundo de seis dias transposto em uma hora,
> Um tipo de sintonia, que todas as coisas ouvem e temem [...]
> (Herbert, 2009)

Assim como Dickinson, Herbert utiliza a atenuação das forças centrípetas normais da poesia para ampliar as implicações cronotópicas normalmente imperceptíveis de palavras e frases. Por exemplo, na frase nominal "O lado de Cristo perfurado", Herbert reduz o espaço a uma película, pequena e terrivelmente vulnerável — o lugar onde a lança entrou no "lado" de Jesus — enquanto transforma o tempo em uma constante, promulgação do tempo presente de "perfurado". Uma vez que esta não é uma narrativa ou mesmo uma frase completa — o poema de Herbert, embora escrito como uma frase, é simplesmente uma lista de parataxes compostas de metáforas para a "oração", *sem* a necessidade gramatical do verbo "é" — as forças centrípetas aqui são muito mais atenuadas do que em "Minha Vida permaneceu...". Pela omissão da estrutura retórica da metáfora, Herbert enfraquece nosso ímpeto de realizar a operação do mapeamento, que, como já mencionado, normalmente suspenderia nossa síntese de impulsos cronotópicos. Consequentemente, cada item da lista carrega uma carga de energia cronotópica, o breve, mas palpável embate de um tipo de espaço-tempo para outro. No entanto, na ausência de grandes estruturas sintáticas ou narrativas, existe força centrípeta insuficiente para que qualquer um desses espaços-tempos possa persistir além das frases que os originam.

Em resumo, nem as "imagens drenadas" de Dickinson nem as frases cronotópicas de Herbert geram o tipo de cronotopos funcionais, completos, ou as relações cronotópicas discutidas em "Fleshing out the Chronotope". São efeitos excepcionalmente localizados, surpreendentes e transitórios — e efetivos, por serem transientes. A instabilidade cronotópica das "imagens drenadas" de Dickinson, nossa inabilidade de focalizar os tempos-espaços que elas parecem sugerir são precisamente o que lhes permite retratar a fronteira entre subjetividade e intersubjetividade. A oscilação da lista de tempos-espaços emergente de Herbert decreta o argumento implícito do poema de que "oração" é, simultaneamente, uma atividade extraordinariamente potente e definidora do cosmos e um esforço tão tênue que deve ser constantemente renovado para que ele e seus efeitos não desapareçam tão rapidamente.

Na poesia não narrativa, tal friabilidade e evanescência cronotópicas executam uma função tão definitiva quanto o papel da estabilidade e das relações cronotópicas existentes na prosa narrativa[10]. A estabilidade cronotópica da prosa narrativa nos permite habitar imaginativamente o mundo da história, experienciar o tempo e o espaço ficcionais como carregados de vitalidade e de sentido. Em poemas como o de Herbert, vitalidade e sentido crescem exteriormente ao espetáculo dos tempos-espaços aparecendo, desaparecendo e quase reaparecendo ante nossos olhos. Não me espanta meus alunos de poesia ficarem confusos. Eles sabiam que Bakhtin tinha razão quanto à energia cronotópica inerente à linguagem, mas a estrutura conceitual oferecida por mim em "Fleshing out the Chronotope" nada lhes ensinou sobre como reconhecer ou aproveitar essa energia em sua poesia.

Dado que a prosa narrativa, de forma relativamente automática, gera cronotopos, o desafio de seus autores é fazê-los vitais e eficazes e capazes de relação significativa entre si. Poetas, por outro lado, precisam determinar que função, se é que existe alguma, as energias cronotópicas irão exercer em seus poemas e como organizar, administrar e tornar significativa a evanescência dessas energias no ambiente textual centrífugo da poesia.

Embora meus alunos nunca tivessem ouvido falar de cronotopos, um manejo altamente sofisticado das energias cronotópicas é característica da poesia norte-americana modernista na qual a poética por eles assimilada em oficinas e palestras se baseia amplamente. Essa sofisticação talvez seja facilmente reconhecível na parte mais canônica do verso livre no cânon pedagógico americano, o poema semelhante a um haiku de William Carlos Williams, "O carrinho de mão vermelho". Este poema, presente em tantas antologias

10 Esta generalização pode muito bem se sustentar para a maioria dos poemas narrativos, já que quebras de linha e outros dispositivos poéticos tendem a atenuar as forças centrípetas estabilizadoras do cronotopo.

é famoso por seu uso de quebras de linha acentuadas — e essas quebras acabam por torná-lo um exemplo igualmente revelador da maneira paradoxal na qual a centrifugacidade poética amplifica as energias cronotópicas da língua, ao passo que enfraquece a formação de cronotopos e de relações cronotópicas reais. O resultado é um belo jogo de implicações e evanescência cronotópicas:

> tanta coisa depende
> de um
> carrinho de mão
> vermelho
> esmaltado de água de
> chuva
> ao lado das galinhas
> brancas.
> (William Carlos Williams, 1985: 56 [trad.: José Paulo Paes])

Aqui, os breves versos em *staccato* impõem uma leitura diacrônica; a cena e a sentença se desdobram em partes, com cada verso posicionando-se primeiramente como uma frase em si mesma e, em seguida, como um fragmento de um todo maior ainda em desdobramento. Por exemplo, embora a primeira linha, "tanta coisa depende", irradie fracas implicações de tamanho ("tanta"), de oscilação ("depende") e de tempo (o verbo no tempo presente), a ausência de sujeito, objeto ou imagem nos suspende numa espécie de vácuo cronotópico. Há uma voz fazendo uma afirmação, mas uma voz sem contexto, e não há mundo a que a afirmação se refira. Neste vácuo, as implicações espaciais do segundo verso, a palavra isolada "de", são ampliadas, dando-nos uma sensação de espaço formado de pura abstração. O "carinho de mão" do terceiro verso fornece a esse espaço nascente cor e forma. Embora a roda sugira o mundo humano de ferramentas e intenções, por ora, é puramente simbólica, uma roda vermelha suspensa no vácuo. "Tanta coisa", de fato, depende dela, pois ela é a única âncora de toda a nossa noção de tempo-espaço. A adição de "carrinho" quebra essa imagem ezequielesca. A "de mão vermelho" não é uma roda de forma alguma, é um "carrinho de mão", um utensílio agrícola comum, que metonimicamente conota o mundo terreno e o mundo repetitivo do trabalho agrícola. "De mão vermelho" pode ser uma forma abstrata, o "carrinho de mão vermelho" é inevitavelmente parte da vida humana[11].

[11] Uma vez que Williams era um pintor frustrado com um interesse apaixonado pelo impacto do modernismo na arte tradicional de representação, não há dúvida de que ele estava ciente do jogo entre a forma abstrata e a representação concreta que ele representa aqui dividindo "carrinho de mão" entre as quebras de linha.

Até agora, a dimensão temporal do poema tem se restringido ao vago, indiferenciado tempo presente sugerido por "depende". "Esmaltado de água de chuva", no entanto, faz referência a um evento — chuva — e, assim, expande o tempo para incluir antes e depois, causas — A chuva que caiu — e efeitos — o brilho no carrinho de mão[12]. No dístico final, Williams permite que o espaço se expanda da mesma forma, assim, a imagem finalmente entra em foco. Mesmo aqui, contudo, existe um jogo cronotópico significativo. "Ao lado das" coloca o carrinho de mão em um contexto espacial maior, mas a quebra de linha antes de "brancas" brevemente anula esse contexto, reduzindo-a a pura abstração. O poema oscila à beira do vácuo cronotópico a partir do qual foi tão meticulosamente criado — e isso é o que faz a imagem oferecida pelas "galinhas" cômicas e satisfatórias. Graças à evanescência cronotópica gerada por suas quebras de linha, o substantivo prosaico "galinhas" denota não somente as aves domésticas, mas o surgimento de um mundo estável, visualizado.

Por consistir de uma única imagem, "O carrinho de mão vermelho" tornou-se um exemplo pedagógico arquetípico da doutrina imagista. No entanto, quando o lemos a partir de uma perspectiva cronotópica, vemos que a imagem de um carrinho de mão molhado ao lado de galinhas desempenha um papel menor na experiência de leitura do poema. De fato, o poder do poema surge do seu adiamento da imagem. A centrifugacidade dos encavalgamentos transforma o que seria na prosa uma cena imediatamente apreensível — "Tanta coisa depende de um carrinho de mão vermelho esmaltado de água de chuva ao lado das galinhas brancas" — em uma exibição cronotópica espetacular. A força centrípeta da prosa elimina esse espetáculo cronotópico — e com isso, grande parte do interesse dessa vaga afirmação. O que explica a eficácia do poema não é "a imagem", mas a tensão entre a constante incitação a sintetizar tempos-espaços e nossa inabilidade de destacá-los. Essa tensão transforma a linguagem: de um meio de representação (uma forma de criar uma imagem) num meio ontológico, simultaneamente destacando o poder da linguagem para invocar o mundo a ser e sua inabilidade de tornar esse mundo estável, completo ou coerente. Como a brancura inarticulada mantida à distância pelo poema dilui o termo há muito tempo adiado,

[12] O ruído estranho de "água" é um efeito cronotópico. Lexicalmente, "chuva/água" são diretamente paralelos a "roda/carrinho de mão" — ambos representam a divisão de palavras compostas em suas partes componentes. Mas, enquanto a revelação do "carrinho de mão" altera radicalmente nossa sensação de que estamos olhando para o tempo-espaço implícitos por ele, "água" não acrescenta nada às implicações da chuva, e assim, por um momento, espaço e tempo, que têm literalmente se transformado linha a linha, param de crescer.

"galinhas", torna-se claro que a linguagem do poema foi totalmente incapaz de criar um mundo, que o mundo correspondente à imagem é o mundo ao qual a linguagem se refere em vez de convocar à materialização[13].

Para os poetas de verso livre que procuram adicionar a poética dos cronotopos a seu arsenal de habilidades, o poeminha de Williams oferece uma lição preponderante: quanto mais brusca a quebra de linha, maior o efeito cronotópico. A interrupção centrífuga abrupta da quebra de linha de estruturas sintáticas centrípetas e de outras estruturas centrípetas libera energias cronotópicas locais e amplia as implicações cronotópicas de palavras e frases. Ao mesmo tempo, porém, quanto maior a centrifugacidade do poema, mais difícil se torna para as implicações cronotópicas se fundirem em cronotopos funcionais.

Em poemas de versos mais longos nas quais as quebras de linha tendem a corresponder a unidades sintáticas, o nível de força centrífuga é mais baixo. Consequentemente, o movimento das energias cronotópicas será muito mais suave. Quando poetas norte-americanos pensam em versos longos, recorrem a Walt Whitman. Assim como os versos curtos e fragmentados de Williams amplificam as energias centrífugas da linguagem poética, os versos prosaicos de Whitman amplificam suas energias centrípetas, afirmando

---

13 "O carrinho de mão vermelho" também é um exemplo famoso do elemento visual na composição em verso livre. O arranjo de dísticos de Williams enfatiza a materialidade do texto: o espaço diferencial ocupado por três palavras e, depois, uma, a instabilidade desse arranjo (se as palavras fossem tijolos numa construção, cada dístico iria tombar na incoerência), bem como a brancura e a difusão do espaço em branco que os rodeia. O espaço branco permeia e comprime o texto, transformando-o em um frágil esforço intermitente da linguagem e da importância de superar o vazio semântico da existência — a afirmação de que "tanto", ou, na verdade, nada, "depende" dos detalhes do mundo que lutamos para pôr em palavras. O projeto de Williams faz do espaço do leitor — encontro espacial dos leitores com o texto — parte da experiência do poema. Como sugere minha leitura meticulosamente diacrônica, a espacialidade do texto — as linhas curtas, as quebras abruptas de linha e os dísticos — estrutura diretamente nossa experiência temporal do poema. Até o leitor de poesia mais leigo lerá o poema em divisões de três palavras e uma palavra, feitas por pausas inexplicáveis, e experimentará a hesitação, a qualidade do constante parar e reiniciar que é crucial para emergência dos efeitos mais sofisticados do poema. Em outras palavras, o poema funde espaço textual e tempo do leitor, criando o que é, efetivamente, um cronotopo — mas um cronotopo que não existe no mundo do texto (o reino de carrinhos de mão vermelho brilhante por causa da chuva não têm nada a ver com o plano da relação extradiegético do qual percebemos a composição do poema), mas no mundo do leitor. Embora a fusão do espaço físico do texto com a temporalidade da experiência de leitura que dá origem a tais "cronotopos experienciais" seja comum em verso livre, não é algo universal. Muitos poemas de verso livre minimizam os cronotopos experienciais usando linhas longas e relativamente regulares, ou seja, em que o uso do espaço se aproxima do uso espacial na prosa. Quanto menos a disposição do poema chamar a atenção para si, menor será o papel das quebras de linha na estruturação do fluxo de leitura, será menos provável que um poema dê origem a um cronotopo experiencial.

as forças de estabilização sintática que os versos de Williams rompem. Embora a poesia de Whitman *seja* poesia, e ainda seja significativamente mais centrífuga que a prosa narrativa, sua maior centripeticidade tem um efeito significativo sobre as energias cronotópicas de suas palavras:

> Do mesmo modo não verás mais através de meus olhos, nem tampouco receberás coisa alguma de mim,
> Ouvirás o que vem de todos os lados e saberás filtrar tudo por ti mesmo (1855: 14).

Para todos os momentos programáticos da *joi de vivre* de Whitman, e apesar de seu *status* de pioneiro da descrição concreta, muito de seu verso tem a planicidade acronotópica dessas linhas. Como "tanta coisa depende/de um" demonstra, mesmo afirmações abstratas podem ter implicações cronotópicas marcadas. Mas os versos longos e sintaticamente completos de Whitman geram tanta força centrípeta que as implicações de palavras até mesmo cronotopicamente sugestivas, como "verás", "olhos", "receberás", "ouvirás", "lados" e "filtrar" são suprimidas — ou, para usar o termo de Whitman, "filtradas". Em outras palavras, a centripeticidade dos versos de Whitman é tão grande que relativamente poucas implicações cronotópicas se manifestam quando os lemos. Para carregar sua linguagem com vitalidade cronotópica, Whitman tem de incluir indicadores espaciais e temporais distintos — e quando ele faz isso, a força centrípeta de seus versos extensos agrega-os em cronotopos altamente localizados, mas surpreendentemente funcionais:

> A noiva desamassa seu vestido branco, o ponteiro de minutos do relógio se move vagarosamente,
> O viciado em ópio reclina a cabeça rígida com os lábios entreabertos,
> A prostituta arrasta o xale, sua touca bamboleia em seu pescoço ébrio e marcado [...] (1855: 22)

A nomeação característica de Whitman de personagens em termos de sua função — "a noiva", "a prostituta" "o viciado em ópio" — evoca as implicações espaciais e temporais em seus devidos contextos sociais. Aqui, por exemplo, "a noiva" invoca uma concatenação complexa de tempo e espaço íntimos (a relação que levou essa mulher ao casamento, e o corpo que, presumivelmente, ela está preparando para dividir com o marido), tempo e espaço rituais (a cerimônia de casamento e tudo o que a rodeia) e tempo e espaço sociais (isto é, o tempo-espaço no qual as mudanças de *status* implicadas à mulher prestes a se casar acontecem). O verbo "desamassar", em si uma narrativa altamente comprimida (apenas algo "amassado" pode ser "desamassado", combina o denso, mas abstrato complexo, evocado pela "noiva" com as implicações espaciais concretas necessárias para trazer esse cronotopo à vida. "Desamassa" dispõe as sequências de interseção de eventos implícitos em "a noiva" em um momento único, intersticial, um momento entre beijos, rituais e configurações sociais, e localiza esse momento em um espaço intensamente íntimo definido por uma mão desamassando um vestido de noiva.

O estreitamento drástico do tempo e do espaço para este simples gesto cria uma sensação de suspensão temporal, como se o movimento de "desamassar" ocorresse em uma bolha de tempo localizada fora do turbilhão social sugerido por "a noiva". Essa sensação de suspensão é provida de expressão concreta na frase "o ponteiro de minutos de relógio se move vagarosamente", uma justaposição que transforma a mão da noiva detentora temporal, em um "ponteiro" literal, unindo a íntima relação tempo-espaço da primeira frase com o "objetivo", ou melhor, intersubjetivo, tempo-espaço criado pela convenção cronotópica à qual nós concordamos atribuir o movimento dos ponteiros do relógio através do espaço como um sinal de nossa movimentação comum ao longo do tempo.

Se Whitman tivesse usado o método de quebras de linha de Williams, a força centrífuga produziria tal abundância de implicações cronotópicas que nenhuma dessas frases sugeriria cronotopos claros. Mas seus longos versos geram força centrípeta suficiente para cada cronotopo não apenas ser distinguido, mas para entrar em um breve, mas evocativo diálogo. O cronotopo "o ponteiro de minutos do relógio" impede a bolha temporal da noiva de tornar-se liricamente desconectada do tempo e espaço sociais, enquanto o cronotopo "desamassa" satura o movimento do "ponteiro" com significação emocional, transformando o relógio de uma medida objetiva de duração em um ponto de encontro entre intersubjetividade e subjetividade, entre o tempo-espaço social dos ritos de passagem e o tempo-espaço psicológico daqueles submetidos a eles.

Em prosa — a preocupação contemporânea de Poe com a colisão entre o tempo subjetivo e o intersubjetivo vem à mente — esses cronotopos e seu diálogo teriam implicações estruturais para o texto como um todo. Não importa o quão localizado fosse, este diálogo cronotópico teria alguma relação e faria alguma contribuição para uma rede cronotópica maior, que iria carregar a história de vitalidade e importância. Aqui, entretanto, ambos os cronotopos são imediatamente deslocados pelo cronotopo do viciado em ópio no verso seguinte. É claro, há um paralelo implícito entre o tempo-espaço isolado e contraído dos "lábios entreabertos" do fumante de ópio e as características semelhantes dos cronotopos no verso anterior. Mas mesmo a força centrípeta dos longos versos de Whitman é insuficiente para engrenar seus cronotopos em redes e estruturas maiores. Até o final do verso referente ao viciado em ópio, os cronotopos do verso anterior já estão desaparecendo, no momento em que a prostituta arrasta o xale, eles são ecos débeis completamente ofuscados pelo sequenciamento paratático dos párias sociais feito por Whitman.

Como esses exemplos sugerem, o grau de forças centrípetas e centrífugas em determinado poema pode alterar radicalmente o movimento das implicações cronotópicas[14]. Em poemas mais centrífugos, essas implicações são intensificadas, garantindo a vitalidade cronotópica para até mesmo frases abstratas, mas eles estão em tal fluxo, que cronotopos e relações cronotópicas distintos não podem ser formados. E nos poemas mais centrípetos, as energias cronotópicas tendem a silenciar, comandando a linguagem somente quando há densidade suficiente de indicadores temporais e espaciais. Diferentemente do fluxo cronotópico que encontramos em poemas mais centrífugos, em poemas mais centrípetos, esses indicadores podem se fundir em cronotopos e em relações cronotópicas distintos. Ainda, mesmo na maioria dos poemas centrípetos, há força centrípeta insuficiente para conectar esses cronotopos e relações locais em uma tessitura cronotópica estruturalmente definitiva como encontramos em narrativas em prosa[15].

Até aqui, foquei em poemas nos quais a força centrípeta ou centrífuga, gerada por quebras de linha — ou, no caso de Dickinson, dispositivos paralelos — definem o movimento das energias cronotópicas. Mas em quais poemas rima e métrica em vez de delineamento são princípios organizadores fundamentais? Encontramos a mesma dinâmica cronotópica em poemas prosodicamente organizados, assim como observamos naqueles de verso

---

[14] Mesmo breves, esses excertos de Williams e Whitman representam grande parte da gama de força centrípeta e centrífuga que encontramos na poesia de verso livre. Há, é claro, exemplos mais extremos de centrifugacidade e centripeticidade em verso livre, mas a maioria cai no grupo que esses exemplos delineiam.

[15] Narrativas poéticas — ou seja, narrativas que abordam as qualidades de caracterização, enredo etc., típicos da prosa— representam exceção óbvia a essa generalização. Mesmo nos épicos homéricos, nos quais cronotopos podem ser bastante estáveis e se estender por muitas linhas de texto, cronotopos tendem a se manifestar local e parataticamente, deslocando o outro em vez de contribuir para grandes redes de relacionamento. Autores como Milton e Wordsworth, que procuram criar o tipo de complexidade cronotópica que encontramos em prosa, muitas vezes encontram-se em desacordo com a centrifugacidade do seu meio poético, o que intensifica as partes em detrimento de um todo.

livre? Tais questões exigem ao menos o estudo de um livro, mas eu gostaria de oferecer um trecho de um famoso poema — "Ode a uma urna grega", de John Keats — para começar a investigação de como a prosódia afeta a energia cronotópica:

> Tu, ainda inviolada Noiva do Silêncio,
> Filha adotiva do Sossego e a Lentidão
> Silvestre historiadora, que exprimir consegues
> Um enredo floral mais doce que este canto [trad. Ivo Barroso]

Embora as quebras de linha também desempenhem uma função, muito da centrifugacidade dos versos prosodicamente organizados é gerado pelo conflito entre a sintaxe e o som sensório das palavras. A sintaxe subordina as palavras individuais em estruturas de significação ampla, nas quais as qualidades sensórias dos fonemas são irrelevantes. A prosódia enfatiza as qualidades sensórias, ampliando sua entonação em padrões métricos, agrupando palavras em padrões rítmicos, chamando nossa atenção para a consonância, assonância e outras características acústicas. Essas características não só são irrelevantes para as estruturas sintáticas, assim como as quebras de linha, elas atenuam e algumas vezes rompem essas estruturas, chamando nossa atenção para as palavras e frases individuais, e assim confundem nosso conceito do todo, desacelerando o processo de leitura e flexionando o equilíbrio de forças para a força centrífuga[16]. Aqui, por exemplo, a pura beleza acústica de "inviolada Noiva do Silêncio" complica centrifugamente o simples sentido das palavras (note quão mais fácil e menos interessante é dizer "noiva que ainda não fizera sexo em silêncio, facilitando a emergência de algo similar às "imagens drenadas"[17] de Dickinson. O foco sonoramente intensificado oferece às implicações cronotópicas das palavras tempo para desabrochar na mente, evocando uma narrativa densa *in media res*, na qual a urna, figurada no estereótipo feminino, é associada a uma mulher cujo casamento involuntário aconteceu, mas o tão esperado ato sexual, não. As implicações temporais da

---

16 Os conflitos entre prosódia e sintaxe participam diretamente sempre que os poetas usam "licença poética" para dispor as palavras na ordem "errada", mantendo assim os padrões prosódicos.

17 Assim como os poemas em versos livres variam em seus graus de encadeamento, os poemas prosodicamente organizados variam em seus graus de densidade sonora. Keats — modelo de Williams quando jovem — tende a maximizar as qualidades de enlevo de sua linguagem e, portanto, a centrifugacidade de seus poemas. Poetas como Robert Frost ou Philip Larkin tendem a minimizar essas qualidades, criando uma linguagem poética muito mais idiomática, simples e centrípeta.

frase alongam-se inversamente nas brumas causais, nas quais a união forçada foi concebida e direcionada ao futuro no qual será consumada, até o espaço é contraído para a zona sexualizada do corpo da "inviolada Noiva". Mas essa união cronotópica desigual não é mais consumada do que o casamento alegórico que a frase sugere. "Do Silêncio" junta a imagem altamente concreta da noiva intocada a uma abstração — silêncio — que carrega somente vagas implicações cronotópicas. O cronotopo sugerido pela narrativa implícita de "ainda inviolada Noiva" dissolve-se em uma imagem drenada de relações sexuais não consensuais entre urnas e "silêncio".

Assim como as quebras de linha de Williams, o jogo sonoro de Keats interfere no processo de leitura, inclinando o equilíbrio de forças para a centrifugacidade necessária às implicações bizarras do verso de abertura[18] emergirem. Reduzidos a sua essência centrípeta, todos os versos iniciais dizem "Ei, urna". Mas, embora os fogos de artifício cronotópicos centrífugos, gerados a partir do jogo sonoro, sejam irrelevantes para o gesto retórico, eles são fundamentais para o efeito e o sentido do poema, que é todo sobre o embate entre o tempo-espaço humanamente vivido e o tempo-espaço "íntimo" da história e o tempo-espaço artístico abstrato que a arte parece oferecer como fuga de ambos.

Dessa forma, tanto o conteúdo e a padronização de som do segundo verso continuam a destacar e a complicar a identidade cronotópica da urna. "Tu, filha adotiva do Sossego e a Lentidão" regride o corpo da noiva intocada à pré-nubilidade e desloca esse corpo do espaço relativamente concreto do defloramento (ou não) para o espaço abstrato de genealogia. A frase "Tu, filha adotiva" é perceptivelmente menos sonora que a "ainda inviolada Noiva", e, correspondentemente, mais centrípeta, mais facilmente compreensível — e menos cronotópica. O "tu, filha adotiva" é meramente uma caixa em um gráfico genealógico, o tempo biológico traduzido em um espaço de diagrama. Por outro lado, o agrupamento de "s" e de "d" modulando os sons de "Sossego e a Lentidão", e a inversão métrica que atrasa o ritmo do verso por finalizá-lo em duas batidas fortes geram centrifugacidade suficiente para conceder o vislumbre de um tempo-espaço no qual um elo de ligação entre essas entidades não corporais pode ocorrer.

---

18 Embora o verso livre tenda a ser menos sonoramente denso do que o verso prosódico, poetas de verso livre também usam o som e agrupamento de sons tônicos para aumentar a centrifugacidade de frases e versos. No entanto, na ausência de uma estrutura regular prosódica, estes efeitos tendem a ser intermitentes e fugazes, com quebras de linha que constituem um meio muito mais importante no controle da velocidade e da coerência — e, assim, a centripecidade e centrifugacidade do poema.

Em suma, esses versos geram um fluxo cronotópico muito mais próximo do que vimos em "Carrinho de mão vermelho" do que o que vimos nos trechos de Whitman. No entanto, como Whitman, os longos versos de Keats deixam sua sintaxe muito mais intacta do que os de Williams e geram proporcionalmente maior força centrípeta. E, embora a densidade elevada de sons de Keats atraia a atenção centrífuga para palavras e frases individuais, a previsibilidade relativa do pulsar iâmbico e a rima ABAB enfatizam de forma mais ampla, e, portanto, de forma mais centrípeta, as unidades de sentido. Como resultado dessa maior força centrípeta, o esquema cronotópico no poema de Keats é menos evanescente do que no poema de Williams. As implicações cronotópicas dos primeiros dois versos são muito mais substanciais, fáceis de indicar e entender do que as implicações cronotópicas de Williams em linhas atomizadas. As mudanças de um cronotopo incipiente para outro são mais marcadas, criando a possibilidade de concorrência ativa entre os cronotopos nascentes. Uma vez que, assim como no poema de Williams, cada nova implicação cronotópica desloca e apaga seus antecessores, esta competição não pode ser tomada como geradora de diálogo ou outra relação dependente de estabilidade, mas, ao contrário de Williams, essas implicações cronotópicas são distintas o suficiente para indicarmos a colisão de uma para outra e as diferenças entre elas, sem uma análise intensiva.

Apesar de ser pouco provável que Keats tenha pensado em si mesmo como um manipulador de tempo-espaço, seu interesse nos agrupamentos sonoros geradores de centrifugacidade e na maximização da vivacidade de seu verso, claramente lhe proporcionou uma compreensão sofisticada das relações cronotópicas poéticas. Uma compreensão tão sofisticada que *Ode a uma urna grega* prova a relação entre a arte e a vida através de sua negociação da instabilidade cronotópica:

> Ditosos ramos, sim, ditosos porque nunca
> Ireis secar, nem dar adeus à Primavera;
> E tu, afortunado melodista, insone
> Hás de entoar canções eternamente novas.
> Amor, feliz amor! Feliz mais do que tudo!
> Sempre ardente e no entanto sempre indesfrutado,
> Sempre à beira da entrega e sendo sempre jovem,
> A exultar de paixão humana e transcendente
> Que deixa o coração amargurado e opresso,
> As têmporas em fogo e a boca ressequida.
> (Tradução de Ivo Barroso)[19]

[19] https://gavetadoivo.wordpress.com/2014/05/09/ode-a-uma-urna-grega-de-john-keats/, acesso: 20ago2015.

Os primeiros sete versos apresentam o contraste entre a vida real e a vida idealizada da arte, que muitas vezes é representada como o "significado" do poema. Na arte bidimensional da urna, a vida se rende ao crescimento, mudança e consumação em troca de ser eternamente nova e sempre jovem. As árvores perdem suas folhas, o melodista não pode parar de entoar novas canções, os amantes não podem completar a corrida alegre que na vida levaria ao sexo e a outras complexidades da intimidade. Por outro lado, no mundo em transformação muito acima da urna, a vida humana é escravizada à lógica causal e amarga do desejo e do sofrimento. Em uma descrição que sem dúvida Buda teria aprovado, a paixão humana nos conduz inevitavelmente à tristeza, excesso de prazer, febre e sede infinita, insaciada.

Mas quando examinamos os cronotopos associados a cada lado desse binário, a relação entre eles acaba por ser mais complexa do que este esboço ontológico sugere. No cronotopo "ditoso" da urna, o tempo-espaço dificilmente é estático. Ele é carregado de vitalidade, calor e até mesmo de criatividade (o melodista mantém-se entoando "canções eternamente novas"). O espaço é emocionalmente antropomórfico, até mesmo os galhos de árvores são "ditosos", e o espaço em si mesmo é preenchido do amor feliz que sujeitos e objetos mal se preocupam em distinguir. Por outro lado, o tempo-espaço do mundo real é restrito e estático. O tempo é reduzido a uma única cadeia de acontecimentos trágicos, em que até mesmo a respiração conduz ao tormento; o espaço reduziu-se a partes de um corpo simbólico único que representa a humanidade de modo tão geral que lhe faltam conjunturas de gênero, história, ou qualquer marca identitária.

A competição entre esses cronotopos parece ter acabado antes de começar, com a estética do tempo-espaço da urna vencendo por nocaute. No entanto, o poema está só pela metade, porque, embora sua força centrípeta seja suficiente para distinguir e contrastar esses cronotopos, ela não é suficiente para manter sua integridade — e, portanto, uma competição entre eles — na estrofe seguinte[20]. Se o poema fosse, de fato, sobre a superioridade da estase estética idealizada para "a paixão humana e transcendente", esta instabilidade cronotópica constituiria um fracasso irônico e doloroso, uma

[20] Pode-se argumentar que essa estrofe representa não uma competição, mas um exemplo de enquadramento cronotópico, ou seja, a palavra "transcendente" sinaliza que o cronotopo trágico truncado associado com o mundo da vida é, de fato, só vida se visto a partir do cronotopo da urna. Nessa leitura, o tempo-espaço "ditoso, ditoso" estetizado toma tão pouco da vida que não se pode concebê-lo como uma vida humana inteira, ou nem mesmo como corpo. A estrofe, portanto, apresentaria não só uma visão da vida vista a partir do mundo da urna, mas também uma crítica implícita da distorção existencial construída com base no cronotopo idealizado do mundo da urna.

demonstração de que a estética não pode manter sua perfeição num poema inteiro. Mas Keats transforma cronotopos evanescentes, que poderiam ser uma demonstração da fragilidade da estética, em um meio de enfraquecer a contradição aparentemente absoluta entre a esfera estética e a existência humana a respirar — e, no processo, expandir e fortalecer a definição de beleza no poema:

> Quem estes que chegando estão para o holocausto?
> A que víride altar, ó sacerdote ignoto,
> Conduzes um novilho para os céus mugindo
> E o suave flanco inteiro de festões ornado?
> Que povo ribeirinho ou junto ao mar que aldeia,
> No monte que casal, tal um bastião tranquilo,
> Vazio despertou nesta manhã piedosa?
> Ah! vilarejo, as tuas ruas para sempre
> Desertas estarão; viv'alma por dizer
> De tal desolação há de tornar jamais
> (Tradução de Ivo Barroso)[21].

A centripecidade da estrofe anterior — a fusão de suas inúmeras descrições, orações e exclamações em uma única frase, na qual a cada cronotopo é oferecido um espaço sintático nitidamente delineado — manteve o contraste entre o cronotopo "ditoso" da urna e o da "paixão humana e transcendente". A pergunta que abre esta estrofe — "Quem estes que chegando estão para o holocausto?" — centrifugamente enfraquece esse contraste ao não conter nenhum marcador para indicar a que cronotopo a pergunta se refere. Essa omissão cria o que Cristanne Miller chama de semântica da "duplicação". Quando lemos pela primeira vez a questão, a mesma se refere claramente ao "holocausto", uma consequência inevitável do ato de respirar a paixão humana, mas quando chegamos ao próximo verso, vemos claramente que ele se refere ao sacrifício representado na urna. Como Miller, que desenvolve esse conceito inteiramente em seu estudo *Emily Dickinson: A Poet's Grammar,* aponta, a duplicação semântica tende a embaçar as fronteiras ontológicas — nesse caso, as fronteiras que sustentam o contraste entre o tempo-espaço da urna e aquele do mundo humano.

Embora a clareza de referência seja restabelecida no segundo verso, os efeitos dessa indefinição são imediatamente aparentes. Nessa estrofe, o cronotopo gerado pela descrição da urna tem pouca semelhança com o tempo-espaço "ditoso"

---

[21] https://gavetadoivo.wordpress.com/2014/05/09/ode-a-uma-urna-grega-de-john-keats/, acesso: 20ago2015.

da estrofe anterior. Na estrofe anterior, literalmente não podíamos ver as árvores pelos ramos "ditosos". Nesta estrofe, vemos não só a oferenda animal, mas o fato de se tratar de uma vaca; não apenas uma figura humana, mas o fato de se tratar de um sacerdote; e não só a natureza sacrifical da cena, mas a textura sedosa dos flancos da novilha. Mais importante ainda, o encanto patente da cena não nos poupa de ouvir o mugido do animal que está sendo levado ao matadouro. Em suma, a novidade sempre vívida do cronotopo "ditoso" foi substituída por uma causalidade sombria que parece ter sido emendada a partir do DNA do cronotopo da paixão humana. Assim como a paixão conduz diretamente à tristeza, a beleza clássica da cena conduz diretamente à morte.

A perda da felicidade transbordante do mundo da urna — e, portanto, do esteticismo que ele representa — se reflete no despovoamento misterioso, assunto do resto da estrofe. Independentemente do quão encantadora fosse "o vilarejo", seus habitantes se foram para sempre. O cronotopo da urna não é mais uma alternativa idealizada para as tragédias do tempo humano presente e da história que se acumula em seu rastro. O frescor, calidez e requinte, a vitalidade autorrenovadora da arte foram inelutavelmente infectadas pelo abate iminente, pela perda irreversível, e por uma "desolação" literalmente indescritível, pois nesse cronotopo, não há e nunca existirá "uma alma" para quebrar o "silêncio" e enaltecer a população com uma narrativa de seu desaparecimento.

Keats, que notoriamente incitou poetas a viverem na incerteza e dúvida, não resolve o conflito entre os dois cronotopos associados ao mundo da urna. De fato, a estrutura paratática do poema — e a força centrífuga que a omissão paratática de ligações gera — dificulta perceber o conflito entre essas estruturas. Um cronotopo simplesmente decai para o próximo, sem qualquer estrutura centrípeta para marcar ou definir seu relacionamento — e esse declínio, tacitamente, mas fundamentalmente, expande o significado da estética. Na famosa conclusão do poema, o eu lírico de Keats aborda a urna da seguinte forma:

> Quando esta geração o tempo houver tragado,
> Tu permanecerás em meio de outras queixas,
> Amiga do homem, a quem dirás: "A beleza
> É verdade, a verdade beleza" — isto é tudo
> Que sabemos na terra e que importa saber (Tradução de Ivo Barroso)[22].

Fosse o poema apenas associado à urna com o cronotopo "ditoso", a afirmação "isto é tudo que sabemos na terra" seria puramente um comentário

[22] https://gavetadoivo.wordpress.com/2014/05/09/ode-a-uma-urna-grega-de-john-keats/, acesso: 20ago2015.

sarcástico sobre a beleza da prazerosa autoexclusão e distorção do nada pela verdade do sopro do mundo humano. Mas, graças à decadência cronotópica na penúltima estrofe, a urna também representa uma concepção de beleza que reconhece e até mesmo compreende o sacrifício, a tragédia e a desolação indizível — e uma beleza que abrange e não encobre os fatos menos aprazíveis da existência humana pode ser, de fato, "verdade".

O que quer que seja feito dessa interpretação particular, *a urna grega* demonstra que a evanescência cronotópica pode desempenhar um papel tão significativo na poesia prosodicamente organizada como em verso livre, e que os dispositivos prosódicos, como as quebras de linha em verso livre, podem amplificar a energia cronotópica da linguagem, aumentando a centrifugacidade do texto. Ele também sugere que a evanescência cronotópica promovida pela centrifugacidade da linguagem poética pode incluir complexas maneiras sutis de pensar — maneiras tão complexas e matizadas quanto, embora qualitativamente diferentes, as incorporadas nas narrativas em prosa por uma rede de cronotopos inter-relacionados.

As forças centrípetas da narrativa em prosa podem gerar cronotopos estáveis suficientes para definir gêneros, atravessar séculos e línguas e até mesmo sobreviver às culturas que lhes deram origem. As teias de relações entre cronotopos que encontramos nessas narrativas nos permitem examinar simultaneamente a natureza humana a partir de várias perspectivas. Podem-se testar as noções de moralidade e da metafísica submetendo-as às próprias ontologias a partir das quais foram projetadas para nos proteger, e podem-se encenar, com vivacidade inesquecível e exatidão, as misteriosas intersecções entre consciência, linguagem e realidade. No entanto, a estabilidade gloriosa dos cronotopos em prosa narrativa tem pelo menos uma desvantagem significativa: existem algumas perspectivas, algumas noções, algumas interseções entre a consciência, a linguagem e a realidade, que não podem ser representadas por meio de redes de cronotopos estáveis. Vislumbramos tais perspectivas já no precipício fenomenológico no qual as "imagens drenadas" nos conduzem à intensa promulgação de Williams sobre a tentativa da linguagem de manifestar a realidade, na autobiografia de uma abstração apresentada em "Minha Vida permaneceu — uma Arma Carregada", nos cruzamentos cronotópicos de Keats, como em "beleza" e "verdade". Em suma, como Dickinson demonstra no poema a seguir, a evanescência cronotópica da linguagem poética pode fazer pela ontologia o que as "imagens drenadas" podem fazer pela fenomenologia — tornar visíveis as costuras, as rachaduras, a aporia, inerentes às concepções cronotópicas da realidade e as perspectivas normalmente inconcebíveis que estão além delas:

Não era a morte, pois eu estava de pé,
E todos os Mortos estão deitados —
Não era a Noite, pois todos os Sinos
De Língua ao vento, tocavam ao Meio-Dia.
Não era a Geada, pois na minha Carne
Sentia Sirocos — rastejarem —
Nem Fogo — pois só por si os meus pés de Mármore
Podiam manter frio um Presbitério —
(Fr 355: 379)

A centripecidade da narrativa enfatiza relações cronotópicas, demonstrando que tempos-espaços heterogêneos, mesmo contraditórios, podem compor um todo "artístico-literário". Como Dickinson divertidamente demonstra aqui, a centrifugacidade da poesia enfatiza o oposto, as disparidades irreconciliáveis entre um tempo-espaço e o outro. A tentativa de Dickinson de narrar uma experiência indescritível a leva a criar uma colcha de retalhos paratática de cronotopos, uma narrativa composta de narrativas que não só falham em contar a história dessa experiência, mas inclusive em localizar um tempo-espaço através do qual a história possa ser concebida. Os dois primeiros versos evocam um tempo-espaço pós-apocalíptico em que a vida e a morte são tão difíceis de distinguir que a narradora é obrigada a analisar sua própria postura para dizer se está viva ou morta. O próximo dístico desloca a busca para um cronotopo no qual "Noite" é uma condição tão difícil de identificar quanto "Morte" no cronotopo anterior. Nesse cronotopo também, a epistemologia foi reduzida à realidade mecânica e bruta, é apenas a grotescamente pueril "língua ao vento" dos "Sinos" que permitem ao eu lírico fazer até mesmo as mais simples distinções ontológicas.

Como observa Miller, em poemas com esse grau de centrifugacidade, "não há uma relação estável entre a verdade espiritual, os fatos da existência e os termos da linguagem" (1987: 39). Na verdade, a tentativa do eu lírico em determinar que "a relação" — para definir a "verdade espiritual" em termos de linguagem que denota os "fatos da vida", como "morte", "noite" e a percepção do eu lírico de seu próprio corpo — prejudica os cronotopos através dos quais ela e nós normalmente conceituamos os "fatos da existência". Quando o eu lírico olha para a distinção primordial entre a vida e a morte, ele se encontra em um mundo em que a vida e a morte mal podem ser separadas, quando ele olha para suas próprias percepções corporais como uma medida, encontra seu corpo loucamente transmutado sob seu olhar fenomenológico.

Mas, como Miller aponta, a centrifugacidade da linguagem de Dickinson não torna discutível seus esforços epistemológicos. Paradoxalmente, promove-os, pois "as coisas são percebidas e compreendidas através de [...] definições acumulativas, até mesmo contraditórias" (1987: 147). Dickinson caracteristicamente leva essa tendência a um extremo, mas a mesma afirmação poderia ser aplicada a Williams, a Whitman e até mesmo a Keats. Na verdade, esse método de "definição" é uma consequência lógica da evanescência cronotópica gerada pela centrifugacidade da linguagem poética. Já que a linguagem dos poetas é muito centrífuga para criar sistemas estáveis de relações cronotópicas, os poetas não têm uma maneira de manter a coerência ou consistência entre seus cronotopos — e, portanto, a definição de qualquer aspecto da realidade torna-se, como a definição de beleza de Keats em "Urna grega", um "acumulado, ainda que contraditório" processo cronotópico. No contexto centrífugo da poesia, a própria falha de definição cronotópica torna-se um modo de definição. Cada tentativa falha em delinear os "eus" de Dickinson a aproxima da intimidade angustiante necessária para abordar o fenômeno, a partir da impessoalidade distante da "morte" da "noite" para a percepção corporal de calor e frio, até a reflexividade precária através da qual tentam "provar" a diferença entre nós mesmos e meras versões de nossas vidas:

> E contudo sabia a tudo isso ao mesmo tempo;
> As Figuras que eu vi,
> Preparadas para o Funeral,
> Faziam-me lembrar a minha —
>
> Como se me tivessem cortado a vida
> E feito à medida de moldura,
> E eu não pudesse respirar sem chave,
> E foi um pouco como a Meia-Noite —
>
> Quando todos os relógios — pararam —
> E o Espaço olha à volta —
> Ou Terríveis geadas — nas primeiras manhãs de Outono,
> Revogam o Palpitante Solo —
>
> Mas foi sobretudo com o Caos — frio — Sem-Fim —
> Sem Ensejo nem Mastro —
> Nem mesmo Novas de Terra —
> A justificar — o Desespero. (Fr 355: 379-80)

Como alguém define ou mesmo se refere a um estado que é "mais ou menos caótico", quando o substantivo "caos" reduz o fenômeno avassalador que se destina a indicar a demarcação da ordem? Como alguém pode saber se está tentando definir uma "verdade espiritual", um "fato da existência", ou a relação entre eles, quando o esforço para conhecer a si mesmo enfraquece as bases cronotópicas do conhecimento — ou seja, que o conhecimento em si depende da nossa capacidade de conceituar tempos-espaços nos quais podemos localizar e definir nossas questões epistemológicas?

Dickinson aposta que, intensificando a evanescência cronotópica, usando a linguagem poética para encenar e reencenar o espetáculo de um tempo-espaço que está sendo deixado de lado por outro, ela pode promulgar o cronotopo como o faz com a teologia negativa, a definição de um tempo-espaço indefinível, nomeando tempos-espaços que não podem ser nomeados. A partir dessa perspectiva, a metáfora implícita do naufrágio que emerge na estrofe final está chamando a atenção para o ponto de vista que as estrofes anteriores criaram através de suas acumulações, falhas contraditórias para definir um ponto de vista a partir do qual tentamos conhecer "tudo": ponto de vista definido pela destituição dos tempos-espaços por meio dos quais tentamos compreender. "Tudo" só pode ser conhecido quando todas as tentativas de definição de espaço e tempo fracassarem, só pode ser definido ou narrado através de uma linguagem que subjugue o leitor a esse naufrágio. O fracasso dos receptáculos cronotópicos que possibilitam o conhecimento torna-se aqui o princípio do conhecimento do que repousa além deles.

Este capítulo não pode chegar a uma conclusão, pois, na melhor das hipóteses, marca o início de uma discussão. Ao concentrar-se em algumas características que definem a linguagem poética — encavalgamento e prosódia — tentei sugerir como os vários graus de centrifugacidade da linguagem poética podem afetar a mobilização "artístico-literária" das energias cronotópicas na poesia. Esta demonstração não se baseia apenas em evidências restritas[23]. Também não leva em conta as questões mais interessantes sobre cronotopos e poesia. O que, por exemplo, são os efeitos cronotópicos de elementos importantes da poética, como voz, metáfora, *persona*, modo de aproximação, e assim por diante? O que acontece com as energias cronotópicas em poemas narrativos cuja força centrípeta remonta às da prosa narrativa? E o que dizer do lado oposto do espectro, poemas cuja retórica é tão abstrata que sua linguagem é essencialmente acronotópica? Ao delinear as deficiências da minha pesquisa em "Fleshing out the Chronotope", espero ter aberto e clareado o caminho para uma exploração completa e aprofundada acerca da carreira poética do cronotopo.

[23] O modelo do percurso poético do cronotopo que ofereço aqui se baseia em exemplos limitados ao verso norte-americano moderno. Esta base probatória restrita significa que o modelo deve ser considerado como uma hipótese a ser testada e contestada em vez de uma abordagem oficial e compreensível.

QUINTA PARTE

PERSPECTIVAS PARA A TEORIA LITERÁRIA

CAPÍTULO 9

ESTRUTURAS CRONOTÓPICAS INTERNAS DO GÊNERO

NELE BEMONG

TRADUÇÃO: JOÃO BÔSCO CABRAL DOS SANTOS

I. TEORIA DO CRONOTOPO E TEORIA DOS POLISSISTEMAS

Um dos problemas mais fundamentais das abordagens sistêmicas da literatura é a questão de como os princípios sistêmicos deveriam ser traduzidos em um arcabouço metodológico administrável. Este capítulo propõe que uma combinação de teorias sistêmico-funcionais (neste caso a teoria do polissistema de Itamar Even-Zohar — especialmente as versões[1] textualmente

[1] Even-Zohar tem continuamente ressignificado e revisado sua teoria de polissistemas: 1978 — coletânea de artigos escritos entre 1970 e 1977; 1979; 1990; 1997; 2005. Em uma das primeiras coletâneas *Papers in Historical Poetics* (1978), os ensaios não apresentam uma teoria desenvolvida, e sim uma coletânea de "meras promessas teóricas" (Even-Zohar, 1979: 287). Sua contribuição de 1979 para a obra *Poetics Today*, à qual foi dado o título explícito "Teoria dos polissistemas", oferece um tratamento mais sintético do que ele chama de a "hipótese do polissistema" (*ibid.*), sido idealizada para esclarecer alguns pontos principais e comentar alguns mal-entendidos largamente difundidos sobre sua teoria. Durante seu contínuo processo de revisão, Even-Zohar avançou em relação às versões textualmente orientadas dos anos 1970, que ainda seguiam estritamente as teorias de Tynjanov, e começou a mudar o foco do estudo de literatura para outros sistemas de signos semióticos e outras disciplinas culturais. A partir dos anos 1990 e nos anos subsequentes, sua abordagem polissistêmica para a literatura e a cultura tem sido direcionada continuamente para uma abordagem orientada para a ação em que o componente institucional é mais importante e faz uso de modelos e conceitos socioeconômicos na linha da teoria do campo de Bourdieu. Nessa perspectiva, as versões textualmente orientadas de Even-Zohar da teoria dos polissistemas apresenta um arcabouço teórico mais compatível por combinar uma abordagem sistêmico-funcional para a literatura com uma abordagem cronotópica para os gêneros. Apesar disso, as noções de *repertório* e *modelo*, centrais nas últimas versões de sua teoria, são também de grande importância para minha hipótese principal (que discutirei mais adiante). Além disso, as ideias discutidas nas versões iniciais são mais pontualmente formuladas nas versões mais recentes. Por isso decidi tomar muitas das minhas citações e referências da última versão dos trabalhos de Even-Zohar (2005).

orientadas — e a abordagem do gênero prototípico proposta por Dirk De Geest e Hendrik Van Gorp, 1999) com a teoria do cronotopo de Mikhail Bakhtin apresenta-se como uma grande promessa. Uma vez que me interesso principalmente por gêneros literários, a abordagem de gênero prototípico assume posição central em meu arcabouço teórico. Meu principal argumento é que o conceito de cronotopo em Bakhtin oferece perspectivas interessantes enquanto ferramenta heurística no interior de uma abordagem sistêmico-funcional para o estudo dos gêneros, possibilitando o estudo não apenas de elementos constitutivos dos sistemas de gêneros, mas também de suas relações[2] mútuas. As próprias definições de Bakhtin para o conceito, de alguma maneira, dificultam o processo de pôr em prática aquilo a que me proponho, mas com a ajuda da distinção entre cronotopo genérico e motívico, o problema pode ser resolvido. Uma descrição detalhada e abrangente das premissas teóricas que subjazem a minha proposta pode ser encontrada em Bemong (prep.); aqui me restrinjo ao básico.

Minha proposta metodológica toma como ponto de partida a concepção inicial de Bakhtin acerca do cronotopo (literalmente: o "tempo-espaço" ou o mundo ficcional no texto) como conceito que "fornece as bases para distinguir tipos genéricos que se localizam no centro de variedades específicas do gênero romance" (FTC: 250-251). A exemplo do que afirmam Bemong e Borghart na introdução deste volume, as definições bakhtinianas para o conceito de cronotopo em seus ensaios dos anos 1930 ainda permanecem muito vagas. Entretanto, nos quatro níveis em que o cronotopo atua (cf. Bemong e Borghart outra vez), seu papel no discernimento de tipos genéricos parece ser central, dado que isso emerge explicitamente na evidência dos subtítulos em dois ensaios de Bakhtin sobre o cronotopo: FTC tem como subtítulo "Notas sobre uma poética histórica" e o ensaio *O romance de formação e sua significação na história do realismo* tem como subtítulo "Para uma tipologia histórica do romance". Focalizo aqui a discussão genérica do termo, concentrando-me no potencial heurístico do cronotopo como um conceito que "tanto define gênero e a distinção genérica quanto estabelece as fronteiras entre as várias subcategorias intragenéricas dos tipos literários predominantes" (Clark e Holquist, 1984: 280).

Ocasionalmente, entretanto, quando certas noções ou exemplos considerados relevantes não aparecerem nesta última versão, ou quando a formulação de certa ideia parecer mais adequada em uma das versões anteriores, tomarei como referência as primeiras versões da teoria.

2 Uma das questões mais urgentes nas abordagens sistêmicas da literatura tem sido exatamente "como estudar os elementos constitutivos de um sistema, incluindo suas relações mútuas" (Fokkema, 1997: 178).

Como Borghart e Bemong indicam, um fato importante referente à imprecisão do conceito de cronotopo nos textos de Bakhtin é o uso do termo nos (cinco) diferentes níveis de abstração. Este capítulo lida principalmente com os níveis dos chamados cronotopos *secundários* ou *motívicos* e os cronotopos *genéricos*. Nos estudos recentes sobre Bakhtin, os *cronotopos genéricos* são equiparados à visão de mundo de um texto, enquanto um *cronotopo motívico*, ou motivo cronotópico, é "uma espécie de 'evento congelado'", um "lembrete condensado do tipo de tempo e espaço que tipicamente funciona em determinado texto" (Morson e Emerson, 1990: 374). Keunen (2000a), Vlasov (1995: 44-45), Landin (1999: 213, 231) e Collington (2006: 88) têm feito distinções similares, embora com graus de explicitação diversos, além de utilizarem termos[3] ligeiramente diferentes.

A combinação do conceito de cronotopo de Bakhtin com a teoria dos polissistemas é nova, mas certamente não forçada: existem muitas similaridades entre a visão de Bakhtin e a de Even-Zohar sobre a literatura e o encaminhamento dos estudos literários. Bemong (prep.) discute amplamente essas similaridades. Aqui, um breve levantamento será suficiente.

A inspiração de ambos os pesquisadores vem, em parte, da mesma origem (os formalistas russos, especialmente Jurij Tynjanov, os estruturalistas tchecos e Jurij Lotman)[4]. A similaridade mais proeminente entre a teoria dos polissistemas e a teoria de Bakhtin é a natureza funcionalista dessas abordagens da literatura (e da cultura). Essa natureza da abordagem funcionalista não começa a partir do posicionamento de que a essência da literatura pode ser claramente definida (ou, até mesmo, se ela *deveria* ser claramente definida). Na verdade, tem como propósito revelar precisamente as dinâmicas da literatura em seus aspectos sincrônicos e diacrônicos específicos, considerando sua articulação social e cultural globais, por meio de uma análise meticulosa, reconstruindo as relações entre a literatura e os "sistemas" ou "zonas"

3 Keunen utiliza os termos "cronotopos genológicos" e "cronotopos motívicos". Vlasov argumenta que Bakhtin discute oito cronotopos básicos e seis "cronotopos adjacentes" (1955: 44). Ladin distingue entre "cronotopos de gênero definido e cronotopos historicamente significantes, tais como o 'tempo de aventura' do romance grego, o 'cronotopo folclórico', o 'cronotopo rabelaisiano', e o 'cronotopo idílico'", por um lado (1999: 213), e "vários cronotopos secundários tais como 'a estrada', 'o castelo', e 'o limiar'" — precisamente os tipos de cronotopo que Vlasov chama de "cronotopos adjacentes" — por outro" (1999: 231). Finalmente, Collington não faz distinção explícita, mas parece indicar uma certa diferença quando afirma: "Certos [cronotopos] são principais ou organizadores, enquanto os outros estão bastante ligados a um tema preciso" (2006: 88).

4 Cf. Even-Zohar (1990: 1; 2005: 35) e Bakhtin (2002b: 1-2). Sobre Bakhtin e Tynjanov, veja Weinstein (1992) e Tihanov (1998: 35-38).

em seu entorno, tais como a ideologia e as artes, e/ou entre uma literatura nacional e suas contrapartidas estrangeiras. O objetivo de tal abordagem é "reconstruir as maneiras pelas quais a literatura tem sido identificada, demarcada e definida como um fenômeno sociossemiótico e cultural específico", determinado por um contexto particular e sujeito a mudanças diacrônicas (De Geest, 1997: 164). Relevante para ambos, a visão sobre literatura de Even-Zohar e Bakhtin é, portanto, a abordagem relacional para os fenômenos literários. Em "Resposta à questão da equipe editorial da Revista *Novy Mir*", Bakhtin defende a necessidade de uma visão relacional de literatura: "A literatura é parte inseparável da cultura e não pode ser entendida fora do contexto geral da cultura como um todo de determinada época". Ele chama explicitamente a atenção para "a interconexão e a interdependência de várias áreas da cultura" — sincrônica e diacronicamente — e enfatiza que "as fronteiras dessas áreas não são absolutas; em várias épocas elas têm sido encaradas de várias maneiras" (2002b: 2).

A característica inovadora da teoria do polissistema, comparada ao funcionalismo dinâmico dos anos 1920, é com certeza que os sistemas sociossemióticos são concebidos para compor "um sistema múltiplo, um sistema de vários sistemas que se interseccionam entre si e se sobrepõem parcialmente, utilizando simultaneamente diferentes opções, ainda que funcionando como um todo estruturado, cujos membros são interdependentes" (Even-Zohar, 2005: 40). Com o intuito de entender um estrato (sistema) de um polissistema, é preciso visualizá-lo à luz de outros estratos[5]. Os diferentes sistemas que constituem um polissistema são hierarquicamente estruturados por meio de relações centro-periferia. No entanto, um polissistema não consiste apenas em centro e periferia, mas também em várias relações como essas. Mudanças diacrônicas acontecem quando elementos ou funções começam a se mover de uma posição para outra[6].

[5] Deve-se ter em mente que um sistema é um conceito heurístico (não tem significado ontológico) e que inter e intra devem ser lembrados como conceitos relativos que precisam ser definidos concretamente em cada caso. Deve-se perceber também que o polissistema literário "é simultaneamente autônomo e heterônomo com todos os outros cossistemas semióticos" (Even-Zohar, 1990: 23; os grifos são do autor). O grau específico de autonomia/heteronomia depende de quais fatos ou sistemas estão no centro do polissistema. Na Bélgica do século XIX, o grau de autonomia de um polissistema literário era relativamente baixo e, comparativamente à política e à ideologia (especialmente a ideologia nacional), os fatos da vida literária — o que Eikhenbaum denominou *byt*: ideologias literárias, editoras, crítica literária, periódicos literários etc. — funcionavam menos centralmente do que parecem atualmente.

[6] Por exemplo: do centro de um sistema para sua própria periferia, e consequentemente para a periferia de um sistema adjacente (dentro de um mesmo polissistema ou não), e então para o centro daquele sistema adjacente etc.

Outra similaridade importante entre a visão polissistêmica dos fenômenos sociossemióticos e os escritos de Bakhtin diz respeito ao fato de que nesses processos dinâmicos de interconexão ambas as pesquisas reservam um papel chave para os estratos culturais inferiores. Even-Zohar enfatiza que os polissistemas literários ou culturais exigem um equilíbrio entre seus estratos canônicos (oficiais, superiores) e não canônicos (não oficiais, inferiores) com o intuito de não se esgotarem ou desaparecerem (2005: 45)[7]. Com o intuito de saber lidar com as necessidades em mudança e com as circunstâncias da sociedade em que funciona, qualquer polissistema precisa de uma forte subcultura, já que novos elementos muitas vezes vêm dos substratos periféricos[8]. Bakhtin também pontua: "A vida mais intensa e produtiva da cultura tem lugar nas fronteiras de suas áreas individuais e não em lugares em que essas áreas se tornaram enclausuradas em suas próprias especificidades"; "as poderosas correntes de cultura (especialmente as inferiores, as populares) [...] realmente determinam a criatividade dos escritores" (2002: 2, 3). Dessa forma, "deixar de incluir os substratos não canônicos na análise dos polissistemas literários pode ofuscar a dinâmica que subjaz a esta interferência" (Codde, 2003: 113).

A última similaridade importante é a importância vinculada às relações intersistêmicas diacrônicas. (Poli)sistemas não são, como erradamente se presume, simplesmente redes sincrônicas e estáticas de relações; eles são essencialmente dinâmicos, redes em evolução nas quais "em dado momento, mais do que um conjunto diacrônico está operando no eixo sincrônico" (Even-Zohar, 2005: 39). Exatamente a mesma ideia pode ser encontrada nos ensaios de Bakhtin, quando ele descreve vários cronotopos em suas relações intersistêmicas com outros sistemas (tanto antigos quanto contemporâneos, literários e não literários — cf. FTC, 85, 88-9,96; RFHR: 14-15; 2002b: 5)[9]. A observação adicionada por Bakhtin de que todos "[estes] elementos derivados de vários outros gêneros assumiram completamente um novo caráter e funções especiais neste novo cronotopo [...] e deixaram de ser o que eram em outros gêneros" (1990d: 89) mostra afinidades claras com a afirmação de Even-Zohar de que "um repertório apropriado não necessariamente mantém as funções da cultura como referência" (2005: 65).

---

7 Meu uso do termo *canônico* nada tem a ver com os textos que compõem o cânon literário (os chamados textos clássicos). Utilizo o termo para me referir aos sistemas ou estratos centrais num certo período, isto é, aceitos como legítimos pelos círculos dominantes ou instituições (críticos, periódicos, premiações literárias etc.) e produtivos em suas funções como modelos. Cf. a crítica de Codde à "abrangente equiparação entre *cânon* e centro" de Even-Zohar (2003: 103-104).

8 Com base nestas percepções, Even-Zohar formulou a "lei universal" de que "todos os sistemas literários se constituem aspirando se tornarem polissistemas" (1979: 301).

9 Discussão detalhada pode ser encontrada em Bemong (no prelo).

II. CRONOTOPOS, PROTÓTIPOS E RELAÇÕES SISTÊMICAS

Minha hipótese central ao combinar a teoria do polissistema de Even-Zohar com a teoria do cronotopo de Bakhtin é que o conceito de cronotopo pode ser de grande valia para um dos maiores objetivos que a teoria do polissistema buscou: possibilitar o estudo funcional dos mecanismos de *transferência* e *interferência* intersistêmicas[10], juntamente com o estudo do papel dos *modelos*, cuja importância Even-Zohar tem pontuado desde o início de suas publicações sobre a teoria do polissistema (cf. 1978: 31-32). Uma dinâmica de sistemas, argumenta Even-Zohar, não é influenciada por textos canônicos individuais, mas por alguns modelos literários que se gerenciam, de modo a se estabelecerem como princípios produtivos por meio do *repertório* de sistema, que é a agregação de leis e elementos que orientam a produção dos textos. Essa ideia é capturada na noção de "canonicidade dinâmica", a qual, mais do que ser uma referência de aceitação de um texto como produto finalizado no conjunto de textos consagrados ("canonicidade estática"), se refere à introdução de textos em dado repertório por meio de um modelo (Even-Zohar, 1990: 19).

Even-Zohar define modelos como um dos níveis estruturais do repertório de um polissistema. Repertório e modelo têm tanto um significado textual quanto um significado cognitivo (cf. Codde, 2003; Andringa, 2006; Bemong [prep.]). Como tais, eles refletem intimamente a ambiguidade inerente ao conceito de cronotopo de Bakhtin. Analiticamente, modelos são "a combinação de elementos + regras + relações sintagmáticas ('temporais') impostas ao produto" (Even-Zohar, 2005: 18). Para o consumidor potencial, entretanto, modelos abarcam uma significância cognitiva: "O 'modelo' é aquele pré-conhecimento segundo o qual o evento é interpretado ('entendido')" (*ibid.*: 19). Even-Zohar também vincula expressamente sua hipótese de modelo ao conceito de *esquemas* nos estudos cognitivos (*ibid.*: 20), um conceito que Keunen (2000a) conecta aos cronotopos[11]. No texto intitulado "The Making of Repertoire, Survival and Success Under Heterogeneity", Even-Zohar vincula repertórios ao "sentido de orientação do mundo" das pessoas, à "forma reconhecível de lidar com as situações da vida" (2005: 180-181), enquanto Andringa concebe os repertórios como "*um equipamento mental* que permite a seus usuários agirem e comunicarem-se em um (sub)sistema literário" (2006: 525, grifos do autor). Todas essas conexões reforçam o vínculo entre

---

[10] Cf. os trabalhos de Even-Zohar "Laws of Cultural Interference" e "The Making of Culture Repertoire and the Role of Transfer" (ambos de 2005).

[11] Codde fala de "scripts" neste contexto (2003: 99).

os repertórios e, mais especificamente, os modelos por um lado, e os cronotopos, no sentido de visões do mundo, de outro[12].

Uma vez que estou interessada primeiramente no estudo dos gêneros literários, mais algumas palavras sobre a natureza da abordagem sistêmico-funcional dos gêneros são necessárias. Como De Geest e Van Gorp (1999), estudo os gêneros a partir de uma perspectiva prototípica, mais do que de um ponto de vista essencialista, ontológico. Uma vez que a evidência empírica confirma percepções intuitivas de que é errado assumir todos os membros de uma categoria de gênero como iguais (a partir de uma perspectiva tanto avaliativa quanto estrutural), gêneros literários devem ser tratados como *categorias prototipicamente estruturadas*[13]. A adesão a uma categoria de gênero não é percebida como uma questão binária, mas como um problema de grau. Além das instâncias centrais prototípicas de uma categoria, existem também as instâncias mais marginais, periféricas que, mesmo assim, ainda pertencem à mesma categoria. Instâncias particulares — especialmente aquelas localizadas na periferia de certa categoria — podem pertencer a múltiplas categorias ao mesmo tempo. Internamente, cada categoria é estruturada em torno de um *ou mais* protótipos, como um sistema do tipo centro-periferia. O protótipo é a instância que funciona cognitivamente com uma representação ideal da categoria inteira[14]: ele representa a categoria e partilha um número mínimo de características com outras categorias adjacentes (De Geest e Van Gorp, 1999: 40-41). Uma abordagem de gênero prototípica possibilita então a alguém considerar o aspecto relacional dos sistemas literários, as interações complexas entre gêneros diversos e a posição específica de um gênero no interior de um sistema genérico global, enquanto abre espaço para o estudo da mudança diacrônica (*ibid.*, 38). Também é impressionante que a forma pela qual se acredita que as pessoas lidem cognitivamente com as categorias estruturadas prototipicamente sinalize uma similaridade inconfundível com a descrição de Even-Zohar acerca de como os consumidores "operam passivamente" um repertório: eles procuram conexões, vínculos. "Um consumidor é um indivíduo que

[12] A funcionalidade cognitiva dos gêneros literários que Morson e Emerson reconhecem nos escritos de Bakhtin é realmente compatível com tal visão do papel dos modelos. Cf. Bakhtin (2002: 5) e Morson (1991: 1087).

[13] De Geest e Van Gorp (1999: 39) tomam por referência o conceito de similaridade entre famílias de Wittgenstein, o conceito de conjuntos obscuros de Zadeh e a teoria dos protótipos de Rosch.

[14] Estes protótipos precisam não existir na realidade; eles são ficções teóricas. *Instância prototípica* deve, portanto, ser termo mais adequado.

manipula um produto de pronta entrega para operar passivamente um repertório. 'Operar passivamente' significa basicamente identificar relações (conexões) entre o produto e o conhecimento de alguém acerca de um repertório" (Even-Zohar, 2005: 29).

Protótipos funcionam, portanto, de uma maneira cognitiva, como os repertórios e modelos fazem. Cronotopos genéricos, que podem ser descritos com as construções de mundo em um texto literário (expressando uma certa visão de mundo), *também* funcionam de maneira cognitiva: as similaridades nas construções de mundo funcionam como as *similaridades entre famílias* de Wittgenstein, que conectam um texto com outros textos. A partir de uma visão prototípica de gêneros, seria, portanto, lógico afirmar que os cronotopos genéricos funcionam como protótipos, estruturando internamente sistemas de gêneros. O vínculo de cronotopos e protótipos é garantido pelo fato de que os esquemas espaciais e temporais funcionam como substratos para outros processos de significação (Keunen, 2000b: 68). Além disso, os cronotopos estão também relacionados com um número de questões chave tais como "o tempo-espaço e a imagem de homem no romance" (RFHR: 19), a configuração de "'realidade' dentro do universo de um texto" (Beaton, 2000: 181), a relação entre os personagens e o mundo diegético, mais especificamente o grau pelo qual as duas categorias se influenciam uma à outra (cf. RFHR: 19-25). Ladin formula esta ideia da seguinte forma: "As características de dado cronotopo definem que ações e eventos são possíveis em seu interior e o que essas ações e eventos significam" (1999: 231).

Quando levamos em consideração que existem dois tipos diferentes de cronotopos e reformulamos essas ideias em termos polissistêmicos, emerge a seguinte imagem: no interior da estrutura horizontal interna de um gênero, cronotopos genéricos definem as similaridades de famílias no que se refere ao tempo histórico, ao espaço social, a um personagem individual e à ação moral (Morson e Emerson, 1990: 300). Dessa maneira, eles desempenham um papel-chave no estudo das relações sincrônicas *intrassistêmicas* (isto é, intragenéricas). Cronotopos genéricos também parecem ocupar uma posição privilegiada para a análise de várias relações *intersistêmicas*:

(1) com sistemas extraliterários — Holquist define o cronotopo como "uma ótica para leitura de textos como raios X das forças [presumidamente extratextuais, NB] em ação no sistema de cultura de onde eles emergiram" (Bakhtin, 1990b: 425-426);

(2) entre os sistemas canônicos e não canônicos de um mesmo polissistema ou entre diferentes sistemas canonizados;
(3) com outros gêneros em polissistemas literários diferentes (por exemplo, o romance histórico belga, em face dos romances históricos francês, alemão, inglês etc.).

A descrição de Eduard Vlasov de "cronotopo adjacente" — o que chamo de *cronotopo motívico* — como cronotopos "mais 'potenciais' do que os básicos e que incorporam a si trabalhos de gêneros literários e períodos históricos diferentes" (1995: 44-45) sugere que o segundo tipo de cronotopo deve ser uma ferramenta heurística privilegiada para estudar:

(1) relações *sincrônicas* entre os vários cronotopos genéricos no interior da estratificação prototípica de um gênero, isto é, as relações sincrônicas intersistêmicas (na minha análise do romance histórico belga a seguir, ilustro como o cronotopo do castelo vem a funcionar como um tipo de *marcador genérico*);
(2) relações *sincrônicas* com outros sistemas (isto é, relações sincrônicas *intersistêmicas*);
(3) ambas as relações *diacrônicas* intrassistêmicas e intersistêmicas.

A descrição de Morson e Emerson dos cronotopos motívicos confirma esta visão. Eles argumentam:

> [um] tipo específico de evento, ou um tipo específico de lugar que habitualmente serve como local para um evento, adquire certa aura cronotópica, que é de fato o 'eco de um todo genérico' em que dado evento tipicamente aparece. [...] Quando esses eventos ou locais são utilizados em outros gêneros, eles podem 'lembrar' o passado, trazer consigo a aura pertencente ao gênero antecedente para o interior do novo gênero que emergiu; realmente, eles podem ser incorporados por esta razão (1990: 374; grifos adicionados).

O potencial dos cronotopos genérico e motívico como ferramentas heurísticas na descrição e planejamento destas relações polissistêmicas diferentes (inter e intrassistêmica, sincrônica e diacrônica) é ilustrado abaixo na análise da estrutura cronotópica interna do romance histórico belga nos anos 1830 e 1840 (por exemplo, nas primeiras duas décadas depois da criação do Estado Belga) em relação aos sistemas adjacentes (ambos, o nacional e o não nacional, canônico ou não canônico). Esta análise pode, ao mesmo tempo, servir como uma ilustração do modelo de Even-Zohar (ele fala até mesmo de "leis") de como os novos polissistemas literários jovens se estabeleceram.

III. O ESTABELECIMENTO DO POLISSISTEMA LITERÁRIO BELGA

Quando a Bélgica se tornou um estado independente em 1830, todo um polissistema literário nacional ainda tinha de ser "criado". Nesse processo, a súbita independência política de um estado que nunca existira antes na forma agora existente passa então a desempenhar um papel proeminente. Um romancista histórico belga caracterizou a tarefa da literatura no novo estado-nação da seguinte maneira: "Criar e ajudar a criar uma literatura nacional, para que ela seja o pilar mais forte da construção nacional!" (Ecrevisse, 1846: 15). Esta visão funcionalista da literatura está em consonância com uma afirmação do estudo sociossemiótico diacrônico de Even-Zohar do (aparentemente unicamente europeu) papel da literatura na construção das nações, ou seja, que "possuir uma literatura pertence aos pré-requisitos do poder" e que toda nação europeia desde o nascimento da civilização ocidental preservou uma literatura nacional (2005: 111). Na continuidade desta seção, apresento um breve resumo acerca de como o sistema de prosa canônico na Bélgica se constituiu. Seguindo com o texto, uma análise do gênero do romance histórico ilustra como o conceito de cronotopo poderia nos ajudar a ter maior percepção das relações inter- e intrassistêmicas que um sistema específico — aqui, um gênero[15] específico — mantém com os diferentes sistemas adjacentes.

Uma vez que não havia uma tradição de prosa autóctone, os romancistas belgas não poderiam se voltar para repertórios já existentes ou se beneficiar deles. De acordo com a teoria do polissistema, qualquer polissistema literário deficiente ou fraco tem duas opções que se destacam, disponíveis para se tornarem um polissistema operacional independente, capaz de funcionar enquanto elemento confinado em seu próprio repertório; isto é, um sistema que possui uma produção própria suficiente (uma condição que, de acordo com Even-Zohar, todos os polissistemas buscam[16]). Estas opções são:

[15] Em "Universals of Literary Contacts", Even-Zohar explicitamente distingue os gêneros como possíveis tipos de sistema (1978: 50).

[16] Even-Zohar chama isto de "lei da proliferação" (2005: 47), ou "lei da polissistematização" (1979: 303), reivindicando-a como uma lei universal. Nas versões anteriores de sua teoria, ele introduziu a noção de "literatura ótima", conceito pelo qual "uma hipótese sobre o volume ótimo de um polissistema, isto é, o repertório considerado necessário por aqueles conjuntos de relações sem os quais o sistema não é considerado capaz de funcionar de maneira ótima" (1978: 54-55; grifos adicionados). A partir da versão de 1979 e até então, entretanto, ele renuncia a esta ideia de um volume ótimo e hipotetiza que "a fim de suprir as necessidades, um sistema realmente se empenha em fazer uso de um inventário crescente de opções alternativas" (1979: 303; 1990: 26; ênfase adicionada). Aqui, Even-Zohar parece já estar falando de

(1) adotar outro sistema (ou parte dele) e seu estilo de expressão;
(2) produzir o que falta a partir de um inventário doméstico (isto é, repertórios que alguém possui, sistemas não canonizados) (Even-Zohar, 1978: 56).

Penso que seria uma vantagem metodológica trazer cronotopos para o interior desse arcabouço teórico, especialmente quando o estudo da mudança diacrônica está envolvido. Em termos de extrapolação intersistêmica do que é conhecido como a "segunda lei de Shklovskij" — a ideia de assumir que as propriedades periféricas estão comumente inseridas no centro de um sistema, uma vez que a capacidade do centro em preencher certas funções (isto é, o repertório do centro) tem sido enfraquecida (uma pressuposição que opera nas relações *intra*ssistêmicas; Even-Zohar, 2005: 47) — alguém pode estudar a evolução do polissistema literário belga e especialmente as formas pelas quais ele amplia seu estoque, em termos de cronotopos genéricos. É minha hipótese que a transferência de modelos ocorre por meio da transferência dos cronotopos genéricos; assim, os cronotopos genéricos podem ter um papel chave enquanto ferramenta heurística no estudo das interferências inter- e intrassistêmicas.

Primeiro, entretanto, é preciso ressaltar que, diante do contexto de romantismo e do discurso então corrente sobre "o espírito nacional" (Herder), a primeira metade do século XIX se caracterizou, de forma mais acentuada do que outros períodos, por um discurso focado na urgente necessidade de toda nação de possuir uma literatura *verdadeiramente nacional*. Even-Zohar apontou o papel fundamental da literatura na criação de nações como a Alemanha, Itália, Bulgária e a República Tcheca. "Em cada um desses casos", Even-Zohar afirma:

---

um inventário sempre crescente. Em 2005, a ideia de um limite (tomando por empréstimo até que haja um estoque suficiente) desaparece totalmente quando ele reformula sua lei de proliferação da seguinte maneira: "A fim de operar e manter-se vital, um sistema tem sempre de aumentar com um crescente inventário de opções alternativas. Por essa razão, transferências intersistêmicas, em qualquer constelação ou volume, são inevitáveis, e são executadas apesar da resistência" (2005: 47; ênfase adicionada). Deve-se enfatizar neste contexto que certa parcela de mudança é benéfica para qualquer polissistema e que essa mudança não deveria ser identificada com instabilidade: mudanças controladas num repertório de sistemas podem, de fato, intensificar a estabilidade de um sistema ("Hipotetizar uma relação entre heterogeneidade e persistência é, portanto, elementar em qualquer teoria de sistemas complexos. A ideia principal do argumento é que uma vez que esta ideia representa a multiplicidade de repertórios coexistentes como permanentes competidores que tornam um sistema passível de mudanças; e uma vez que essa mudança é necessária, porque os sistemas necessariamente se chocam e entram em conflito com os outros, essa heterogeneidade permite que os sistemas sigam em frente" (Even-Zohar 2005: 176).

> um pequeno grupo de pessoas, que eu gostaria de denominar de "empreendedores sociossemióticos", popularmente conhecidos por vários títulos, tais como 'escritores', 'poetas', 'pensadores', 'críticos', 'filósofos' entre outros, produziram um enorme corpo de textos, a fim de justificar, sancionar e substanciar a existência, ou a desejabilidade e pertinência de tais entidades — a alemã, a búlgara, a italiana e as de outras nações. Ao mesmo tempo, eles também tinham que trazer alguma ordem à coleção de textos e nomes que em princípio poderia ser considerada instrumental para justificar sua causa (2005: 120).

Todas essas identidades nacionais são, então, em grau elevado, "literárias", por "ser a partir de agora amplamente aceito que não existiria uma nação alemã sem a literatura alemã" (*ibid.*).

A nação belga pode ser seguramente adicionada à lista de Even-Zohar. Na Bélgica, a questão de se a literatura nacional deveria ser escrita em flamengo ou em francês — ambas consideradas "línguas nacionais belgas" — foi primeiramente de importância secundária (cf. Bermong, 2006b: 114-115). Entretanto, uma atitude indiferente ao caráter bilíngue da literatura nacional belga não durou mais do que duas décadas. A mudança de atitude, com subsequente bifurcação entre dois polissistemas unilíngues separados — um belga-flamengo e um belga-francês —, coincidiu com uma crescente atitude crítica para com o estado belga, e as tensões entre as duas comunidades que persistem até hoje[17]. A citação a seguir do artigo de Even-Zohar, "Language Conflicts and National Identity", prova que esta situação exemplifica um fenômeno universal:

> Ainda que não haja nenhum desentendimento com relação à identidade imposta ou propagada, mesmo a mais gritante diversidade linguística nunca encorajou conflitos linguísticos. Línguas geograficamente adjacentes podem ser também contíguas, isto é, de natureza estrutural fechada, ou distantes, quer dizer, remotamente relacionadas, se tanto. Isso ocorre apenas quando emergem dúvidas ou discordâncias em torno da questão da identidade pela qual a língua, tendo se tornado o condutor mais marcado por aquela identidade, tenha se tornado uma questão de conflito habitualmente violento. [...] Uma vez que o grupo dissidente consegue organizar suas atividades, os conflitos linguísticos podem se estender enquanto o conflito ideológico não se resolver. Eles podem então se tornar parte de uma batalha política, levando o estado a interferir, e finalizar com uma separação geográfica e/ou política entre os grupos. Mas podem também não fazê-lo (2005: 129).

[17] Seria interessante observar as relações causais entre os desenvolvimentos na ordem literária e nas ordens política e social.

Com relação às primeiras duas décadas depois da independência belga, entretanto — e isso é mais importante para situação que estou apresentando aqui — existia apenas um polissistema literário belga bilíngue.

Agora quero examinar como este polissistema fez uso das duas opções disponíveis para se tornar adequado, vital e como ele aumentou seu repertório. (Seguindo essa possibilidade, ilustro o papel que os cronotopos podem ter na descrição desses processos.) De acordo com a teoria dos polissistemas, polissistemas[18] frágeis — e esta é a primeira opção — emprestarão prontamente itens que podem estar ausentes nos polissistemas adjacentes que os possuem. E, realmente, o polissistema literário belga construiu parcialmente seu sistema canônico, tratando os polissistemas literários adjacentes, especialmente os de países vizinhos como França, Alemanha, Holanda e Grã-Bretanha, como polissistemas[19] fonte. Assim, o polissistema belga agiu como qualquer novo polissistema cultural nacional:

> Quando as várias nações europeias gradualmente emergiram e criaram suas próprias culturas — mais explicitamente veiculadas por suas novas literaturas, línguas e histórias oficiais — certas relações centro-periferia estavam inevitavelmente presentes no processo desde o início. Culturas que se desenvolveram antes e que pertenciam a nações que influenciaram, pelo prestígio ou pela dominação direta, outras nações, eram tomadas como fonte para culturas mais recentes (incluindo as mais recentes culturas reconstruídas) (Even-Zohar, 1990: 24).

A partir desses polissistemas adjacentes, o polissistema frágil retira elementos ou propriedades (ou ainda: repertórios, no sentido *textual*) ausentes de

[18] Even-Zohar define "frágil" como "uma situação em que um sistema é incapaz de funcionar exclusivamente pelo confinamento a seu próprio repertório. Essa 'fragilidade' é resultado da relativa insuficiência do próprio repertório comparado com um sistema externo ao alcance, cujo repertório parece suprir suas necessidades" (1978: 67). O grau de fragilidade de um (poli) sistema literário é concebido exclusivamente em termos de características literárias, embora fragilidades econômicas ou políticas possam acompanhar tal fragilidade literária. "Outros fatores estão obviamente correlacionados com a forma de condução do (poli)sistema literário, mas é a fragilidade desse último como tal [isto é, sua deficiência ou insuficiência, o fato de não conter todos os tipos de gênero, NB] que determina se esse sistema assume ou não uma posição dependente equivalente a outro [poli]sistema" (Even-Zohar, 1978: 55). Assim, toda uma rede de relações intrínsecas é hipotetizada.

[19] A literatura inglesa entrou no polissistema belga mais acentuadamente pela mediação de outro país vizinho: por "intermédio" de traduções francesas (ou em alguns casos: alemãs), ou por meio de reedições de traduções holandesas, as quais eram também e habitualmente traduções intermediadas pela língua francesa (nas páginas iniciais: habitualmente encontrava-se "traduzido para o francês a partir da tradução inglesa"). Veja Van Gorp (1996: 5,7,10,13) e Van der Wiel (1999: 69).

sua própria constituição, buscando então heterogeneidade e ampliação de seus próprios recursos.

Por um lado, a adoção desses elementos estrangeiros e repertórios era facilitada pelo *status* multilíngue do polissistema literário belga: todas as línguas dominantes nos países imediatamente vizinhos (francês, alemão e holandês) eram faladas por certas comunidades do estado[20] belga. Por outro lado, entretanto, dois problemas importantes se apresentam no que diz respeito a essa opção.

O primeiro problema diz respeito à contraparte multicultural do caráter multilíngue do polissistema literário belga. Enquanto os falantes de flamengo, especialmente o grande número de flamengos da classe trabalhadora, eram ainda em grande maioria analfabeta nesse período, a parte do público falante de francês era mais escolarizada e muito mais familiarizada com as tradições literárias estrangeiras. Esse era especialmente o caso da literatura francesa, mas outras literaturas europeias também entram no polissistema belga, embora predominantemente por meio de edições piratas de traduções francesas. Os romances históricos de Walter Scott, por exemplo, foram introduzidos na Bélgica principalmente por meio de reimpressões de traduções francesas (Deprez, 1990: 124-125; Charlier, 1948: 103, 329; 1959: 38). Traduções holandesas desses romances começaram a aparecer a partir de 1824 em diante (mais de trinta em um período não inferior a vinte anos — Gielkens, 2008: 126-127) e reimpressões delas também devem ter circulado na Bélgica[21]. No entanto, leitores holandeses liam os trabalhos de Scott em traduções francesas (ou alemãs), exatamente como no caso belga (cf. Den Tenter, 1984: 8).

A pirataria era amplamente praticada no século XIX na Europa e floresceu especialmente na Bélgica, onde não havia qualquer regulação estatutária

[20] A fala flamenga cotidiana era (e é) extremamente aproximada na forma à fala holandesa cotidiana e mutuamente inteligível em alto grau. Se ela deve ser descrita como "flamengo" (sugerindo uma língua distinta) ou (uma variedade do) "holandês" continua sendo um problema até os dias atuais.

[21] Consequentemente, deveríamos considerar a literatura traduzida como "um sistema intensamente participante da história do polissistema, como parte integrante dele, em relação com todos os outros cossistemas" (Even-Zohar, 1978: 22). Especialmente em um polissistema ainda não cristalizado, isto é, no que se refere a uma literatura relativamente jovem e ainda no processo de se estabelecer, a literatura traduzida "simplesmente preenche as necessidades de uma literatura jovem de utilizar sua recém-fundada (ou renovada) língua para os mais variados tipos literários possíveis com o intuito de torná-la funcional como língua literária e útil para seu público emergente. Uma vez que uma literatura jovem não pode criar muitos textos em todos os gêneros e tipos imediatamente, ela se beneficia da experiência de outras literaturas, e a literatura traduzida torna-se, pois, um de seus sistemas mais importantes" (*ibid.*, p. 24). Portanto, a literatura traduzida como um sistema deveria sempre ser incluída no estudo sincrônico e diacrônico do polissistema.

sobre o assunto até os anos 1850 (Deprez, 1990). Durante a primeira metade do século XIX, o mercado belga era literalmente inundado de literatura francesa mediante essa prática. Uma vez que nenhuma instituição controladora do centro do polissistema podia supervisionar esse sistema não canônico, operando às margens da legalidade, a rejeição explícita a esse sistema periférico por essas instituições (a crítica literária, a igreja, os romancistas históricos) não tinha muito efeito, especialmente porque o público leitor (o mercado) era bem receptivo aos romances populares de autores como Eugène Sue (cf. Bemong, 2004). Assim, certos elementos ou repertórios do sistema eram capazes de ganhar acesso ao centro do polissistema (por exemplo, ao gênero do romance histórico, cf. abaixo).

Nesse sentido, a *disponibilidade* dos modelos estrangeiros não coincidia com uma *acessibilidade* não problemática. Por causa do analfabetismo, muitos cidadãos flamengos não tinham acesso a esses modelos[22]. Esse público leitor flamengo potencial estava predominantemente familiarizado com um substrato não canônico da subcultura, tais como a rica cultura de contar histórias oralmente. Enquanto o público de falantes de francês tinha um alto grau de educação, a maioria deles não tinha habilidade em holandês, então *eles* não tinham acesso aos modelos provenientes da Holanda, que também se tornaram mais amplamente disponíveis graças à pirataria.

Razões políticas e ideológicas também tinham seu papel — e aqui nós as abordamos como o segundo problema. A opção de tomar emprestados elementos de polissistemas adjacentes era fortemente rejeitada por um grande número de escritores belgas por razões de ideologia nacional. Isto se alinha a uma tendência geral em sociedades caracterizadas por um crescente nacionalismo: qualquer uso ou interferência de sistemas "invasores" é rejeitada e proibida como "uma ameaça à integridade nacional" (Even-Zohar, 2005: 58). Pieter Ecrevisse expressa o "acordo universal" na Bélgica em um prefácio de um de seus romances históricos quando afirma: com o intuito de chegar a uma literatura verdadeiramente nacional, os belgas devem começar por "eliminar todos os modelos estrangeiros" (1846: 15-16). A literatura nacional era enfaticamente vista como organicamente relacionada à nação propriamente dita, e tanto produtores quanto instituições do polissistema literário belga enfatizavam a incompatibilidade do caráter nacional (the *Volksgeist*) com repertórios estrangeiros, isto é, modos e costumes estrangeiros. Outra

22 Cf. Even-Zohar: "Para muitos membros de uma sociedade, grande parte de um repertório, com ênfase nos repertórios dominantes, pode não ser acessível devido a uma falta de conhecimento ou competência (tais como falta de educação etc.)" (2005: 16).

vez, a situação belga aqui serve como exemplo de um fenômeno mais universal, que Even-Zohar caracteriza da seguinte forma: "A conexão entre repertórios e grupos tem sido concebida como uma relação inerente, significando que um certo repertório identificável é concebido como embutido na 'natureza' de certo grupo identificável" (2005: 174). Consequentemente, as pessoas irão, às vezes, fazer grandes esforços para manter os repertórios familiares existentes, uma vez que são vistos como ligados a seu "senso de orientação do mundo" (*ibid.*: 181).

Essa crença explica parcialmente a hostilidade generalizada aos modelos literários estrangeiros naquela época. Essa hostilidade extrema, específica, voltada contra os modelos literários franceses (exemplo, Jules Janin, Eugène Sue, Frédéric Soulié, Honoré de Balzac etc.) era o resultado da imoralidade percebida na literatura francesa da época, a qual era publicamente criticada na Europa do século XIX (cf. Leerssen, 2003: 55-56) e era vista como evidência da depravação do povo francês e da nação francesa como um todo. Temia-se que uma introdução desse repertório no polissistema literário belga levasse a uma corrupção dos tradicionais usos e costumes belgas, explicitamente cultuados em muitos romances históricos. O fato de a França continuar ameaçando anexar o estado belga bem depois de sua independência e os nove anos de recusa do rei holandês Guilherme I em reconhecer o novo estado não ajudaram a tornar aceitáveis esses modelos literários estrangeiros.

A lógica reversa também aparece: os romancistas acreditavam que eles poderiam salvaguardar o caráter nacional e os usos e costumes tradicionais contra a corrupção se pudessem apenas substituir "a literatura estrangeira monstruosa por uma literatura realmente nacional, verdadeira e pura" (Ecrevisse, 1846: 8). Aquele objetivo específico poderia ser realizado se maior ênfase fosse posta na *segunda opção* disponível para estabelecer um sistema canônico, possibilitando a transferência de repertórios para os sistemas não canônicos autóctones, tais como o folclore. Even-Zohar não foi o primeiro a perceber que as novidades literárias no sistema canônico são frequentemente empréstimos do sistema não canônico (incluindo, por exemplo, os contos folclóricos)[23]; Shklovskij já fizera isso antes de Ecrevisse (cf. Even-Zohar, 1978: 19). Especificamente quanto à literatura do século

[23] O próprio Ecrevisse é um dos romancistas que fez uso abundante do rico inventário das tradições em seus romances. Muitos de seus romances sempre começam com uma referência à cultura popular, por exemplo, com o narrador conduzindo o narratário ao interior de uma cabana no pântano, onde um velho camponês começa a contar-lhes uma lenda local.

XIX, entretanto, Even-Zohar acrescentou que "um sistema não canônico era condição *sine qua non* para uma evolução nítida e dinâmica do sistema canônico. O sistema canônico adquiriu popularidade, flexibilidade e apelo a partir de uma batalha constante e positiva com o sistema não canônico" (*ibid.*, 19-20). Especialmente em Flandres, a tradição popular oral estava muito viva e foi mantida como vital por meio das apresentações teatrais e dos *shows* de bonecos baseados nesse material popular[24]. Sentimento idêntico de particularismo antifrancês levou os escritores ao longo da Europa ocidental a retornarem às suas literaturas medievais e tradições típicas: os contos de fada, as baladas, os livros de aventuras, as canções típicas, as lendas locais se tornaram novos recursos importantes de inspiração (Leerssen, 2003: 80-81). Além disso, o uso de elementos tradicionais largamente conhecidos também ajudou no futuro "processo de democratização, ampliando o alcance social dos consumidores literários" (Even-Zohar, 1978: 56).

A teoria dos polissistemas constitui-se especificamente por lidar com casos multilíngues e multiculturais porque eles tornam mais "populável" a heterogeneidade do polissistema, como pontua Even-Zohar (2005: 41). Mais especificamente, o gênero do romance histórico na Bélgica do século XIX é um caso particulamente apropriado para exemplificar o potencial do conceito de cronotopo na abordagem polissistêmica e prototípica de gênero em seus aspectos diacrônicos e sincrônicos. O romance histórico é o gênero que imediatamente ganhou posição central no sistema *canônico*, à revelia de ter sido pesadamente criticado e contestado *enquanto gênero* (cf. Bemong, 2006c).

IV. O ROMANCE HISTÓRICO BELGA NO SÉCULO XIX

Agora que o contexto polissistêmico mais amplo foi mais ou menos esboçado, restrinjo o foco de minha análise. Os aspectos que recebem atenção central na minha análise desse gênero são:

(1) sua estrutura cronotópica, prototípica interna nas décadas em discussão;
(2) as relações de cada um desses protótipos ou cronotopos genéricos com sistemas (literários ou não literários) adjacentes.

---

[24] Em seu memorial, o mais importante romancista belga do século XIX, Hendrik Conscience (ele escreveu o primeiro romance histórico e o primeiro romance contemporâneo em flamengo), relembra um *show* de bonecos a que assistiu ainda menino. Foi isso, nos conta, que o impulsionou a ler os livros dos quais o material foi retirado. Essa foi sua introdução ao fenômeno da literatura (Conscience, 1914: 31-40). Para uma discussão acerca da importância da tradição típica oral, cf. Bemong (2009a/b).

O romance histórico foi o primeiro gênero em prosa literária introduzido no polissistema belga. No início, ele tinha a tarefa explícita de legitimar a criação de um estado separado em 1830 pela criação de uma consciência nacional e um passado nacional para uma nação-estado que nunca existira antes dessa forma específica (cf. Bemong, 2006b, 2008b: 115). Cinco anos depois, um segundo gênero em prosa emergiu: o romance de costumes, situado na contemporaneidade[25]. Esses dois gêneros dominariam o centro do sistema de prosa por décadas.

De fato, a primeira pergunta que se poderia fazer é se "o romance histórico" foi considerado *um gênero* pelos contemporâneos ou se a subsunção de vários textos sob o denominador *romance histórico* é ainda uma construção *a posteriori* para os estudiosos literários. O fato de a questão anterior ser verdadeira torna-se aparente a partir dos indicadores genéricos em subtítulos e prefácios e a partir das discussões contemporâneas entre romancistas, críticos e historiógrafos acerca dos benefícios e perigos do gênero (Bemong, 2006b; 2006c). No entanto, quando realmente se leem os textos rotulados de romances históricos, logo se percebe que os textos agrupados sob o mesmo termo formam um *corpus* heterogêneo e híbrido. Estabelecer critérios necessários e suficientes de pertencimento seria um grande desafio. E também seria uma perspectiva bem reducionista. Acredito que um interesse muito maior repousa nas *diferenças funcionais* entre textos que, todavia, se apresentam como pertencentes ao mesmo gênero[26], isto é, na diferenciação interna dentro de um gênero, em como certos textos começam a funcionar como modelos para outros textos no interior de um mesmo sistema de gêneros, enquanto outros textos parecem ser modelados por textos pertencentes a *outros* gêneros (sistemas).

Durante as duas primeiras décadas de independência da Bélgica, a poética do romance histórico belga era amplamente determinada por um número de funções que o gênero era chamado a desempenhar. A passagem seguinte, retirada de um prefácio, revela a diversidade de funções comunicativas atribuídas ao gênero (tanto por romancistas quanto por críticos contemporâneos):

---

[25] Um detalhe interessante é o fato de que o crítico contemporâneo J. F. J. Heremans argumenta que esta tem sido a ordem cronológica padrão na evolução de cada polissistema literário desde a antiguidade grega: de acordo com Heremans, o romance histórico sempre precedeu o romance de costumes (1845: 139-140).

[26] Se "olharmos", como Wittgenstein nos faz ver ("O que é comum neles todos? — Não diga: '*Deve* haver algo em comum [...] mas olhe e veja se existe algo em comum para todos. [...] Repetindo: não pense, mas olhe!"; 1968: 31), como esses textos são apresentados aos leitores, certamente veremos que eles utilizam indicadores genéricos e estratégias paratextuais semelhantes.

> Espane a poeira de suas velhas normas; mostre-nos nossos privilégios; adicione qualidade às realizações heroicas de nossos ancestrais; faça seus ancestrais gloriosos aparecerem ante nossos olhos; ensine-nos os costumes, tradições e esplendores da Bélgica! Deixe todos apresentarem suas oferendas no altar da sua terra pátria (Escrevisse, 1846: 15).

De fato, três funções separadas designadas ao gênero aparecem nesta passagem:

(1) evocação de sentimentos nacionalistas entre os belgas do século XIX através do retrato de episódios gloriosos do passado ancestral (isto é, uma função puramente *nacionalista*);

(2) disseminação de conhecimento sobre o passado nacional (uma função mais *didática*);

(3) pontuação do vínculo genealógico e da continuidade entre as virtudes e costumes ancestrais e contemporâneos no intuito de conferir a difusão da alegada corrupção do gênio nacional pela França (uma corrupção que, se temia, encontraria seu ápice em uma anexação futura) (isto é, uma função moral, *ética* tanto quanto nacionalista). A principal função — criar um passado para a nação belga e fornecer legitimação para o estado recentemente criado — consistiu assim, de várias "subfunções".

Argumentei em outro texto (Bemong, 2008b: 118-124) que importantes instituições podem ser obtidas nesse gênero essencialmente híbrido se vincularmos as três funções acima mencionadas às três formas prototípicas do romance histórico. A distinção entre esses três modelos ou protótipos pode ser formalmente descrita em termos de cronotopos genéricos. A primeira função é predominantemente realizada por romances históricos que chamam a atenção para grandes episódios do passado nacional, além de retratar os heróis nacionais lutando pela liberdade de seu país. O objetivo fundamental é fazer esses heróis servirem de exemplos de patriotismo para os belgas daquele tempo. O cronotopo genérico que funciona como construção de mundo subjacente ao primeiro tipo de romance histórico é o *cronotopo do romance de aventura de provação*[27]. Entretanto, comparado à versão *tradicional* desse cronotopo, tal como Bakhtin o descreveu, a variante do século XIX nos romances históricos sofreu algumas mudanças importantes. A mudança mais significativa é que o tempo de aventura permanece "intensificado", mas não "indiferenciado" (FTC: 90). O contexto histórico real e o tempo histórico não são mais completamente irrelevantes no que se refere

[27] Bemong (2006a) apresenta uma análise de um romance histórico de aventura de provação.

ao desenvolvimento do enredo e dos personagens. Em romances históricos desse tipo, os eventos históricos são distribuídos em grau de importância, o bastante para influenciar os eventos no enredo individual (normalmente romântico) (cf. Bemong, 2006a: 279, 290; 2008b: 119-121).

A segunda função — disseminar conhecimento sobre a terra natal entre os cidadãos belgas, habitualmente familiarizados apenas com a história e as peculiaridades de suas regiões — é realizada a partir da ocorrência de dois cronotopos genéricos, regularmente combinados em uma constelação policronotópica[28]. Um é o *cronotopo do romance de aventura da vida cotidiana*, o outro é o que Keunen chamou de *cronotopo documentário*[29]. Esses cronotopos, que fornecem a oportunidade de incluir "algum tipo de espaço social" (Clark e Holquist, 1984: 282) e de perceber o cotidiano no interior do cronotopo, forneceram aos romancistas históricos um modelo para descrever sua terra natal, especialmente diferentes aspectos de seu *dia a dia* passado. O que Schmeling diz sobre o *Satíricon* (um dos exemplos que o próprio Bakhtin apresenta de cronotopo de romance de aventura da vida cotidiana), afirma que ele poderia ser utilizado "como fonte histórica primária para nos fornecer um retrato da vida no século I a.C." (1996: 484), e também se aplica a esse tipo de romance.

Finalmente, *os cronotopos idílicos* (que frequentemente ocorrem em combinação com um cronotopo de romance de aventura de provação, a exemplo do que ficou claro nas análises textuais; cf., por exemplo, Bemong, 2007: 518, 535) enfatizam a conexão genealógica entre os belgas do século XIX e seus ancestrais. Nesses romances históricos, são retratados os lugares rurais e remotos da terra natal, onde os habitantes viveram por várias gerações no mesmo lugar isolado e onde, graças a essa posição marginal, as virtudes,

[28] Cf. Bemong (2008a: 279-280 e 2008b: 122-123) para a discussão de um exemplo. Gostaria de enfatizar que todos os cronotopos genéricos diferentes podem certamente se combinar em um mesmo trabalho; por razões de clareza e brevidade, me restrinjo aqui às formas de maior destaque.

[29] Keunen 2001: 424-427. Bakhtin utiliza o termo "romance realista de emergência" (BSHR: 24), enquanto Morson e Emerson falam sobre "este [cronotopo de] emergência histórica" (1990: 411). Com o intuito de ser capaz de falar de um cronotopo documentário, dois requisitos importantes devem ser considerados. O mundo diegético deveria ser semanticamente reconhecível para o leitor e uma forte interação pragmática é requerida: o leitor deve ser capaz de aprender alguma coisa a partir da narrativa, e esta lição deverá ser útil no mundo social extraliterário (Keunen, 2000b: 89-90. Com certeza, nos romances históricos esse conhecimento pertence ao passado). O tempo da narrativa em um cronotopo documentário pode ser caracterizado como uma assimilação do tempo histórico, e o tempo-espaço torna-se identificável com uma era histórica específica, deixando claros os signos que representam as forças sociais e históricas em funcionamento. Cf. também Borghart e De Dobbeleer ainda neste volume.

costumes e tradições ancestrais foram preservados em um estado virtualmente puro como fontes confiáveis de tradições passadas (cf. Bemong, 2008b: 123-124)[30].

O primeiro cronotopo genérico nessa estrutura prototípica — o do *romance de aventura de provação histórico* — deixa claras evidências das relações intersistêmicas com modelos estrangeiros tais como o romance de aventura francês e o *romance gótico*, popular nos países vizinhos (o francês *roman noir*, os alemães *Ritter-, Raüber- und Schauerromane*)[31]. Realmente, esta categoria prototípica ganhou vida parcialmente, graças à transposição de modelos ou repertórios dos polissistemas literários adjacentes, tais como o francês e o alemão. Ao mesmo tempo, o cronotopo genérico também se liga a certos elementos e modelos (especialmente no que diz respeito à estrutura dos enredos, motivos, recursos de organização composicional e personagens) com os quais os leitores belgas estavam familiarizados por meio da tradição popular oral. Entretanto, é o *cronotopo idílico* que mais claramente mostra as influências do sistema não canônico de tradições populares e mais distintamente propõe uma alternativa para os elementos tomados de empréstimos outros polissistemas (cf. Bemong, 2007: 518-535, 545-547).

Em minha análise das formas e funções do gênero, afirmei que a segunda função é composta pelos dois cronotopos genéricos que tendem a ocorrer combinados. No que se refere às relações intersistêmicas, entretanto, esses cronotopos ajudam a conectar o romance histórico a dois sistemas separados, um literário, outro mais ou menos extraliterário. O *cronotopo do romance de aventura do dia a dia* vincula certo tipo de romance histórico a um segundo importante gênero em prosa, o romance de costumes, e assim cria uma espécie de *continuum*. Que não houvesse uma clara demarcação entre o romance histórico e o romance de costumes de então já fora

---

30 Essa classificação em três principais funções e três formas de cronotopo correspondentes, que juntas delineiam a estrutura prototípica interna de um gênero, considera o período entre 1830 e 1850. A próxima questão, certamente, é como os desenvolvimentos genéricos diacrônicos (isto é, as mudanças concernentes aos elementos formais: suas renovações ou recolocações etc.) ajudam a revelar como um sistema literário reage a uma mudança por necessidades funcionais; como as funções de uma ordem literária em relação à ordem social adjacente; nos termos de Tynjanov, como (poli)sistemas "mudam" (Tynjanov, 1971: 76). Trata-se de uma questão que espero responder em um futuro próximo.

31 Van Gorp (1996) e Van der Wiel (1999: 69-77) discutem a recepção do romance gótico e do *Schauerroman* alemão na literatura holandesa. Uma vez que ambos lidam primariamente com o período imediatamente posterior à independência belga (1790-1820), seus resultados são igualmente relevantes para o desenvolvimento do polissistema literário belga. De acordo com Van Gorp (1996: 18), havia também relações intersistêmicas entre os gêneros do romance gótico e do romance histórico na Holanda nos anos 1830 (ele fala em "uma mistura de gêneros").

apontado pelo crítico P. F. Van Kerckhoven. Ele escreveu que "seria difícil definir exatamente até que ano alguém poderia voltar no tempo na descrição dos costumes e eventos sem adentrar o domínio de um romance histórico" (1845: 101). Em outras palavras, quando exatamente um romance se torna histórico? O *cronotopo documentário*, por outro lado, conecta o romance histórico ao sistema adjacente da historiografia. Entre os anos 1830 e 1840, a ficção em prosa e a historiografia não eram ainda claramente separadas entre si. Os historiadores escreveram extensivamente narrativas históricas encontradas não apenas no material resgatado em arquivos e bibliotecas, mas também na coleção heterogênea de mitos, metáforas, estereótipos e alegorias[32]. Ao contrário, muitos romancistas históricos assumiram explicitamente uma posição igual à dos historiadores com relação ao valor histórico de seus trabalhos (cf. Bemong, 2006c, 2007: 138-1961). Alguns trabalhos são simplesmente impossíveis de categorizar como um ou outro (alguma coisa que certamente não é mais necessária ou relevante quando alguém advoga uma visão prototípica dos gêneros)[33].

Por fim, quero exemplificar o papel dos cronotopos motívicos nessa rede de relações sistêmicas. Tomo o cronotopo do castelo como exemplo. Esse cronotopo motívico aparece em um grande número de romances históricos do século XIX. Como o próprio Bakhtin observa, "[a] historicidade do tempo do castelo permitiu-lhe desempenhar um papel importante no desenvolvimento do romance histórico" (1990d: 246). Mais importante ainda, isso aparece nos romances históricos que pertencem a protótipos genéricos bem diferentes. Como tal, isso conecta sincrônica e intrassistemicamente os diferentes cronotopos genéricos no interior da estratificação prototípica interna. Esse cronotopo específico ocorre tão frequentemente que começa a funcionar como um tipo de indicador genérico. Certamente, isso não se restringe ao século XIX. Como Bakhtin observa, isso emerge junto com o romance gótico[34], então ele também vincula o romance histórico diacronicamente àquela

32 Cf. Nachtergaele (1993) e Bemong (2007: 72-84) para uma discussão das semelhanças isomórficas entre os dois gêneros. São elas de natureza narrativa, documentária, espaçotemporal e ficcional. Além disso, alguns autores praticavam ambos os gêneros.

33 Os indicadores genéricos nos (sub)títulos de vários trabalhos atestam esta ambiguidade: além de "episódios históricos", "cenas históricas" e assemelhados, indicadores que se referem a instâncias mais periféricas do que os textos rotulados como "romance histórico", também encontramos indicadores tais como "história", "fato histórico" e "crônica", isto é, indicadores que também são utilizados por textos historiográficos.

34 "Perto do fim do século XVII na Inglaterra, um novo território de eventos romanescos é constituído e reforçado no chamado 'gótico' ou romance 'negro' — o castelo (termo primeiramente utilizado neste sentido por Horace Walpole em *O Castelo de Otranto*, e depois em Radcliffe, Monk Lewis e outros)" (FTC: 245).

tradição específica e é assim responsável por certas relações intersistêmicas com outros polissistemas literários europeus.

O próprio Bakhtin descreveu o papel do cronotopo motívico do castelo da seguinte forma:

> O castelo está saturado de todas as formas por um tempo histórico, no sentido restrito da palavra, isto é, o tempo de um passado histórico. O castelo é o lugar onde os nobres da era feudal viviam (e consequentemente também o lugar das figuras históricas do passado); os traços dos séculos e gerações estão dispostos de forma visível como nas várias partes de sua arquitetura, na mobília, armas, galeria de retratos dos ancestrais, nos arquivos da família e em particular nas relações humanas envolvendo a primazia das dinastias e a transferência dos direitos hereditários. E, finalmente, as lendas e tradições que animam cada canto do castelo e seus arredores pelas lembranças constantes de eventos passados. É essa qualidade que propicia este tipo de narrativa específica inerente aos castelos e que é então trabalhada no romance gótico (FTC: 245-246).

Apesar disso, em combinação com diferentes cronotopos genéricos, as *conotações* específicas desse cronotopo motívico podem variar. Isto está mais bem ilustrado nos comentários dos narradores, que tão frequentemente acompanham as ocorrências desse cronotopo motívico e que podem tomar a forma de posicionamento dos leitores, comentários avaliativos ou generalizações.

Em muitos *romances de aventura histórica de provação*, os castelos têm um papel importante como espaços onde as ações acontecem, e eles também são tipicamente a moradia dos vilões. Na tradição do romance gótico, muita atenção é dada à descrição das passagens secretas, calabouços subterrâneos, entre outros elementos. Nesse tipo de romance histórico, os castelos simbolizam a arbitrariedade da lei feudal e a impunidade com a qual os ricos e poderosos podiam tiranizar os pobres e fracos nos tempos medievais. Nos *cronotopos documentários* prototípicos, os castelos são predominantemente vistos em suas especificidades: ao leitor são fornecidas informações detalhadas do castelo retratado: sua história, seus proprietários contemporâneos e anteriores, sua extensão, localização, o estado de conservação, entre outros fatores. Finalmente, em um *cronotopo idílico*, habitualmente apenas as ruínas do castelo permanecem, o que o transforma em um lugar que exemplifica a transitoriedade da vida. Nesse cronotopo genérico, as imagens do castelo em ruínas são habitualmente contrastadas com as das pedras, dos rios e florestas, para enfatizar a continuidade cíclica da natureza *versus* a condição finita dos objetos feitos pelo homem.

V. CONCLUSÃO

No que diz respeito a este capítulo, acredito que apenas um arcabouço teórico cronotópico heurístico descreveria propriamente a heterogeneidade característica do *corpus* dos romances históricos belgas do século XIX, precisamente porque o cronotopo é um conceito que tem um aspecto cognitivo e, ao mesmo tempo, textual. Mas é apenas quando esse arcabouço é utilizado em combinação com um quadro teórico polissistêmico que se pode não apenas descrever, mas também *explicar* essa heterogeneidade, pelo mapeamento de diferentes tipos de relações polissistêmicas (inter- e intrasisstêmico, sincrônico e diacrônico) com sistemas adjacentes (ambos nacional e não nacional, canônico e não canônico).

As abordagens teórico-sistemáticas da literatura têm recebido bastante crítica nos estudos literários. Grande parcela dessa crítica diz respeito à falta de elaboração metodológica nas conclusões teóricas dessas abordagens. O arcabouço metodológico apontado aqui pretende propor uma solução por satisfazer a necessidade de traduzir os princípios (poli)sistêmicos em modelos heurísticos. Como este estudo de caso demonstra, o conceito de cronotopo de Bakhtin, especificamente a distinção entre cronotopos genérico e motívico, oferece uma ferramenta heurística promissora para o estudo de ambas as relações inter- e intrassistêmicas, pelo menos no que diz respeito a uma abordagem prototípica sistêmico-funcionalista dos estudos sobre gêneros. Esse arcabouço metodológico possibilita não apenas o estudo da estratificação interna dos gêneros, mas também mapear as mudanças diacrônicas nos polissistemas literários por meio dos estudos dos processos de transferência e interferência.

CAPÍTULO 10

O CRONOTOPO E O ESTUDO DA ADAPTAÇÃO LITERÁRIA:

O CASO DE *ROBINSON CRUSOÉ*

TARA COLLINGTON

TRADUÇÃO: PAUL DIXON

Na seção "Observações finais" do ensaio sobre o cronotopo, Bakhtin oferece o seguinte trecho para explicar a complexa relação entre uma obra de arte e seu contexto sócio-histórico:

> A obra e o mundo nela representado entram no mundo real, enriquecendo-o, e o mundo real entra na obra e no seu mundo como parte do processo de sua criação e como parte de sua vida posterior, numa renovação constante da obra através da percepção criadora de ouvintes e leitores. Na verdade, tal processo de interação é, em si mesmo, cronotópico: ocorre, antes de tudo, no mundo social em desenvolvimento histórico, sem jamais perder o contato com o espaço histórico em mudança. Poderíamos até falar de um cronotopo *criativo*, dentro do qual tal intercâmbio entre vida e obra se efetua, constituindo a vida particular da obra (FTC: 254).

Enquanto Bakhtin parece se referir à miríade de possíveis interpretações de uma obra por parte de presentes e futuras gerações de leitores[1], sugiro haver

[1] Evidentemente, Bakhtin está preocupado com a riqueza das possíveis interpretações de determinada obra de arte, ao passo que significados são gerados por novos leitores em novos contextos sócio-históricos. Em outro lugar, ele comenta: "Tentar compreender e explicar uma obra unicamente em termos das condições de sua época, unicamente em termos das condições do tempo mais imediato, nunca nos dará a capacidade de penetrar suas profundezas semânticas. O encerramento dentro de uma época também impossibilita a compreensão da vida futura de uma obra, em séculos subsequentes; tal vida surge como uma espécie de paradoxo. As obras ultrapassam as fronteiras de seu próprio tempo, vivendo em séculos, ou seja, no *grande tempo* e

um ato interpretativo, muito específico, que busca inserir uma obra dentro de vários contextos histórico-sociais, permitindo sua renovação criadora: o processo de adaptação. Ao reelaborar um relato familiar de acordo com as normas sociais, culturais e estéticas em vigor, o adaptador assegura sua "vida subsequente" num novo contexto. Não chegarei a afirmar que a noção de tal situação constitua seu próprio cronotopo especial, mas vou examinar a centralidade do cronotopo para a compreensão da teoria e da prática da adaptação.

Uma das estratégias mais comuns na adaptação, claro, é atualizar a fonte, situando o relato num ambiente mais contemporâneo e, portanto, mais acessível. Embora o próprio Bakhtin não chegue a discutir a adaptação, o cronotopo nos parece um conceito bem adequado para o campo dos estudos da adaptação, já que a transposição das coordenadas de tempo e espaço estão muitas vezes envolvidas. No entanto, o conceito até agora desempenhou um papel relativamente limitado nas discussões teóricas da adaptação, exceto em alguns estudos no campo dos estudos cinematográficos.

Aqui propomos uma reflexão sobre o potencial do cronotopo como ferramenta heurística na área dos estudos da adaptação. Viso situar o cronotopo no contexto desses estudos[2], talvez levando em conta o tratado mais central no campo da adaptação literária: *Palimpsestos: a literatura de segunda mão*, de Gérard Genette, e também chamando a atenção para um dos mais negligenciados trabalhos no campo, *Boris Godunov: Transpositions of a Russian Theme*, um livro de Caryl Emerson inspirado no cronotopo. Proponho demonstrar como o cronotopo pode ser usado para estudar a adaptação literária, examinando as relações entre *Robinson Crusoé*, de Daniel Defoe, suas fontes históricas e a adaptação do século XX, *Sexta-Feira*, de Michel Tournier. Minha análise envolve os três níveis semânticos do cronotopo, tal como apresentados na introdução a este volume:

(1) os motivos cronotópicos relacionados com dois temas contrários: o entusiasmo pelos programas de expansão colonial europeus e o ceticismo quanto à superioridade da cultura europeia;

---

frequentemente (com as grandes obras, sempre) sua vida chega a ser mais intensa e mais plena do que a vida de seu próprio tempo" (2002b: 4).

2 Num capítulo no prelo chamado "A Bakhtinian Approach to Adaptation Studies", apelo a um uso ainda mais abrangente dos conceitos bakhtinianos nos estudos da adaptação, discutindo o carnaval, os gêneros discursivos e o dialogismo, bem como o cronotopo. A curta seção dedicada ao cronotopo nesse tratamento mais geral e puramente teórico dos conceitos de Bakhtin, portanto, ecoa diversos trechos sobre o cronotopo no presente estudo mais detalhado.

(2) os cronotopos principais que determinam a estrutura narrativa do texto;
(3) a maneira como os principais cronotopos podem relacionar-se com a questão mais geral do gênero literário.

Desde sua publicação, em 1719, *Robinson Crusoé* já inspirou numerosas adaptações literárias e cinematográficas, até gerando um termo específico, o "robinsonada", que descreve uma narrativa de aventura em que o protagonista luta para sobreviver num ambiente natural, longe da civilização (O'Malley, 2007). Uma análise da rede de intertextos sobre Robinson parece quase obrigatória no campo de estudos da adaptação, quer na área do cinema (Stam, 2000: 66-67; Mayne, 1988: 13-19), da literatura (Genette, 1997: 357-367; Sanders, 2006: 106-112) ou na teoria geral da adaptação (Hutcheon, 2006: 143, 170). Na verdade, a narrativa de Robinson cabe na definição daquilo que H. Porter Abbott chama de "enredos maiores": "Relatos básicos e recorrentes, que fazem parte de culturas e indivíduos que desempenham um papel importante em questões de identidade, moralidade e na compreensão da vida" (2002: 192)[3]. Para Abbott, tais enredos dominantes frequentemente se vinculam a certos tipos de personagens e a certos subgêneros literários (2002: 45). Ao efetuar um estudo comparado de três variedades de "robinsonadas" (as narrativas históricas, o romance de Defoe e o romance de Tournier), estou revisitando uma matriz intertextual muito discutida, por vários motivos. Limitando-me a narrativas escritas, estou deliberadamente dissociando a teoria da adaptação de outros problemas sobre a especificidade dos meios de comunicação, concordando com Linda Hutcheon que "nem todas as adaptações apresentam uma mudança de meio ou modo de abordagem, embora tal diferença ocorra com certa frequência" (2006: 170). A escolha desses textos específicos também responde à afirmação de Genette (errônea, a meu ver) de que as transposições temporais e espaciais efetuadas por Tournier têm pouco impacto sobre nosso entendimento de sua adaptação. Ao propor uma análise cronotópica dos textos em questão, espero poder demonstrar a importância de tais transposições diegéticas. Finalmente, ao empreender uma análise cronotópica da relação entre as fontes e os texto-alvo, espero poder demonstrar a capacidade heurística do cronotopo como uma ferramenta para o estudo da adaptação, e também sugerir que ele pode servir como fundação de uma teoria bakhtiniana da adaptação.

---

[3] Sanders usa o termo "textos dominantes" para descrever a categoria de Abbott (2006: 108). Ian Watt (1951) chega a dar à história de Robinson a categoria de "mito", uma qualificação secundada por Michel Tournier, que afirma que cada geração parece sentir a necessidade de se examinar através do prisma dessa história, o que resulta em suas muitas reelaborações subsequentes (1977: 219).

I. O CRONOTOPO NOS ESTUDOS DA ADAPTAÇÃO

Fora do campo literário, o cronotopo é mais frequentemente usado como recurso analítico nos estudos cinematográficos, já que o filme apresenta a concentração visual do espaço e se desdobra no tempo. Entre os estudiosos do cinema, Robert Stam foi provavelmente o primeiro a usar sistematicamente uma metodologia bakhtiniana para estabelecer uma aproximação com os estudos comparados do cinema que considera questões gerais da história e do gênero, ao mesmo tempo examinando a representação do tempo e do espaço nos filmes, por meio do estudo de aspectos do cenário, da decoração, do compasso e do ritmo, bem como fatores técnicos da filmagem. O cinema funciona pela reativação de conhecidos modelos genéricos (emprestados da literatura ou particulares ao filme); portanto, o quanto um filme se conforma ao modelo ou o rejeita (no nosso horizonte de expectativas), determina em grande parte nossa compreensão e apreciação da obra em questão. Os dois livros de Stam sobre as adaptações cinematográficas de textos literários, *Subversive Pleasures* (1989) e *Literature through Film* (2005a), bem como sua introdução a uma coletânea sobre adaptações cinematográficas (2005b), de fato se referem brevemente ao cronotopo, mencionando sua utilidade como uma categoria conceitual, mas sem dar-lhe um papel central na teoria da adaptação. Stam e outros estudiosos de cinema usam o cronotopo não só para examinar a relação entre uma fonte literária e um filme, mas também para examinar as relações entre os filmes quando aparecem outras adaptações do texto original. No mesmo sentido, o cronotopo pode facilitar uma análise comparada de filmes que pertencem a determinado subgênero. Assim, enquanto alguns críticos se preocupam com os desafios específicos da transferência de um texto literário para a tela, outros usam o cronotopo como meio de estruturar a comparação da mutabilidade de quadros espaço-temporais entre filmes, ou seja, dentro do mesmo meio[4].

No campo da adaptação literária, o exame mais detido da teoria e prática da adaptação continua sendo *Palimpsestos*, de Genette. Esse tratamento sistemático e altamente detalhado dos vários processos e tipos de adaptação ainda é a pedra fundamental de toda a crítica atual. Mais recentemente, assim como no campo da crítica cinematográfica, os estudiosos já começaram a debater as possíveis abordagens ao estudo da adaptação literária,

[4] Para alguns estudos que empregam o cronotopo no exame de adaptações cinematográficas dos romances, cf. Collington (2002) e Massood (2005); para estudos comparados que fazem uso do cronotopo para analisar filmes dentro de determinado subgênero, cf. Flanagan (2004), Massood (2003) e Vlasov (1996).

embora ainda não tenham chegado a um consenso, já que os estudos adotam uma grande variedade de perspectivas, baseadas no estruturalismo, na crítica genética e de fontes e nos estudos culturais (Cox, 2000; Deppman, Ferrar e Gordon, 2004; Scolnicov e Holland, 1989; Groensteen, 1998). A crítica também tem enfocado as estratégias de adaptação compartilhadas entre vários meios de comunicação (Mercier e Pelletier, 1999; Plana, 2004) e a confluência entre a adaptação e as noções correlatas de intertextualidade e de apropriação (Bouillaguer, 1996). Notavelmente, as metodologias bakhtinianas não influíram tanto na área das adaptações literárias como na dos estudos cinematográficos. Por exemplo, dois estudos recentes na teoria da adaptação, *Adaptation and Appropriation*, de Julie Sanders, e *A Theory of Adaptation*, de Linda Hutcheon, mencionam Bakhtin apenas por alto, apenas para evocar conceitos como "carnaval" (Sanders, 2006: 72) e "dialogismo" (Hutcheon, 2006: 21).

Pretendo defender a centralidade do cronotopo numa proposta teórica da adaptação e proponho justapor duas perspectivas diferentes do significado espaçotemporal das transformações na teoria da adaptação, contrastando *Palimpsestos*, de Genette, e *Boris Godunov*, de Emerson. Em seus estudos das técnicas da adaptação, tanto Genette quanto Emerson propõem a dissociação da história em si (considerada uma norma estática, parecida com o "enredo principal" de Abbott), de seu contexto espaçotemporal (que providencia o local para a variação dinâmica). No entanto, os dois críticos diferem radicalmente na importância dada a tais transposições. Começarei examinando brevemente a perspectiva de Genette sobre a transposição espaçotemporal, passando a discutir mais detalhadamente Emerson, cuja visão de adaptação está firmemente fundamentada na crítica literária bakhtiniana e usa o conceito bakhtiniano do cronotopo para esboçar uma teoria da adaptação.

Em *Palimpsestos*, Genette distingue claramente "transposição *diegética*", que tem a ver com mudanças na "diegese", ou no "mundo espaçotemporal" em que a história se passa, da "transposição *pragmática*, ou modificação dos eventos e das ações no enredo" (1997: 294). Segundo Genette, "a transposição se efetua precisamente pela dissociação da ação e da *diegese*: por exemplo, pela transferência da mesma — ou quase da mesma — ação para outro mundo" (*ibid.*: 295). Ele chama as mudanças no mundo espaçotemporal de "*transdiegetização*" e reconhece que ela não ocorre "sem ao menos algumas mudanças na própria ação", notando que a transposição diegética "inevitável e necessariamente leva a algumas poucas transposições pragmáticas" (*ibid.*: 296). Genette trata de outros tipos de modificações na representação do tempo como uma função de "transformações potenciais do modo narrativo" (*ibid.*: 286). Assim, ele vê as mudanças na ordem temporal — o que chama de "reordenamento temporal" no sentido de analepses e prolepses (*ibid.*: 286) — tal como as mudanças na duração e frequência dos eventos, como uma função da narrativa, análoga às mudanças na voz narrativa.

Voltando à questão da transposição diegética, vemos que Genette afirma que o conceito abarca uma variedade enorme de mudanças possíveis, incluindo mudanças no nome, na idade, no sexo e na nacionalidade do personagem. Ele também faz questão de isolar como uma categoria separada o caso da "modernização diegética", que traz uma "transferência global de um enredo antigo para um ambiente moderno" e implica o anacronismo, ou "a infusão de um enredo antigo com detalhes estilisticamente ou tematicamente modernos" (*ibid.*: 310). Haja ou não tal modernização global do contexto espaçotemporal, Genette argumenta que "o movimento habitual da transposição diegética é um movimento de aproximação: o hipertexto transpõe a *diegese* de seu hipotexto para colocá-lo mais em dia e mais próximo de seu próprio público (em termos temporais, geográficos ou sociais)" (*ibid.*: 304). Em outras palavras, os adaptadores contam com vários tipos de transposição diegética, incluindo a tradução temporal, geográfica e social, como um meio de atualizar uma obra para um público-alvo contemporâneo. Para Genette, já que a transposição diegética é apenas um dos vários tipos de transposição à disposição do adaptador, o impacto da transposição diegética na recepção potencial de uma adaptação pode variar em grande medida. Por exemplo, em sua análise de *Sexta-Feira*, de Tournier, Genette nota que o autor francês muda tanto o contexto temporal do relato (de 1659 para 1759) quanto seu contexto espacial (de uma ilha do Caribe para uma ilha do Pacífico), mas despreza a importância dessas mudanças. Para Genette, o contexto temporal foi simplesmente "transferido, arbitrariamente" e a "mudança de oceanos [...] carece de uma função temática real" (*ibid.*: 369). Nesse caso, Genette parece descartar a possibilidade de conferir qualquer significado a uma transposição diegética, posição da qual, a meu ver, Emerson discordaria enfaticamente.

Emerson dá muito maior importância às transposições diegéticas, o que leva a autora a uma nova conceitualização da natureza da adaptação. De fato, a aproximação de Emerson à adaptação se baseia no cronotopo. Em seu estudo comparado das várias versões da história de Boris Godunov, ela afirma que as discussões das adaptações, em sua maioria, sofrem de uma confusão terminológica:

> Entre as distinções mais frequentemente confundidas está a que existe entre o meio e o gênero. Problemas detectados em um, na realidade, muitas vezes pertencem ao outro. As análises das transposições muitas vezes delineiam, por exemplo, a transferência entre romance e cinema. Mas encarar a mudança por essa via pode ser enganoso. O filme, diferentemente do romance, não é um gênero, senão um meio de comunicação. Seu equivalente seria o texto impresso, ou o mármore, ou os elementos acústicos da música — e não uma sonata ou um soneto. O gênero tem suas convenções, enquanto o meio tem seus limites materiais. [...] O meio apenas fornece a matéria dentro da qual o gênero opera (1986: 4-5).

Emerson então sugere que faz falta uma definição conceitual do gênero, que não seja uma função da noção do meio, e por isso recorre ao cronotopo de Bakhtin. O cronotopo ajuda Emerson a distinguir entre as adaptações operadas entre meios de comunicação e as que acontecem entre os gêneros:

> [...] se concebemos o gênero em termos do cronotopo, uma mudança de meio não necessariamente significa uma mudança de gênero. As transformações importantes na narrativa ocorrem não quando o meio muda, mas sim quando o cronotopo muda. Dentro de um novo cronotopo, os eventos podem ser iguais, mas a probabilidade e o significado do acontecimento daqueles eventos, daquele jeito, terão mudado. Há uma diferença no aspecto avaliativo, a qualidade moral, da narrativa (1986: 8).

Emerson compara as várias versões da história de Boris em vários "meios" diferentes; ou seja, na história, nos relatos orais, no drama e na ópera. Ela demonstra como adaptadores específicos empregam os recursos de seus meios escolhidos (música, no caso da ópera), mas enfoca principalmente as transposições genéricas ou cronotópicas, e o que elas podem nos dizer sobre a importância da história em diferentes contextos culturais. Para Emerson, essas transformações cronotópicas são tão interessantes quanto as de meio, ou até mais:

> As obras-primas num certo gênero, conceitualizações poderosas de uma certa forma de tempo e espaço, sempre contêm mais do que pode ser absorvido por determinada época. Quando tais obras são reelaboradas em outros tempos, aspectos diferentes da forma surgem como importantes, incentivando assim padrões diferentes de recepção, "contraversões" específicas. Um tema é liberado de um contexto para outro, e essa liberação é o primeiro passo para sua transposição. Ao cruzar gêneros, ao responder às mudanças das exigências políticas e dos conceitos da arte, uma história conhecida acumula novos contextos, mantendo, no entanto, sua integridade (1986: 9).

Estudiosos do cinema têm demonstrado que o cronotopo pode ser uma ferramenta útil para o exame das adaptações intermídia entre romance e filme e ainda servir como implemento para o estudo das adaptações do tipo intramídia. As adaptações podem assim ser entendidas não apenas em termos de mudança de meio, mas também em termos de variações dos contextos espaçotemporais dentro do mesmo meio. Uma mudança no cronotopo dominante, a sobreposição de cronotopos ou a introdução de um novo cronotopo em versões subsequentes da mesma história são manifestações de diferentes preocupações culturais e podem explicar as diferentes reações do público para as reelaborações do mesmo relato. Vou me dedicar, agora, a uma análise de três instâncias do enredo principal de Robinson, examinando como uma aproximação cronotópica pode nos ajudar a seguir as diversas preocupações culturais, desde as fontes históricas até o texto literário de Defoe e, finalmente, até uma de suas muitas versões subsequentes.

II. DA NARRATIVA HISTÓRICA À NARRATIVA FICCIONAL: *ROBINSON CRUSOÉ* E SUAS FONTES

O *Robinson Crusoé* de Defoe é geralmente reconhecido como um texto inspirado por uma variedade de fontes históricas, tais como os relatos de diferentes naufrágios e os diários de viagens. Sem entrar num estudo exaustivo das possíveis fontes, resolvi me deter em duas dessas aventuras da vida real, textos que devem ter um interesse especial por causa de sua grande disseminação nos dez anos antes da publicação do romance de Defoe e também por causa das importantes diferenças cronotópicas entre as fontes e a obra literária que elas possam ter inspirado[5].

O primeiro relato trata da história de um "índio misquito" abandonado por três anos numa ilha do arquipélago Juan Fernández (a cerca de 600 quilômetros da costa do Chile), publicado por William Dampier em seu *New Voyage Round the World* (1698: 84). O segundo, mais famoso, narra as aventuras de um jovem marinheiro escocês, Alexander Selkirk, também deixado numa ilha no arquipélago Juan Fernández em 1704, depois de se ter desentendido com o capitão de seu navio. Selkirk passou quatro anos e quatro meses na ilha, antes de ser resgatado. Edward Cooke e Woodes Rogers, os dois capitães

---

5 As várias fontes históricas que vou consultar estão todas disponíveis eletronicamente em *Books Online Early English* e *Eighteenth Century Collections Online*. Alguns pequenos trechos desses documentos também são incluídos, muito utilmente, na *Norton Critical Edition* de *Robinson Crusoe*.

da expedição que por acaso encontrou Selkirk, publicaram cada um sua versão do resgate em 1712, e em 1713 o jornalista Richard Steel publicou um capítulo na revista *The Englishman,* em que lembra ter conhecido Selkirk logo depois de seu regresso à civilização. O relato de Rogers enfatiza o fato de Selkirk se ocupar em "ler, cantar os salmos e rezar; de maneira que afirmou ter sido melhor cristão durante seu isolamento do que fora em qualquer momento antes, ou do que, temia, poderia voltar a ser" (1712: 5). Da mesma maneira, Steele enfatiza que, depois de acalmar pensamentos de suicídio, Selkirk se conforma com sua situação por ler a Bíblia e por se dedicar ao trabalho árduo para dominar seu novo ambiente. Chegou a interessar-se tanto por seu meio e modo de viver que deixou de pensar em deixá-lo e, mais tarde, teria saudades de sua ilha: "Quando o navio que o trouxe da ilha chegou, ele o recebeu com a maior indiferença, com relação à possibilidade de partir com eles, mas com grande satisfação por uma oportunidade de recebê-los e ajudá-los. O homem frequentemente lamentou seu regresso ao mundo, que não podia afirmar, com todos os seus prazeres, restituí-lo à tranquilidade de sua solidão" (1714: 172-173).

Embora não seja possível debater se Defoe adaptou *diretamente* uma ou outra dessas fontes, tais narrativas históricas, sem dúvida, formavam parte da imaginação popular do tempo. Vale notar dois aspectos dos relatos, em termos de possíveis transformações diegéticas de um enredo principal, fácil de reconhecer:

(1) o prazo da aventura na ilha é mais ou menos limitado (três ou quatro anos);
(2) a ilha se encontra no Oceano Pacífico, perto da costa do Chile e, sendo assim, do ponto de vista europeu, do outro lado do mundo.

Ao sugerir que *Robinson Crusoé* seja uma adaptação literária dessas fontes históricas, estou interessada em duas importantes transformações diegéticas efetuadas por Defoe. Primeiro, o prolongamento dos limites temporais: o protagonista de Defoe passa 28 anos, dois meses e dezenove dias na ilha. Segundo, Defoe escolhe realocar o contexto espacial da ação. O navio de Crusoé está passando pela América do Sul, porém, do lado do Atlântico, no Caribe, e naufraga numa ilha perto da costa da Venezuela. E por que Defoe escolheria descontextualizar um relato tão conhecido? Tournier, ao refletir sobre o romance que decidiu adaptar, conclui que a escolha do novo lugar foi motivado, provavelmente, por um desejo de aproveitar as associações culturais desse ambiente mais próximo, o Caribe, na época da expansão colonial, já que teria mais riqueza conotativa que o Pacífico (1977: 217-218).

Em outras palavras, Defoe situa sua adaptação literária num lugar com o qual seu público-alvo poderia facilmente se identificar e associar com certa visão do mundo colonial.

Paul Smethurst chega a conclusão semelhante, afirmando que o Caribe ocupava "um 'lugar especial' na imaginação europeia, porque marcava a primeira fronteira entre o Velho Mundo europeu e o Novo Mundo americano" (2000: 225). Em *Robinson Crusoé*, a representação do espaço da ilha é, portanto, "típica do discurso colonialista que articula o espaço vazio, o espaço longínquo, o local sem história e sem cultura" (*ibid.*: 224). O deslocamento da ação do Pacífico para o Caribe, então, aproveita plenamente uma imagem já presente na subconsciência coletiva do público, a ilha paradisíaca, esperando a chegada do morador europeu para realizar seu potencial — um elemento ausente das narrativas históricas em que a questão é apenas a sobrevivência. Diria também que essa transposição temporal situa a ação num oceano frequentemente atravessado, no centro do comércio marítimo, onde haveria uma expectativa de um resgate rápido. O fato de o exílio de Robinson durar 28 anos aproveita a tensão espaçotemporal entre a realidade histórica e a invenção literária. A ironia de Robinson e sua ilha passarem despercebidos, numa região tão amplamente explorada, situa a versão de Defoe no domínio da ficção e a distingue de seus precursores históricos.

Enquanto as adaptações de *Robinson Crusoé* para o cinema[6] tendem a concentrar-se no naufrágio e no encontro com Sexta-Feira, é importante lembrar que o romance inclui não menos de cinco viagens marítimas, e uma extensa jornada, a pé, atravessando a França. Além disso, um dos maiores temas parece ser a ideia de adaptar-se às novas circunstâncias e de tirar proveito delas:

> Nasci no Ano de 1632, na Cidade de York, de uma boa Família, mas não daquele país, meu pai sendo estrangeiro de Bremen, que se estabeleceu primeiro em Hull: ganhou uma boa fortuna no comércio, e deixando seu ofício, morou depois em York, onde se casou com minha Mãe, cujos parentes se chamavam Robinson, família muito boa no país, e por causa da qual passei a ser chamado de Robinson Kreutznaer; mas pela corrupção das palavras, normal na Inglaterra, passamos a ser chamados, e até a nos chamar, e a escrever nosso nome na forma de Crusoé, e foi assim que meus companheiros sempre me chamaram (Defoe, 1994: 4).

---

[6] Cf., por exemplo, *As aventuras de Robinson Crusoé* de Luis Buñuel (1954), *Man Friday* de Jack Gold (1975) e *Robinson Crusoé* de Rod Hardy e George Miller (1997).

Essa sentença nos dá o modelo cronotópico que governa toda a ação a seguir: Robinson vai experimentar uma série de deslocamentos e, em cada caso, tentará conquistar uma situação materialmente segura. Rejeitando os conselhos de seu pai, o jovem Robinson escolhe uma vida de aventura e se dedica ao comércio internacional. Durante sua primeira viagem, é salvo de um naufrágio; na segunda, à África, vende sua mercadoria com certo lucro. Em sua terceira viagem à África, seu navio é atacado por uma barca turca, e Robinson, cativo, passa a ser escravo do capitão. De fato, Robinson passa dois anos no cativeiro, cuidando do jardim de seu senhor, antes de dar um jeito de escapar. Depois de todo tipo de aventuras, encontra-se no Brasil, onde mora por vários anos, comprando uma fazenda e cultivando a terra e, a despeito de sua experiência como escravo, adquire seu próprio escravo negro. Essas viagens preliminares servem como *mise en abyme* para a quarta viagem malfadada, que termina com o naufrágio na ilha deserta. A quinta viagem relata a volta de Robinson a sua ilha, anos depois de seu resgate. A ilha foi colonizada por moradores espanhóis, aos quais Robinson deixou parcelas de terra. Ele enumera com orgulho as melhorias realizadas na ilha pelos colonos e nota que umas vinte crianças já nasceram no grupo de moradores (*ibid.*: 220). Na versão de Defoe, a ilha não é mais o refúgio tranquilo de um homem solitário, e sim uma colônia movimentada no meio de uma expansão econômica e demográfica. O espaço da ilha já foi domesticado.

Essa dominação do espaço se combina com uma dominação do tempo, mesmo sem os implementos tradicionais de medir sua passagem. Embora Robinson afirme que "quanto ao cálculo exato dos dias, uma vez que o havia perdido, nunca mais pude recuperá-lo", quando é resgatado descobre que de fato pôde guardar "uma medida verdadeira dos anos" (*ibid.*: 179). O Robinson de Defoe consegue dominar o tempo e também controlar o ciclo da natureza na ilha para a agricultura; afinal, por causa do nascimento dos filhos dos moradores, também verá a garantia de uma continuidade temporal da presença humana na ilha.

Em termos bakhtinianos, eu identificaria um "cronotopo colonial"[7] como um princípio estruturador do romance de Defoe. O projeto de Robinson na ilha parece com seu projeto no Brasil, e até com suas tarefas como cativo; seu plano é tomar uma série de espaços delimitados (o jardim, a plantação, a ilha), e impor-lhes um ritmo agrícola. Vemos a criação de uma plantação colonial, cercada de um ermo hostil, no qual o colono tenta impor ordem.

[7] Em outro estudo, já tratei do cronotopo colonial no contexto da literatura francesa. Cf. Collington (2006: 206-207).

A fluidez do tempo, marcada pela monotonia de dias indistinguíveis, é segmentada e organizada pelo morador. Como outros críticos acertadamente notaram com razão, pode-se considerar o romance de Defoe "o romance prototípico colonial do século XVIII, ou talvez em toda a literatura inglesa" (McInelly, 2003: 1), criando assim um novo subgênero do romance. No momento em que Defoe compôs seu texto, o projeto colonial europeu ainda era recente, ainda próspero e promissor. O europeu que se atreve a enfrentar a provação da solidão consegue superá-las: mostra-se capaz de efetuar o projeto colonial, explorando o espaço natural, impondo a ele suas rotinas ordeiras e seus ritmos diários. Além disso, sai ileso da provação, sendo sua piedade cristã mais forte do que nunca. Foi apenas nas primeiras décadas do século XX, depois de fracassos cada vez mais frequentes e várias guerras de independência, que o romance colonial começa a registrar a degeneração moral de seus protagonistas (e penso especialmente em *Coração das trevas* de Joseph Conrad, publicado em 1902), o que me leva a *Sexta-Feira*, a adaptação de meados do século XX da história de Crusoé.

III. *SEXTA-FEIRA*: ADAPTAÇÃO DE *ROBINSON CRUSOÉ* NO SÉCULO XX

Tournier efetua duas importantes transposições diegéticas em sua adaptação literária da história de Robinson. Primeiro, adia a ação por um século completo, situando o naufrágio em 1759. Vários críticos já notaram que tal data marca a publicação de *Emílio*, de Rousseau, em que o autor propõe um só livro para o objeto dos estudos de seu aluno: *Robinson Crusoé*[8]. Não é que Rousseau recomende a leitura do livro inteiro; mas sim, "o romance despido de todas as suas irrelevâncias, começando com o naufrágio de Robinson na sua ilha e terminando com a chegada do navio para levá-lo dali, esse vai constituir tanto a diversão como a instrução de Emílio" (Rousseau, 1969: 455). Essa passagem parece providenciar o princípio orientador de todas as adaptações vindouras (sejam literárias ou cinematográficas) do texto de Defoe, já que a história é reduzida ao naufrágio e à luta pela sobrevivência. Os 28 anos que o Robinson de Tournier passa na ilha compreendem os anos 1759 a 1787. É claro que esses anos perpassam o começo do final do império

[8] Jeffrey Hopes (1996) analisa a atração da ilha deserta para Rousseau, e a influência de Defoe sobre o autor francês. Em sua análise de várias versões da história de Crusoé, Lise Gauvin (1999) também comenta o contexto temporal mais tardio e sua importância para a compreensão da relação de Robinson com a palavra escrita e com a história.

colonial francês e, mais tarde, o do império inglês também. O Tratado de Paris, no final da Guerra dos Sete Anos, resultou na perda do Canadá e de várias outras colônias, inclusive Domínica no Caribe. A independência do Haiti ocorreria em pouco tempo. Essa época também é marcada pela Guerra da Independência dos Estados Unidos e anuncia a Guerra Civil que logo se seguiria[9]. É interessante notar que o Sexta-Feira de Tournier é meio araucano (indígena do Chile) e meio africano. É produto visível de um século de colonização, exploração e deslocamento forçado dos africanos, sua mestiçagem servindo como lembrança do tráfico dos escravos, central para o comércio colonial no Novo Mundo. No romance de Defoe, a exploração das raças supostamente inferiores é fato inquestionável, não há dúvida de que Robinson teria um escravo negro no Brasil e outro escravo na ilha. E, curiosamente, Sexta-Feira de Defoe tem muito pouco para oferecer a Robinson, além de seu trabalho. Na adaptação de Tournier, Sexta-Feira é evidentemente mais independente e mais capaz que Robinson de viver em harmonia com a ilha. Por exemplo, durante sua primeira noite na ilha, Sexta-Feira recusa a comida de Robinson, preferindo "mastigar constantemente algum tipo de fruta selvagem, obrigando Robinson a se perguntar, por um momento, onde a teria encontrado" (Tournier, 1997: 136). Sexta-Feira de Tournier tem acesso a recursos não percebidos por Robinson. O contexto temporal em que Tournier situa sua adaptação motiva o leitor a reavaliar o projeto colonial do século anterior e também a reavaliar o retrato de Sexta-Feira encontrado em Defoe. Embora o Sexta-Feira de Defoe aprenda muito rapidamente qualquer tarefa designada por Robinson, também é verdade que ele não pode oferecer, em troca, qualquer discernimento: parece mais com um estrangeiro europeu do que com o indígena que supostamente é.

Além da transposição temporal, Tournier opta por aderir mais estritamente às (possíveis) fontes históricas do relato de Robinson, situando sua adaptação na ilha de Juan Fernández[10]. O Sexta-Feira de Tournier se encontra numa ilha do Pacífico, longe da Europa e da empresa colonizadora do Caribe, ilha que, longe de ser uma *tabula rasa* para a imaginação capitalista europeia, tem uma identidade espaçotemporal bem definida. O espaço da ilha parece impossível de dominar, sempre ameaçando voltar a sua natureza bruta. Tal ilha

---

9 Para uma análise aprofundada sobre as sugestões e alusões intertextuais dessas mudanças temporais, cf. Jean-Paul Engélibert (1997: 101-103, 116-121) e Anthony Purdy (1984: 224).

10 Na verdade, o autor francês inclui um evento que não se encontra no romance de Defoe, tendo aparecido no entanto nos relatos históricos tanto de Rogers (1712: 6) quanto de Steele (1714: 172), narrando a queda de um penhasco, sofrida por Alexander Selkirk na caça de uma cabra. Selkirk só sobreviveu porque caiu em cima da cabra. Porém, na versão de Tournier, é Sexta-Feira que passa por esse infortúnio e não seu senhor (1997: 187-188).

também pode parecer "fora do tempo" já que essa região do Oceano Pacífico, à diferença do Caribe, não tem vínculos firmes com os eventos históricos associados à expansão colonial europeia. Uma vez naufragado, Robinson perde a conta do progresso histórico do século e, em contraste com seu precursor literário, nem consegue marcar o tempo. De fato, o narrador nos diz que "Robinson se sentiu separado do calendário humano, tanto quanto estava separado da sociedade humana pela expansão das águas, chegando a habitar uma ilha no tempo e no espaço" (Tournier, 1997: 47).

O Robinson de Tournier, como o de Defoe, tenta organizar o espaço da ilha e impor o calendário do colonialismo. Quando jovem, esse Robinson teve de decorar aforismos do *Almanaque* de Benjamin Franklin; uma vez na ilha, ele as grava em placas de madeira ou enfeita sua caverna com as palavras em mosaico, e até se eleva numa tipoia precária, para poder esculpir numa pedra: "Não gastes tempo, pois é a matéria da vida" (Tournier, 1997: 131)[11]. Desesperadamente, ele tenta imprimir ao próprio espaço da ilha um conceito de tempo totalmente alheio, o do colonizador aplicado. A ironia disso, é claro, é que uma vez que Robinson completa seu projeto colonialista, ele tem muito tempo excedente para contemplar sua solidão. Por fim, Sexta-Feira, inadvertidamente, acaba explodindo não apenas os sinais mais patentes da civilização na ilha, mas até o relógio d'água que Robinson usava para medir a passagem do tempo. A ilha então retoma sua identidade pré-colonial. Ou melhor, o Robinson de Tournier aprende que a ilha não era apenas um espaço em branco ao qual pudesse impor uma nova identidade espaçotemporal. Robinson chega a reconhecer que seu domínio da ilha foi ilusório. Em seu livro *The Postmodern Chronotope*, Smethurst identifica na obra de Tournier o que ele chama, mais especificamente, o "cronotopo da ilha pós-colonial" (2000: 235-241); no qual a representação do tempo e do espaço leva o leitor a reavaliar o projeto colonial, a adotar uma visão cética de tais empreendimentos e a dar mais importância à perspectiva indígena.

Gostaria de voltar à ideia de viver numa ilha, tanto no tempo quanto no espaço, já que, para mim tal conceito evoca um cronotopo particular, identificado por Bakhtin. Penso no cronotopo do limiar, tão prevalente na literatura do século XX. O cronotopo do limiar apresenta um espaço rigidamente circunscrito, literal ou metaforicamente um espaço de transição entre dois mundos. Temporalmente, apresenta um momento suspenso, de mudança ou crise, separado do fluxo normal do tempo histórico e biográfico (FTC, 248).

---

[11] Cf. Anthony Purdy (1984: 224-32) para uma discussão detalhada da importância dos ideais de Franklin para Tournier.

Parece-me que a ilha de Juan Fernández é justamente esse tipo de espaço limiar, longe do vaivém do tempo histórico, espaço em que Robinson experimenta uma transformação radical de sua identidade. Depois da explosão, Robinson escreve em seu diário:

> O que mais mudou em minha vida foi a passagem do tempo, sua velocidade e até sua direção. Antes, todos os dias, todas as horas e todos os minutos se inclinavam, em certo sentido, para o dia, a hora ou o minuto que ainda vinha, e todos faziam parte do padrão do momento, cuja qualidade transitória criava uma espécie de vácuo. O tempo então passava rápida e utilmente, e tanto mais rapidamente porque estava sendo empregado praticamente, deixando atrás sua acumulação de realizações e gastos, que era minha história (Tournier, 1997: 203).

Antes, a passagem do tempo estava inscrita no próprio espaço da ilha, deixando traços na forma de monumentos. Agora, Robinson está perfeitamente consciente do aspecto cíclico do tempo, do retorno eterno das estações, do encurtamento do tempo em um momento essencial:

> Para mim, o ciclo já se encolheu a tal ponto que se confundiu com o momento. O movimento circular se tornou tão rápido que não se distingue da imobilidade. E é como se, em consequência, meus dias tivessem se rearranjado de um modo diferente. Eles não se acotovelam mais, cada um pisando no pé do outro. Agora cada dia fica reto e separado, afirmando com orgulho seu próprio valor. E já que eles não se distinguem mais como etapas de um plano em processo de ser executado, cada um parece com o outro, superpostos na minha memória, de maneira que tenho a impressão de que estou constantemente revivendo o mesmo dia (Tournier, 1997: 204).

De fato, o título original do romance de Tournier, *Vendredi ou les limbes du Pacifique* [*Sexta-Feira ou os limbos do Pacífico*], transmite a ideia de estar suspenso no tempo e no espaço. O limbo, naturalmente, é um estado limiar, uma suspensão entre a vida e a graça, um lugar onde as almas pagãs esperam a segunda vinda. Assim, o protagonista de Tournier se encontra num estado de suspensão, aguardando o resgate e a reintegração na sociedade. No entanto, como Anthony Purdy (1984: 222) nota, "o *limbo* do subtítulo se refere exatamente ao tempo e ao espaço da metamorfose espiritual de Robinson". O Robinson de Tournier, quando lhe oferecem a redenção na forma de um resgate, toma uma decisão surpreendente. Decide ficar na ilha, rejeitando o que considera "a turbulência degradante e mortal dos tempos em que viviam", em favor do "presente eterno, sem passado nem futuro" (Tournier, 1997: 226). Efetivamente, parece rejeitar o legado da história colonial, pensando consigo mesmo que poderá consolar Sexta-Feira, considerando a decisão, contando-lhe "o que aprendera [...] sobre os horrores do comércio de escravos e o destino que esperava os negros nas plantações do Novo Mundo" (*ibid.*: 230). (Noto, de passagem, que Sexta-Feira, desconhecendo tais detalhes, decide sair furtivamente e viajar no navio, deixando Robinson aparentemente sozinho.) Considerando que o mundo agora parece ser um inferno na terra, o Robinson de Tournier resolve permanecer no limbo, na tranquila antecâmera das ilhas, uma escolha que lembra a nostalgia de Alexander Selkirk por seu paraíso insular.

A adaptação literária de Tournier, tanto do romance de Defoe quanto das fontes históricas do relato de Robinson, estrutura-se na interação de uma série de superpostos concentrados. Primeiro, há o cronotopo colonial, abarcando o espaço natural circunscrito em que o colonizador tenta imprimir os ritmos do comércio agrícola e os padrões semanais da civilização europeia e cristã (tempo do calendário, relógios para medir a passagem do tempo, o domingo como dia de descanso etc.) que liga tal adaptação ao texto de Defoe. No entanto, tal cronotopo colonial é problematizado por transformações diegéticas que situam a ação fora do eixo geográfico da expansão marítima colonial e, cem anos depois da versão original, pela presença de um Sexta-Feira de raça mista que já sabe viver na ilha sem depender das invenções de Robinson, pelas tentativas um tanto patéticas por parte de Robinson de gravar literalmente sua visão do tempo no espaço da ilha, pela destruição do relógio de água e dos vários edifícios e monumentos da civilização criada por Robinson, e pela rejeição, por parte do protagonista, de uma volta a um mundo governado por um paradigma colonial sem controle, no qual vigoram a escravidão e a crueldade. Tal desestabilização do cronotopo colonial sublinha os fracassos do projeto colonial. Mas eu não iria tão longe quanto Smethurst, que propõe a criação de um cronotopo novo e pós-colonial no romance de Tournier. Afinal de contas, e a despeito de seu título, o personagem Sexta-Feira ainda ocupa um lugar periférico nessa adaptação no século XX da história de Robinson. Num romance que alterna facilmente entre um narrador em 1ª pessoa (Robinson) e um narrador em 3ª pessoa onisciente, Sexta-Feira nunca chega a ter uma voz narrativa. Vejo, portanto, na adaptação de Tournier, a deformação e desestabilização de um modelo genérico preexistente, em vez de uma plena criação de um novo subgênero novelístico. Esse cronotopo colonial desestabilizado é problematizado, ainda, pela perspectiva mutável que inclui passagens introspectivas de diário, diferentes em tudo do diário tão prático em que o protagonista de Defoe registra suas experiências. O Robinson de Tournier se envolve em meditações filosóficas sobre a natureza de sua identidade e sua percepção do tempo, divagações que suspendem o movimento progressivo da narrativa e que criam um cronotopo do limiar. As transposições cronotópicas efetuadas por Tournier, bem como a deformação e justaposição desses dois cronotopos predominantes — um refletindo claramente o entusiasmo expansionista do romance do século XVIII, e o outro revelando a introspecção duvidosa do romance do século XX — criam a tensão essencial da adaptação de Tournier e provocam uma releitura de sua fonte literária. Onde o romance de Defoe se orgulha da habilidade e do engenho do homem solitário, o texto de Tournier revela a fragmentação da identidade pessoal quando o sujeito está distante do sistema do tempo histórico e dos espaços contextuais "civilizados". Ao optar por permanecer na ilha, o Robinson de Tournier problematiza o valor da conceitualização europeia da harmonia entre os seres humanos, o espaço e o tempo, em que parece inevitável escolhermos a exploração de nosso meio, a fim de obter o melhor lucro possível. Como Emerson observa, "[a] transposição pode fazer mais [...] do que apenas providenciar um enfoque para a observação das inovações genéricas. Pode indicar as mudanças na sensibilidade cultural entre uma época e outra. Dentro da mesma cultura, elementos diferentes emergem e se expandem em diferentes momentos para carregar o peso da história" (1986: 209). Em outras palavras, a moldura cronotópica transportada para a adaptação de Tournier reflete uma nova sensibilidade sócio-histórica, adequada a seu contexto de meados do século XX: uma incerteza profunda e um ceticismo quanto à possibilidade civilizadora, à durabilidade e à retidão moral do projeto colonial.

IV. EPÍLOGO

Tendo empreendido um estudo comparado de três versões da história de Robinson Crusoé, afirmo que o cronotopo, longe de ser um conceito limitado ao estudo de ambientes transformados, engloba um panorama muito mais amplo de mudanças, que para Genette seriam fatores separados; isto é, transformações pragmáticas, diegéticas e narrativas. Ao empregar o cronotopo como ferramenta heurística para o estudo da adaptação, podemos examinar não apenas as óbvias mudanças tempoespaciais de determinada história, mas também questões relacionadas à representação de tal mundo fictício e à narração dos eventos. Dentro de um novo cronotopo, a duração, a frequência, o desdobramento e o significado dos eventos podem variar. Também, como nota Emerson (1986: 209), a mudança de cronotopo pode explicar as mudanças na representação dos personagens que habitam o espaço textual (recordando a noção de Abbott dos personagens "tipos" associados a diferentes enredos). Ainda, o cronotopo nos deixa enfocar outro tipo importante de relação textual, chamado "a arquitextualidade" (Genette, 1997: 1, 4); isto é, determinada relação entre a obra e seu modelo genérico. Já que os maiores cronotopos estruturais são ligados à formação de diversos gêneros literários, uma aproximação cronotópica para a adaptação nos ajuda a comparar a adaptação e sua fonte em termos de sua capacidade de conformar-se ou desviar-se de modelos genéricos que estabelecem nosso horizonte de expectativas. O cronotopo também nos permite considerar contextos tempoespaciais coexistentes ou concorrentes, dentro do mesmo texto, uma situação que Genette não estuda, mas que é de muita importância para o estudo da adaptação. Como demonstrei em minha análise do romance *Sexta-Feira* de Tournier, um romance pode, em um nível, reativar os modelos cronotópicos e expectativas genéricas de sua fonte, apenas para desestabilizá-los e distorcê-los, colocando em dúvida a perspectiva ideológica de sua fonte. Finalmente, diria que o cronotopo enfoca um aspecto da adaptação não estudado por Genette, a saber, o contexto sócio-histórico do adaptador. Para Bakhtin, o cronotopo vivido pelo autor se faz presente nos cronotopos ficcionais da obra de arte. Tal assimilação da consciência histórica por uma obra de arte é, a meu ver, importantíssima no campo dos estudos da adaptação. Por que, afinal, continuamos a reelaborar e renarrar histórias familiares? Talvez por termos uma necessidade básica de ver histórias canônicas serem reformuladas, para poder refletir as mudanças de valores, identidades e compreensões do mundo que nos rodeia. Uma aproximação bakhtiniana para os estudos da adaptação, centrada no cronotopo, nos daria uma perspectiva teórica viável para examinar as inúmeras facetas da situação adaptativa, seria suficientemente flexível para perceber as transformações tanto em gênero como em meio, e, portanto, seria útil para o estudo tanto das adaptações literárias, quanto das efetuadas entre meios diferentes.

Vou concluir com uma anedota demonstrando por que, a meu ver, é indispensável dar mais importância às transposições espaçotemporais e perceber o grau de marginalização desse assunto, não só nos estudos da adaptação mas também no entendimento geral de nossa relação com a literatura. Em 1966, o governo chileno resolveu dar novos nomes a algumas das ilhas principais do arquipélago Juan Fernández, Más Afuera e Más a Tierra, dando-lhes os nomes de Ilha Alejandro Selkirk e Ilha Robinson Crusoé (Bizarro, 1987: 268-269). Enquanto o nexo histórico com Alexander Selkirk (o marinheiro escocês, abandonado no arquipélago por mais de quatro anos) é evidente, como já notei, no universo ficcional de Daniel Defoe, o famoso protagonista nunca pisou em nenhuma ilha do Pacífico, tendo naufragado no Caribe. Essa transferência conveniente de coordenadas espaciais, para servir a fins sócio-históricos específicos (talvez, nesse caso, para desenvolver o turismo, chamando a atenção para uma associação literária implícita, embora falsa, na consciência popular) demonstra o mesmo tipo de transposição cronotópica subvalorizada que venho ressaltando, mas desta vez é o cronotopo ficcional que acabou determinando um fato histórico, e não uma circunstância histórica que determinou cronotopos ficcionais. Se os chilenos tivessem esperado mais alguns anos até a publicação da adaptação literária de Defoe por Tournier, eles poderiam ter renomeado a ilha, mais acertadamente, de Sexta-Feira.

OBRAS CITADAS

ABBOTT, H. P. (2002) *The Cambridge Introduction to Narrative.* Cambridge: Cambridge University Press.

ALEXANDER, L. (2007) Storytelling in Time and Space: Studies in the Chronotope and Narrative Logic on Screen. *Journal of Narrative Theory* 37, 1, p. 27-64.

ALLAN, S. (2003) When Discourse is Torn from Reality: Bakhtin and the Principle of Chronotopicity. GARDINER, M. E. (org.) *Mikhail Bakhtin* . Londres: Thousand Oaks/Nova Delhi: Sage, p. 121-144.

ANDRINGA, E. (2006) Penetrating the Dutch Polysystem: The Reception of Virginia Woolf, 1910-2000. *Poetics Today* 27, 3, p. 501-68.

AUERBACH, E. (1953) *Mimesis: The Representation of Reality in Western Literature.* Trad.: W. R. Trask. Princeton: Princeton University Press.

______. (1957) *Mimesis.* Trad.: W. Trask. Nova York: Doubleday Anchor Books.

BAKHTIN, M. M. (1975) Formy vremeni i khronotopa v romane. BOCHAROV, S. G. (org.) *Voprosy literatury i estetiki. Issledovaniia raznykh let.* Moscou: Khudozhestvennaia literature, p. 234-407.

______. (1984) *Problems of Dostoevsky's Poetics.* Org. e trad.: C. Emerson. Minneapolis: University of Minnesota Press.

______. (1986) K filosofii postupka. *Filosofiia i sotsiologiia nauki i tekhniki* (1984-1985). Moscou: Nauka, p. 80-160.

______. (1990a) *Art and Answerability: Early Philosophical Works by M. M. Bakhtin.* HOLQUIST, M.; LIAPUNOV, V. (orgs.) Trad.: V. Liapunov. Austin: University of Texas Press.

______. (1990b) *The Dialogic Imagination: Four Essays.* HOLQUIST, M. (org.) Trad.: C. Emerson; M. Holquist. Austin: University of Texas Press.

______. (1990c) Epic and Novel: Toward a Methodology of the Novel. HOLQUIST, M. (org.) *The Dialogic Imagination: Four Essays.* Trad.: C. Emerson; M. Holquist. Austin: University of Texas Press, p. 3-40.

______. (1990d) Forms of Time and of the Chronotope in the Novel: Notes toward a Historical Poetics. HOLQUIST, M. (org.) *The Dialogic Imagination: Four Essays.* Trad.: C. Emerson; M. Holquist. Austin: University of Texas Press, p. 84-258.

______. (1993) *Toward a Philosophy of the Act.* LIAPUNOV, V.; HOLQUIST, M. (orgs.) Trad.: V. Liapunov. Austin: University of Texas Press.

______. (2002a) *Speech Genres and Other Late Essays.* EMERSON, C.; HOLQUIST, M. (orgs.) Trad.: V. W. McGee. Austin: University of Texas Press.

______. (2002b) Response to a Question from the *Novy Mir* Editorial Staff. EMERSON, C.; HOLQUIST, M. (orgs.) *Speech Genres and Other Late Essays.* Trad.: V. W. McGee. Austin: University of Texas Press, p. 1-9.

______. (2002c) The Bildungsroman and its Significance in the History of Realism (Toward a Historic Typology of the Novel). EMERSON, C.; HOLQUIST, M. (orgs.) *Speech Genres and Other Late Essays.* Trad.: V. W. McGee. Austin: University of Texas, p. 10-59.

______. (2002d) From Notes Made in 1970-71. EMERSON, C.; HOLQUIST, M. (orgs.) *Speech Genres and Other Late Essays.* Trad.: V. W. McGee. Austin: University of Texas Press, p. 132-158.

BALLENGEE, J. (2005) Below the Belt: Looking into the Matter of Adventure Time. BRACHT BRANHAM, R. (org.) *The Bakhtin Circle and Ancient Narrative.* Groninga: Barkhuis Publishing/Groningen University Library, p. 130-163.

BARTHES, R. (1982) L'effet de réel. GENETTE, G.; TODOROV, T. (orgs.) *Littérature et réalité.* Paris: Seuil, p. 81-90.

BAUDELAIRE, C. (1958) *Le Spleen de Paris. Petits poèmes en prose.* Paris: Colin.

BEATON, R. (2000) The World of Fiction and the World "Out There": The Case of the Byzantine Novel. SMYTHE, D. C. (org.) *Strangers to Themselves: The Byzantine Outsider.* Aldershot: Ashgate, p. 179-188.

BECKER, C. (2000) *Lire le réalisme et le naturalisme*. Paris: Nathan.

BEISER, F. (1993) Hegel and the Problem of Metaphysics. *The Cambridge Companion to Hegel*. BEISER, F. (org.) Cambridge: Cambridge University Press, p. 1-24.

BEMONG, N. (2004) Nulla fides Gallis: De Belgische historische roman als medicijntegen de Franse pest. DE BONT, R.; VERSCHAFFEL, T. (orgs.) *Het verderf van Parijs*. Leuven: Leuven University Press, p. 223-241.

_______. (2006a) Chronotopes in the Nineteenth-Century Belgian Historical Novel: The Case of Joseph Ronsse's *Arnold van Schoorisse*. *Dutch Crossing* 30, 2, p. 276-294.

_______. (2006b) A State Just out of the Cradle, but with Age-Old Recollections: The Memory-Shaping Function of the Belgian Historical Novel. *Literature and Memory: Theoretical Paradigms — Genres — Functions*. NÜNNING, A.; GYMNICH, M.; SOMMER, R. (orgs.) Tübingen: Narr Francke Attempto Verlag, p. 112-127.

_______. (2006c) En Toch, Wat is Eigentlyk het Historieke Roman? The Emergence of the Historical Novel as a Distinct Genre in Belgium in the 1830s and 1840s. *Historicising the Historical Novel: Theme-issue of Working Papers on the Web* 9. Disponível em: < http://extra.shu.ac.uk/wpw/historicising/Bemong.htm > ; acesso: 19/11/2014.

_______. (2007) *Vormen en functies van de Belgische historische roman (1827-1850): Een poëticale en chronotopisch-narratologische genrestudie*. Leuven: Katholieke Universiteit Leuven.

_______. (2008a) Bouwstenen voor een natie in de steigers: De mise-en-scène van het verleden in P. J. Heuvelmans' *De twee reizigers* (1843). *Spiegel der Letteren* 50, 3, p. 269-295.

_______. (2008b) Forms and Functions of the Belgian Historical Novel in the First Two Decades after Belgian Independence. TROHA, G.; MATAJC, V.; POMPE, G. (orgs.) *History and its Literary Genres*. Newcastle: Cambridge Scholars Publishing, p. 115-127.

_______. (2009a) Genoveva van Brabant in de Nederlandse letteren, en de unieke rolvan volksboeken in de negentiende eeuw. *Zacht Lawijd* 8, 1, p. 40-69.

_______. (2009b) Niettegenstaende de ontellyke legenden': Nationalisme en literaire vernieuwing in *Genoveva van Brabant*-bewerkingen. ROUSSEAU, V.; VAN HUMBEECK, B.; WINDEY, C. (orgs.) *Vechten met de engel: Herschrijven in Vlaamse en Nederlandstalige literatuur* (Literatuur in veelvoud 22). Leuven: Garant, p. 17-35.

_______. (no prelo) On the Relevance of Chronotopes for a Functionalist-Systemic Approach to Genres. *Poetics Today*.

BENDER, J. (1996) Introduction. BENDER, J.; STERN, S. (orgs.) *Tom Jones*, Henry Fielding . Oxford: Oxford University Press, p. IXXLIII.

BÉNICHOU, P. (1948) *Morales du grand siècle*. Paris: Gallimard.

BENVENISTE, E. (1971a) Relationship of Person in the Verb. *Problems in General Linguistics*. Trad.: M. E. Meek. Coral Gables: University of Miami Press, p. 195-204.

_______. (1971b) The Nature of Pronouns. *Problems in General Linguistics*. Trad.: M. E. Meek. Coral Gables: University of Miami Press, p. 217-22.

_______. (1971c) Subjectivity in Language. *Problems in General Linguistics*. Trad.: M. E. Meek. Coral Gables: University of Miami Press, p. 223-30.

BERGSON, H. (1959) Matière et mémoire: Essai sur la relation du corps à l'esprit. *Oeuvres*. Paris: PUF, p. 161-382.

_______. (2003) *Essai sur les données immédiates de la conscience*. Paris: PUF.

_______. Time and Free Will. An Essay on the Immediate Data of Consciousness. Trad.: F. L. Pogson. Disponível em: < http://www.archive.org/stream/timeandfreewilla00berguoft/timeandfreewilla00berguoft_djvu.txt > ; acesso: 19/11/2014.

BIZZARRO, S. (1987) *Historical Dictionary of Chile*. Metuchen: The Scarecrow Press Inc.

BORGES, J. L. (1970) *Labyrinths: Selected Stories and Other Writings*. YATES, D. A.; IRBY, J. E. (orgs.) Harmondsworth: Penguin Modern Classics.

BORGHART, P. (2005) The Late Appearance of Modern Greek Naturalism: An Explanatory Hypothesis. *Journal of Modern Greek Studies* 23, 2, p. 313-334.

_______. (2006) *In het spoor van Émile Zola. De narratologische code(s) van het Europese naturalisme*. Gent: Ginkgo-Academia Press.

_______. (2007) Sailing Under False Colors: Naturalism Revisited. *Symposium — A Quarterly Journal in Modern Literatures* 60, 4, p. 211-225.

BORGHART, P. (2009) The Paradigm of Greek Romantic Prose Fiction (1830-1850): A Reappraisal of A. Soutsos' *The Exile of 1831*. CLOSE, E.; TSIANIKAS, M.; COUVALIS, G. (orgs.) *Greek Research in Australia. Selected Proceedings of the Biennial International Conference of Greek Studies*. Adelaide: Flinders University, p. 357-368.

BORGHART, P.; DE TEMMERMAN, K. (2010) From Novelistic Romance to Romantic Novel: The Revival of the Ancient Adventure Chronotope in Byzantine and Modern Greek Literature. *Journal of Mediterranean Studies*. Disponível em: <http://users.ugent.be/~kdtemmer/p18%20novelisticromance.pdf>; acesso: 19/11/2014.

BOUILLAGUET, A. (1996) *L'Ecriture imitative*. Paris: Nathan.

BRANDIST, C. (1997) Bakhtin, Cassirer and Symbolic Forms. *Radical Philosophy* 85, p. 20-27.

______. (2002) Two Routes "To Concreteness" in the Work of the Bakhtin Circle. *Journal of the History of Ideas* 63, p. 521-537.

BRANHAM, R. B. (2002) A Truer Story of the Novel?. *Bakhtin and the Classics*. BRANHAM, R. B. (org.) Evanston: Northwestern University Press, p. 162-186.

______. (org.) (2005) *The Bakhtin Circle and Ancient Narrative*. Groninga: Barkhuis Publishing/Groningen University Library.

BROOKS, P. M. (2005) *Realist Vision*. New Haven: Yale University Press.

CASSIRER, E. (1970) *An Essay on Man*. Nova York: Bantam.

______. (1975) *The Philosophy of Symbolic Forms: Mythical Thought*. New Haven: Yale University Press.

CHANAN, M. (2000) The Documentary Chronotope. *Jump Cut: A Review of Contemporary Media* 43, p. 56-61.

CHARLIER, G. (1948) *Le mouvement romantique en Belgique (1815-1850): I. La bataille romantique*. Bruxelles: Palais des Académies/Liège: Vaillant-Carmanne.

______. (1959) *Le mouvement romantique en Belgique (1815-1850): II. Vers un romantisme national*. Bruxelles: Palais des Académies.

CHEVREL, Y. (1993) *Le naturalisme: étude d'un mouvement littéraire international*. Paris: PUF.

______. (1997) Poétique du naturalisme. *Histoire des poétiques*. BESSIERE, J.; KUSHNER, E. ; MORTIER, R.; WEISGERBER, J. (orgs.) Paris: PUF, p. 349-365.

CLARK, K.; HOLQUIST, M. (1984) *Mikhail Bakhtin*. Cambridge, MA/Londres: The Belknap Press of Harvard University Press.

CODDE, P. (2003) Polysystem Theory Revisited: A New Comparative Introduction. *Poetics Today* 24, 1, p. 91-126.

COHN, D. (1999) *The Distinction of Fiction*. Baltimore: The Johns Hopkins University Press.

COLLINGTON, T. (2002) "History Is not just a Thing of the Past": The Chronotopic Transformations of *La Reine Margot*. *Lit: Literature, Interpretation, Theory* 13, 2, p. 97-116.

______. (2006) *Lectures chronotopiques: Espace, temps et genres romanesques*. Montréal: XYZ éditeur.

CONSCIENCE, H. (1914) *Geschiedenis mijner jeugd*. Brussel: Lebègue.

COOKE, E. (1712) *A Voyage to the South Sea, and round the World*. Eighteenth Century Collections Online.

COX, P. (2000) *Reading Adaptations: Novels and Verse Narratives on the Stage, 1790-1840*. Manchester: Manchester University Press.

DAMPIER, W. (1698) *A New Voyage Round the World*. Early English Books Online.

DANOW, D. K. (1991) *The Thought of Mikhail Bakhtin: From Word to Culture*. Nova York: St. Martin's Press.

DANTE, A. (1989) *The Divine Comedy*. Trad.: C. Singleton. Princeton: Princeton University Press.

DE DOBBELEER, M. (2008a) From Older Testimony to World Literature? A Greek, Ottoman and Russian Report of the Fall of Constantinople (1453). *World Literature. World Culture. History, Theory, Analysis*. Simonsen, K.-M.; Stougaard-Nielsen, J. (orgs.) Aarhus: Aarhus University Press, p. 87-99.

______. (2008b) Approaching Unity in Epic vs. Historiography: Kheraskov's *Rossiad*, the *Kazanskaya istoriya* and the Aristotelian Plot. *Slavica Gandensia* 35, p. 23-35.

DE GEEST, D. (1997) Systems Theory and Discursivity. *Canadian Review of Comparative Literature* 24, 1, p. 161-175.

DE GEEST, D.; VAN GORP, H. (1999) Literary Genres from a Systemic-Functionalist Perspective. *European Journal of English Studies* 3, 1, p. 33-50.

DEFOE, D. (1994) *Robinson Crusoe: An Authoritative Text, Contexts, Criticism*. SHINAGEL, M. (org.) Nova York: W. W. Norton and Co.

DELEUZE, G. (1966) *Le Bergsonisme*. Paris: PUF.

______. (2005a) *Cinema 1. The Movement-Image*. Londres: Continuum.

DELEUZE, G. (2005b) *Cinema 2. The Time-Image*. Londres: Continuum.
DELILLO, D. (2001) In the Ruins of the Future. *The Guardian*. 22/12/2001.
_______. (2007) *Falling Man: A Novel*. Londres: Picador.
DELTCHEVA, R.; VLASOV, E. (1997) Back to the House II: On the Chronotopic and Ideological Reinterpretation of Lem's Solaris in Tarkovsky's Film. *Russian Review* 56, 4, p. 532-549.
DEN TENTER, P. (1984) Scottomanie in Nederland: De Nederlandse vertalingen van Walter Scott's romans tussen 1824 en 1834. *De negentiende eeuw* 8, 1, p. 2-15.
DEPPMAN, J.; FERRER, D.; GRODEN, M. (orgs.) *Genetic Criticism: Texts and Avant-Textes*. Philadelphia: University of Pennsylvania Press, 2004.
DEPREZ, A. (1990) De Franse en Nederlandse nadruk in België: 'La nation moins littéraire du monde, puisqu'elle copie tout et ne produit rien'? DEPREZ, A.; GOBBERS, W. (orgs.) *Vlaamse literatuur van de negentiende eeuw: Dertien verkenningen*. Utrecht: HES, 120-141.
DERRIDA, J. (1985) *The Ear of the Other: Otobiography, Transference, Relation*. Trad.: Avital Ronell. Nova York: Schocken.
_______. (1994) *Specters of Marx: The State of the Debt, the Work of Mourning, & the New International*. Trad.: P. Kamuf. Londres: Routledge.
DICKINSON, E. (1998) *The Poems of Emily Dickinson: Variorum Edition*. FRANKLIN, R. W. (org.) Cambridge: Cambridge University Press.
DOLEŽEL, L. (1998) *Heterocosmica: Fiction and Possible Worlds*. Baltimore/Londres: The Johns Hopkins University Press.
DOODY, M. A. (1997) *The True Story of the Novel*. Londres: Harper Collins.
DOSTOEVSKY, F. (1950) *Crime and Punishment*. Trad.: Constance Garnett. Nova York: Modern Library.
_______. (1960) *Notes from Underground* and *The Grand Inquisitor*. Trad.: C. Garnett. Rev. Ralph Matlaw. Nova York: Dutton.
_______. (1962) *The Idiot*. Trad.: C. Garnett. Nova York: Modern Library.
_______. (1992) *Crime and Punishment*. Trad.: R. Pevear; L. Volokhonsky. Nova York: Knopf.
_______. (1993) *A Writer's Diary*. Trad.: K. Lantz. Evanston: Northwestern University Press.
ECREVISSE, P. (1846) *De drossaert Clercx, eene omwerking van de Teuten in de Limburger Kempen: Zedenschets uit de XVIIIde eeuw*. Brussel: Greuse.
ELIOT, T. S. (1975) Tradition and the Individual Talent. KERMODE, F. (org.) *Selected Prose of T.S. Eliot*. Londres: Faber, p. 37-44.
EMERSON, C. (1986) *Boris Godunov: Transpositions of a Russian Theme*. Bloomington: Indiana University Press.
ENGÉLIBERT, J.-P. (1997) *La postérité de Robinson Crusoe: un myth littéraire de la modernité 1954-1986*. Genève: Librairie Droz S.A..
ERDINAST-VULCAN, D. (2008) The I that Tells Itself: A Bakhtinian Perspective on Narrative Identity. *Narrative* 16, 1, p. 1-15.
ERSELMAN, A. D. (1954) Σκιάθος: το νησί του Παπαδιαμάντη. S.l.: M. Σαλιβέρος A.E..
EVEN-ZOHAR, I. (1978) *Papers in Historical Poetics* (Papers on Poetics and Semiotics 8). Tel Aviv: The Porter Institute for Poetics and Semiotics.
_______. (1979) Polysystem Theory. *Poetics Today* 1, 1-2, p. 287-310.
_______. (1990) *Polysystem Studies*. Special Issue of *Poetics Today* 11, 1.
_______. (1997) Factors and Dependencies in Culture: A Revised Outline for Polysystem Culture Research. *Canadian Review of Comparative Literature* 24, 1, p. 15-34.
_______. (2005) *Papers in Culture Research*. Tel Aviv: Porter Chair of Semiotics. Disponível em: < http://www.tau.ac.il/ ~ itamarez/works/books/EZ-CR-2005_2010.pdf > ; acesso: 20/11/2014.
FALCONER, R. (1997) Bakhtin and the Epic Chronotope. *Face to Face: Bakhtin Studies in Russia and the West*. ADLAM, C.; FALCONER, R.; MAKHLIN, V.; RENFREW, A. (orgs.) Sheffield: Sheffield Academic Press, p. 254-272.
_______. (2005) *Hell in Contemporary Literature*. Edinburgh: Edinburgh University Press.
FARINOU-MALAMATARI, G. (1987) Αφηγηματικές τεχνικές στον Παπαδιαμάντη *(1887-1910)*. Αθήνα: Κέδρος.
FIELDING, H. (1996) *Tom Jones*. BENDER, J.; STERN, S. (orgs.) Oxford: Oxford University Press.
FISH, S. E. (1967) *Surprised by Sin: The Reader in* Paradise Lost. Basingstoke: Macmillan.
FLANAGAN, M. (2004) 'Get Ready for Rush Hour': The Chronotope in Action. TASKER, Y. (org.) *Action and Adventure Cinema*. Londres: Routledge, p. 103-118.

FLUDERNIK, M. (1996) *Towards a 'Natural' Narratology*. Londres/Nova York: Routledge.

______. (2003) Chronology, Time, Tense and Experientiality in Narrative. *Language and Literature* 12, 2, p. 117-134.

FOKKEMA, D. W. (1974) Method and Programme of Comparative Literature. *Synthesis* 1, p. 51-63.

______. (1997) The Systems-Theoretical Perspective in Literary Studies: Arguments for a Problem-Oriented Approach. *Canadian Review of Comparative Literature* 24, 1, p. 177-185.

FRANKL, V. (1964) *Man's Search for Meaning*. Londres: Hodder and Stoughton.

FREUD, S. (1958) Remembering, Repeating, and Working through. *The Standard Edition of the Complete Psychological Works of Sigmund Freud*. Trad.: J. Strachey. Londres: Hogarth Press.

FRYE, N. (1976) *The Secular Scripture: A Study of the Structure of Romance*. Cambridge, MA: Harvard University Press.

FURST, L. R. (org.) (1992) *Realism*. Londres/Nova York: Longman.

GACH, G. (org.) (1998) *What Book!?: Buddha Poems from Beat to Hiphop*. Berkeley: Parallax Press.

GAUVIN, L. (1999) La bibliothèque des Robinsons. *Etudes françaises* 35, 1, p. 79-93.

GENETTE, G. (1997) *Palimpsests: Literature in the Second Degree*. Trad.: C. Newman; C. Doubinsky. Lincoln: University of Nebraska Press.

GIBBON, E. (1952) *Decline and Fall of the Roman Empire*. Chicago: Encyclopædia Britannica.

GIELKENS, J. (2008) De Nederlandse vertalingen van Walter Scotts *Ivanhoe* 1824-2006. *Jaarboek voor Nederlandse boekgeschiedenis* 15, p. 125-41.

GROENSTEEN, T. (org.) *La transécriture: pour une théorie de l'adaptation*. Montreal: Éditions Nota Bene, 1998.

GUNERATNE, A. R. (1997) Bakhtin's Chronotope, Hypnotic Indeterminacy, and Postcolonial Exile. Disponível em: < http://www.postcolonialweb.org/poldiscourse/guneratne6.html >; acesso: 20/11/2014.

GUYER, P. (1993) Thought and Being: Hegel's Critique of Kant's Theoretical Philosophy. BEISER, F. (org.) *The Cambridge Companion to Hegel*. Cambridge: Cambridge University Press, p. 171-210.

HÄGG, T. (1971) *Narrative Technique in Ancient Greek Romances*. Stockholm: Swedish Institute in Athens.

______. (1983) *The Novel in Antiquity*. Oxford: Blackwell.

______. (1988) The Beginnings of the Historical Novel. BEATON, R. (org.) *The Greek Novel, A.D. 1-1985*. Londres: Croom Helm, p. 169-181.

HAMON, P. (1972) Qu'est-ce qu'une description? *Poétique* 12, p. 465-485.

______. (1975) Du savoir dans le texte. *Revue des Sciences Humaines* 157, p. 489-499.

______. (1981) *Introduction à l'analyse du descriptif*. Paris: Hachette.

______. (1982) Un discours contraint. BARTHES, R. *et al.* (orgs.) *Littérature et réalité*. Paris: Seuil, p. 119-181.

HERBERT, G. (2009) Prayer (I). ENDICOTT, N. J. (org.) *Representative Poetry Online*. Disponível em: < http://rpo.library.utoronto.ca/poem/983.html >; acesso: 20/11/2014.

HEREMANS, J. F. J. (1845) Over den roman. *Het Taelverbond: Letterkundig tydschrift* 1, 1, p. 139-149, 217-242.

HERMAN, L. (1996) *Concepts of Realism*. Columbia: Camden House.

HERMAN, D.; MANFRED, J.; RYAN, M.-L. (2007) *Routledge Encyclopedia of Narrative Theory*. Londres/ Nova York: Routledge.

HOLQUIST, M. (2002) *Dialogism: Bakhtin and His World*. 1990. Londres/Nova York: Routledge.

HOLQUIST, M.; CLARK, K. (1984) The Influence of Kant in the Early Work of M. M. Bakhtin. STRELKA, J. P. (org.) *Literary Theory and Criticism*. Vol. 1: *Theory*. Berna: Peter Lang, p. 299-313.

HOPES, J. (1996) 'Un autre livre, quelquesfois meilleur que le premier': le *Robinson Crusoe* de Rousseau. *Actes du colloque Réciprocités: Pays francophones-Pays anglophones*. Le Mans: Université du Main, p. 53-68.

HOWE, S. (1985) *My Emily Dickinson*. Berkeley: North Atlantic.

HUTCHEON, L. (2006) *A Theory of Adaptation*. Nova York: Routledge.

IBSCH, E. (1990) The Cognitive Turn in Narratology. *Poetics Today* 11, 2, p. 411-418.

JAKOBSON, R. (1971a) On Realism in Art. 1921. *Readings in Russian Poetics. Formalist and Structuralist Views*. (orgs.) Ladislav Matejka and Krystyna Pomorska. Cambridge, MA: MIT Press, p. 36-48.

______. (1971b) Two Aspects of Language and Two Types of Aphasic Disturbances. JAKOBSON, R.; HALLE, M. (orgs.) *Fundamentals of Language*. The Hague: Mouton, p. 67-96.

JONSON, A. R.; TOULMIN, S. (1988) *The Abuse of Casuistry: A History of Moral Reasoning*. Berkeley: University of California Press.

JUNOD, T. (2007) The Man Who Invented 9/11: A Review. *Esquire*. 16/05/2007.
KANT, I. (1998) *Critique of Pure Reason*. Trad. e orgs.: P. Guyer; A. Wood. Cambridge: Cambridge University Press.
______. (1983) *What Real Progress Has Metaphysics Made in Germany since the Time of Leibniz and Wolff?* Org. e trad.: Humphrey, T. Nova York: Abaris.
KEARNS, K. (1996) *Nineteenth-Century Literary Realism. Through the Looking-Glass*. Cambridge: Cambridge University Press.
KEATS, J. (1994) *The Complete Poems of John Keats*. Nova York: Random House.
KEEBLE, N. H. (2001) Milton and Puritanism. CORNS, T. (org.) *A Companion to Milton*. Oxford: Blackwell, p. 124-140.
KEUNEN, B. (2000a) Bakhtin, Genre Theory and Theoretical Comparative Literature: Chronotopes as Memory Schemata. *CLCWeb: Comparative Literature and Culture: A WWWeb Journal* 2, 2, p. 25. Disponível em: < http://clcwebjournal.lib.purdue.edu > ; acesso: 24/11/2014.
______. (2000b) *De verbeelding van de grootstad. Stads- en wereldbeelden in het proza van de moderniteit*. Brussel: VUBPress.
______. (2001) The Plurality of Chronotopes in the Modernist City Novel: The Case of *Manhattan Transfer*. *English Studies* 82, 5, p. 420-36.
______. (2005) *Tijd voor een verhaal: Mens- en wereldbeelden in de (populaire) verhaalcultuur.* Gent: Academia Press.
______. (2011) *Time and Imagination: Chronotopes in Western Narrative Culture*. Evanston: Northwestern University Press.
KIM, L. (2008) Time. WHITMARSH, T. (org.) *The Cambridge Companion to the Greek and Roman Novel*. Cambridge: Cambridge University Press, p. 145-161.
KITCHER, P. "Kant's Real Self". *Self and Nature in Kant's Philosophy*. Ed. Alan W. Wood. Ithaca: Cornell University Press, 1984. 113-47.
KNOWLES, E. (org.) *The Oxford Dictionary of Quotations*. Oxford: Oxford University Press, 2004.
KONSTAN, D. (1994) *Sexual Symmetry: Love in the Ancient Novel and Related Genres*. Princeton: Princeton University Press.
KÜHN, M. (2001) *Kant: A Biography*. Cambridge: Cambridge University Press.
LADIN, J. (1994) Breaking the Line: Emily Dickinson and William Carlos Williams. *The Emily Dickinson Journal* 3, 1, p. 41-57.
______. (1999) Fleshing Out the Chronotope. EMERSON, C. (org.) *Critical Essays on Mikhail Bakhtin*. Nova York: Hall, p. 212-236.
LEERSSEN, J. (2003) *Nationaal denken in Europa: Een cultuurhistorische schets.* Amsterdã: Amsterdam University Press.
LOEWENSTEIN, D. (2001) The Radical Religious Politics of *Paradise Lost*. CORNS, T. (org.) *A Companion to Milton*. Oxford: Blackwell, p. 348-362.
MACE, N. (1996) *Henry Fielding's Novels and the Classical Tradition*. Newark: University of Delaware Press.
MACINTYRE, A. (1985) *After Virtue: A Study in Moral Theory*. Londres: Duckworth.
Man Friday (1975). Estados Unidos: Avco Embassy.
MANDER, J. (org.) (2007) *Remapping the Rise of the European Novel*. Oxford: Voltaire Foundation.
MARS-JONES, A. (2007) As his World Came Tumbling Down. *The Observer*. 13/04/2007.
MASSOOD, P. (2003) City Spaces and City Times: Bakhtin's Chronotope and Recent African-American Film. *Screening the City*. SHIEL, M.; FITZMAURICE, T. (orgs.) Londres: Verso, p. 200-215.
MASSOOD, P. J. (2005) Boyz N the Hood Chronotopes: Spike Lee, Richard Price, and the Changing Authorship of *Clockers*. STAMS, R.; RAENGO, A. (orgs.) *Literature and Film*. Oxford: Blackwell, p. 191-207.
MAXWELL, R. G. W. M. (1977) Reynolds, Dickens and the Mysteries of London. *Nineteenth Century Fiction* 32, p. 188-213.
MAYNE, J. (1988) *Private Novels, Public Films*. Athens: The University of Georgia Press.
MAYR, E. (1972) *The Growth of Biological Thought: Diversity, Evolution, and Inheritance*. Cambridge, MA: Harvard University Press.
MCINELLY, B C. (2003) Expanding Empires, Expanding Selves: Colonialism, the Novel, and *Robinson Crusoe*. *Studies in the Novel*. 35, 1, p. 1-21.
MCKEON, M. (2002) *The Origins of the English Novel, 1600-1740.* Baltimore: The Johns Hopkins University Press.

MCREYNOLDS, S. (2008) *Redemption and the Merchant God: Dostoevsky's Economy of Salvation and Antisemitism*. Evanston: Northwestern University Press.
MEHREN, E. (1988) Interview with DeLillo. *Los Angeles Times*. 12/08/1988.
MERCIER, A.; PELLETIER. E. (orgs.) (1999) *L'Adaptation dans tous ses états*. Montreal: Éditions Nota Bene.
MILLER, C. *Emily Dickinson: A Poet's Grammar.* Cambridge, MA: Harvard University Press, 1987.
MILLER, H. K. (1976) *Henry Fielding's* Tom Jones *and the Romance Tradition*. Victoria: University of Victoria.
MILTON, J. (1953-) *Complete Prose Works of John Milton*. New Haven: Yale University Press.
_______. *Milton: Paradise Lost*. Harlow: Longman, 1998.
MINER, E. Some Theoretical and Methodological Topics for Comparative Literature. *Poetics Today* 8,1 (1987): 123-40.
MITTERAND, H. (1990) *Zola. L'histoire et la fiction*. Paris: PUF.
MORALES, H. (2001) Introduction. *Achilles Tatius: Leucippe and Clitophon*. Trad.: T. Whitmarsh. Oxford: Oxford University Press, p. vii-xxxii.
MORRIS, P. (org.) (1994) *The Bakhtin Reader: Selected Writings of Bakhtin, Medvedev, Voloshinov.* With a glossary compiled by Graham Roberts. Londres/Nova York/Melbourne/Auckland: Edward Arnold.
_______. (2003) *Realism*. Londres: Routledge.
MORSON, G. S. (1981) *The Boundaries of Genre. Dostoevsky's "Diary of a Writer" and the Traditions of Literary Utopia*. Austin: University of Texas Press.
_______. (1991) Bakhtin, Genres and Temporality. *New Literary History* 22, 4, p. 1071-1092.
_______. (1994) *Narrative and Freedom: The Shadows of Time*. New Haven, CT: Yale University Press.
MORSON, G. S.; EMERSON, C. (1990) *Mikhail Bakhtin: Creation of a Prosaics*. Stanford: Stanford University Press.
NACHTERGAELE, V. (1993) Roman historique et identité nationale. LOPE, H.-J. (org.) *L'écrivain belge devant l'histoire.* Frankfurt am Main: Lang, p. 9-24.
NEFF, D. F. (2003) Into the Heart of the Heart of the Chronotope: Dialogism, Theoretical Physics, and Catastrophe Theory. GARDINER, M. E. (org.) *Mikhail Bakhtin* . Londres: Sage, p. 304-320.
O'MALLEY, A. Robinsonade. (2007) *The Literary Encyclopedia*. < http://www.litencyc.com/php/stopics.php?rec = true&UID = 1717 > ; acesso: 24/11/2014.
PAPADIAMANTIS, A. (1977) *The Murderess*. Trad.: George X. Xanthopoulides. Londres/Atenas: Doric Publications Ltd.
PAVEL, T. G. (1986) *Fictional Worlds*. Cambridge, MA/Londres: Harvard University Press.
_______. (2003) *La pensée du roman*. Paris: Gallimard.
PEARCE, L. (1994) *Reading Dialogics*. Londres: Edward Arnold.
PERRY, B. E. (1967) *The Ancient Romances: A Literary-Historical Account of their Origins*. Berkeley: University of California Press.
PLANA, M. (2004) *Roman, théâtre, cinéma: Adaptations, hybridations et dialogue des arts*. Rosny-sous-Bois: Bréal Éditions.
POOLE, B. (1998) Bakhtin and Cassirer: The Philosophical Origins of Bakhtin's Carnival Messianism. *South Atlantic Quarterly* 97, p. 579-598.
PORTER, D. (1981) *Dickinson: The Modern Idiom*. Cambridge, MA: Harvard University Press.
POTTEIGER, M.; PURINTON, J. (1998) *Landscape Narratives. Design Practices for Telling Stories*. Nova York: John Wiley & Sons.
PURDY, A. (1984) From Defoe's 'Crusoe' to Tournier's 'Vendredi': The Metamorphosis of a Myth. *Canadian Review of Comparative Literature* 11, 2, p. 216-235.
RABINOWITZ, P. (2002) Reading Beginnings and Endings. RICHARDSON, B. (org.) *Narrative Dynamics: Essays on Time, Plot, Closure and Frames.* Columbus: Ohio State University Press, p. 300-312.
RADCLIFFE, A. (1794) *The Mysteries of Udolpho*. Project Gutenberg: Ebook 3268. Disponível em: < http://www.gutenberg.org/files/3268/3268-h/3268-h.htm > ; acesso: 24/11/2014.
RAWSON, C. (org.) (2007) *The Cambridge Companion to Henry Fielding*. Cambridge: Cambridge University Press.
RENFREW, A. (2006) *Towards a New Material Aesthetics: Bakhtin, Genre and the Fates of Literary Theory.* Londres: Legenda.
REPATH, I. D. (2005) Achilles Tatius' *Leucippe and Cleitophon*: What Happened Next? *The Classical Quarterly* 55, p. 250-265.

RICŒUR, P. (1984) *Temps et récit*. Paris: Seuil.
RIGATOS, G. (1996) Τα ιατρικά στη 'Φόνισσα' του Παπαδιαμάντη. Αθήνα: Δόμος.
RIGNEY, A. (1988) Du récit historique: la prise de la Bastille selon Michelet (1847). *Poétique* 75, p. 267-278.
Robinson Crusoe (1996). Santa Mônica: Miramax.
ROGERS, W. (1712) *Providence Displayed; Or a very Surprizing Account of one Mr. Alexander Selkirk*. Eighteenth Century Collections Online.
ROSENBLATT, J. P. (1972) Structural Unity and Temporal Concordance: The War in Heaven in *Paradise Lost*. *PMLA* 87, 1, p. 31-41.
ROUSSEAU, J.-J. (1964) *Emile*. Paris: Editions Garnier.
_______. (1969) *Emile. Oeuvres Complètes* (Bibliothèque de la Pléiade). Paris: Gallimard, p. 239-868.
RUDOVA, L. (1996) Bergsonism in Russia: The Case of Bakhtin. *Neophilologus* 80, 2, p. 175-188.
SANDERS, J. (2006) *Adaptation and Appropriation*. Londres: Routledge.
SCHMELING, G. (1996) The *Satyrica* of Petronius. SCHMELING, G. (org.) *The Novel in the Ancient World*. Leiden/Nova York/Köln: Brill, p. 457-490.
SCHOLZ, B. F. (2003) Bakhtin's Concept of 'Chronotope': The Kantian Connection. GARDINER, M. E. (org.) *Mikhail Bakhtin* . Londres: Sage, p. 145-172.
SCHOPENHAUER, A. (1969) Appendix: Criticism of the Kantian Philosophy. *The World as Will and Representation*. Nova York: Dover Press.
SCOLNICOV, H.; HOLLAND, P. (orgs.) (1989) *The Play Out of Context: Transferring Plays from Culture to Culture*. Cambridge: Cambridge University Press.
SHINAGEL, M. (org.) (1994) *Robinson Crusoe: An Authoritative Text, Contexts, Criticism*. Nova York: W.W. Norton and Co.
SMET HURST, P. (2000) *The Postmodern Chronotope: Reading Space and Time in Contemporary Fiction* (Postmodern Studies 30). Amsterdã: Rodopi.
SMITH, S. (2005) Bakhtin and Chariton: A Revisionist Reading. BRACHT BRANHAM, R. (org.) *The Bakhtin Circle and Ancient Narrative*. Groninga: Barkhuis Publishing and Groningen University Library, p. 164-192.
SOROKINA, S. (2006) Zhanr romana s kliuchom v russkoi literature 20-kh godov XX veka. *Iaroslavskii pedagogicheskii vestnik* 32, 3, p. 1-10.
STAM, R. (2000) Beyond Fidelity: The Dialogics of Adaptation. NAREMORE, J. (org.) *Film Adaptation*. New Brunswick: Rutgers University Press, p. 54-76.
_______. (2005a) *Literature through Film*. Oxford: Blackwell.
_______. (2005b) Introduction: The Theory and Practice of Adaptation. *Literature and Film*. (orgs.) Robert Stam and Alessandra Raengo. Oxford: Blackwell, p. 1-52.
_______. (1989) *Subversive Pleasures: Bakhtin, Cultural Criticism, and Film*. Baltimore: The Johns Hopkins University Press.
STARR, G. A. (1971) *Defoe and Casuistry*. Princeton: Princeton University Press.
STEELE, R. On Alexander Selkirk. *The Englishman: Being the Sequel of the Guardian*. N° 26, 3/12/1713. Eighteenth Century Collections Online.
STONE, J. (2008) Polyphony and the Atomic Age: Bakhtin's Assimilation of an Einsteinian Universe. *PMLA* 123, 2, p. 405-421.
SUVIN, D. (1986) On Metaphoricity and Narrativity in Fiction: The Chronotope as the *Differentia Generica*. *Substance* 48, p. 51-67.
_______. (1989) The Chronotope, Possible Worlds, and Narrativity. *Fiction, narratologie, texte, genre*. Ed. Jean Bessière. Nova York: Lang, p. 33-41.
SZYMBORSKA, W. (1998) *Poems New and Collected, 1957-1997*. Nova York: Harcourt Inc.
TALLIS, R. (1988) *In Defence of Realism*. Londres/Baltimore/Melbourne/Auckland: Edward Arnold.
TAYLOR, C. (1989) *Sources of the Self: The Making of the Modern Identity*. Cambridge, MA: Harvard University Press.
The Adventures of Robinson Crusoe (1952). México: Tepeyac/United Artists.
TIHANOV, G. (1998) Bakhtin's Essays on the Novel (1935-41): A Study of their Intellectual Background and Innovativeness. *Dialogism: An International Journal of Bakhtin Studies* 1, p. 30-56.
_______. (2000a) Cultural Emancipation and the Novelistic: Trubetzkoy, Savitsky, Bakhtin. BROWN, B. A. *et al.* (orgs.) *Bakhtin and the Nation*. Special issue of *Bucknell Review* 43, 2, p. 47-65.
_______. (2000b) *The Master and the Slave: Lukács, Bakhtin and the Ideas of the Time* (Oxford Modern Languages and Literature Monographs). Oxford: Oxford University Press.

TODOROV, T. (1981) *Mikhaïl Bakhtine: Le principe dialogique. Suivi de Écrits du Cercle de Bakhtine.* Paris: Seuil.

TODOROV, T. (1999) *Facing the Extreme: Moral Life in the Concentration Camps*. Londres: Weidenfeld & Nicolson.

TOULMIN, S. (1992) *Cosmopolis: The Hidden Agenda of Modernity*. Chicago: University of Chicago Press.

TOURNIER, M. (1972) *Vendredi ou les limbes du Pacifique*. Paris: Gallimard.

_______. (1977) *Le Vent Paraclet*. Paris: Gallimard.

_______. (1997) *Friday*. Trad.: Norman Denny. Baltimore: The Johns Hopkins University Press.

TUCKER, A. (2004) *Our Knowledge of the Past: A Philosophy of Historiography*. Cambridge: Cambridge University Press.

TYNJANOV, J. (1971) On Literary Evolution. MATEJKA, L.; POMORSKA, K. (orgs.) *Readings in Russian Poetics: Formalist and Structuralist Views.* Cambridge, MA: The MIT Press, p. 66-78.

TZIOVAS, D. (2003) Selfhood, Natural Law, and Social Resistance in *The Murderess*. *The Other Self: Selfhood and Society in Modern Greek Fiction*. Lanham/Boulder/Nova York/Oxford: Lexington Books, p. 83-101.

VAN DER WIEL, J. (1999) *De geschiedenis in balkostuum: De historische roman in de Nederlandse literaire kritiek (1808-1874)*. Leuven/Apeldoorn: Garant.

VAN GORP, H. (1996) De receptie van de Gothic Novel (griezelroman) in de Nederlandse literatuur (1790-1850). *Tydskrif vir Nederlands en Afrikaans* 3, p. 11-23.

VAN KERCKHOVEN, P. F. (1845) Het historische en het hedendaegsche roman. *Kunst- en Letterblad* 6, 25-22, p. 97-98, 101-102.

VLASOV, E. (1995) The World According to Bakhtin: On the Description of Space and Spatial Forms in Mikhail Bakhtin's Works. *Canadian Slavonic Papers/Revue canadienne des slavistes* 37, 1-2, p. 37-58.

_______. (1996) Overcoming the Threshold: Bakhtin, Eisenstein, and the Cinema of German Expressionism. *Canadian Review of Comparative Literature* 23, 3, p. 659-678.

WALL, A. Contradictory Pieces of Time and History. RAJAN, T; O'DRISCOLL, M. J. (orgs.) *After Post-structuralism: Writing the Intellectual History of Theory*. Toronto: Toronto University Press, 2002. 197-226.

WATT, I. (1994) *Robinson Crusoe* as a Myth. SHINAGEL, M. (org.) *Robinson Crusoe: An Authoritative Text, Contexts, Criticism*. Nova York: W.W. Norton and Co., p. 288-306.

_______. (1957) *The Rise of the Novel: Studies in Defoe, Richardson and Fielding*. Londres: Chatto & Windus.

WEINSTEIN, M. (1992) Le débat Tynjanov/Baxtin ou la question du matériau. *Revue des Études Slaves* 2, p. 297-322.

WHITE, H. V. (1993) *Metahistory: The Historical Imagination in Nineteenth-Century Europe*. 1973. Baltimore: The Johns Hopkins University Press.

WHITMAN, W. (1855) *Leaves of Grass*. Nova York: s.n.

WHITMARSH, T. (2001) *Achilles Tatius: Leucippe and Clitophon* . Trad.: T. Whitmarsh. Oxford: Oxford University Press.

WHITMARSH, T. (2005) Dialogues in Love: Bakhtin and his Critics on the Greek Novel. BRACHT BRANHAM, R. (org.) *The Bakhtin Circle and Ancient Narrative*. Groninga: Barkhuis Publishing and Groningen University Library, p. 107-129.

WILLIAMS, A. (1995) *Art of Darkness. A Poetics of Gothic*. Chicago: Chicago University Press.

WILLIAMS, W. C. (1985) *Selected Poems*. TOMLINSON, C. (org.) Nova York: New Directions.

WINKLER, J. J. (1994) The Invention of Romance. TATUM, J. (org.) *The Search for the Ancient Novel*. Baltimore: The Johns Hopkins University Press, p. 23-38.

WITTGENSTEIN, L. (1968) *Philosophical Investigations*. Trad.: G. E. M. Anscombe. Oxford: Basil Blackwell.

Esta obra foi composta em ITC Esprit 11/15
e impressa em papel Chambril Avena 80g
para a **Parábola Editorial** em novembro de 2015.

Impressão e acabamento:
Edições Loyola